3STEP
シリーズ

1

社会学

油井清光
白鳥義彦
梅村麦生
=編

Series:
3STEP
-
Volume:
1
-
Sociology
-
Edited by:
·YUI Kiyomitsu
·SHIRATORI
Yoshihiko
·UMEMURA
Mugio

昭和堂

まえがき

　大学に入って何を勉強（専攻）しようか，と迷っていたとき，私の念頭にあったのは二つのことだった。一つは文学や芸術は「勉強」するものではなく楽しむか，あるいは自ら苦しんで創るものだろうから除外（これはあくまで私のその当時の個人的思い（こみ）です），もう一つは，大学時代の限られた時間のなかでしかできない，日常そのものでなくそれを「知的」な観点から探究するということが実感できそうなもの。経済学や法学は確かに知的探究に違いないが，一方で，現実からの具体的な（あからさまな）「要求」にあまりに近く，他方で，専門それ自体の積み上げ式の知識の修得に要する時間が膨大に見え，それに埋没しているうちに最初の実感的な「疑問」から離れてしまいそうに思えた。もちろん，これらは漠然とそう思っていたことで，それほどはっきり自覚していたわけではない。「神経質な怠け者」（ボードレール）というコトバがあるが，まさにそういう学生だった。爾来，47年ほど社会学に携わってきたが，かつて漠然と感じていたことはそれほど的外れでもなかったように思える。

　若者でも中年でも年寄りでも，この社会に疑問や違和感を持ったり，「これはどういうことか」調べたいという探究心が起こることがある。社会学はこの初発の疑問に沿った形でそこから出発し，徐々に，学問的な概念や仮説，批判的思考，分析装置との往復運動へと進んでいき（ときには自前でそれらを創ったりしながら），こうしたプロセスを経て自分なりの「理解」へと到達できる。そのプロセスが可視的で実感できる。たんに見えていること（事実）をレポートし記述するのではない，学問的な枠組みのなかで，或る「理解」に至ったと感じられるのである。それは人がこの社会のなかに生きながら，ふとこれはどういうことだろうかと感じる，その疑問から遠くないところから始まりそれに寄り添う，そういう知的探究である。

　だから，社会学は間口が広く，かつ奥行きが深い。それは本書に含まれているテーマを見ていただいただけでも分かる。日常の相互行為から，災害，生き

づらさ，紛争，ファッション，ジェンダー，医療，移民，国際結婚，サブカルチャー，時間，仕事，組織，観光，消費まで。各章は，これらのテーマを入り口としながら，それを社会学の概念，仮説，批判的思考，調査方法，発想や考え方などと結びつけていき，社会学という学問がなければ至りつけなかったような地点へと，導いていく。そのプロセスを，読者はそれぞれの事例に即しながら味わい，そこに社会学の「奥行き」を感じていただけるのではないかと考える。

　一見バラバラに見える入り口やテーマ（間口の広さ）から，それらを深い奥行きへと進展させていく（奥行きの深さ）工夫は，本書の構成にも表現されている。社会学には基本的な概念群や発想の束がある。第一は，人と人とのつながり（連帯）や，それといわば図と地の関係（相互反転的）にあり，ときには紛争をも伴う差異の認識／差異の承認ということであり，これが第Ⅰ部全体をつなぐ共通項である。本書はまた若手研究者の論考を多く含み，新しいテーマが盛り込まれている。身体に関わる諸問題（生きがいと生きづらさ）（第Ⅱ部）や，プラットフォームとしての情報空間（観光やサブカル）（第Ⅲ部）がそうであり，仕事や組織といった伝統的な主題にも斬新な切り口が用意され，グローバルな移動という相から捉えられる（国際的移動＝移民や国際結婚）（第Ⅳ部）。こうして，広い間口から社会学の深い奥行きへと進むメニューが用意された。深さの先には，他の隣接学問分野，哲学，法学，歴史学，経営・経済学，言語学などともつながる側面が見えてくるであろう。ここに本当に自分のやりたい知的探究を見出すかどうかは，読者の読み方次第である。

　　2020年3月

　　　　　　　　　　　　　　　　　　　　　　　　　　油井清光

目　次

序章

社会学とはどういう学問か
個人と社会

———

白鳥義彦

自分のことは自分で決める？

　皆さんはどのように高校進学を決めただろうか？　志望校を目指して高校受験をしたり，中高一貫校でそのまま進学したり，悩み考えて決めたと思う。ところで，どこの高校で学ぶかは考えても，高校進学率が約100％の今日，高校への進学それ自体はほとんど自明のことだっただろう。しかし1950年代の日本では，高校進学率は50％台以下だった。つまり，今から二世代ほど前には，どこの高校で学ぶかではなく，高校に進学するかどうかが重要な選択肢だった。

　また，戦前は見合い結婚が約7割で，1960年代末に見合い結婚と恋愛結婚との比率が逆転し，現在では9割近くが恋愛結婚である（国立社会保障・人口問題研究所2017）。しかし恋愛結婚の増大が，結婚相手の選択の拡大に結びついているかは必ずしも自明ではない。夫婦が出会ったきっかけは「学校で」や「職場や仕事の関係で」が多いので，恋愛結婚でも，学歴や社会階層などで「似た者」同士が出会い，結婚している可能性が高いからである。つまり自分自身で結婚相手を決めていると思っていても，それはある一定の枠内でのことでしかないかもしれない。

　このように，一見すると自分で決めているように思える事柄でも，じつは社会的に大きく枠づけられているという例は少なくない。社会学の問題関心の重要な一つは，このような個人と社会との関係に焦点を当てるところにある。

KEYWORDS　#個人と社会　#社会科と社会学　#現代への視点

1 ｜ 社会学の基本的な視点──個人と社会

・

「身分」から「個人」へ

　本章では，社会学というのがどのような学問なのかということを，大きな視点から考えてみたいと思う。

　社会学は，19世紀の終わりにヨーロッパで生まれてきた学問である。そこには，近代社会の到来という要因が大きく関わっている。では，近代社会とはどのように特徴づけることができるだろうか。農業中心の封建的な社会の解体，産業革命による生産力の増大，都市化の進展など，さまざまな観点から近代社会を捉えることが可能だろうが，ここでは社会学に関わる重要な論点として，「身分」から「個人」へ，ということをあげたいと思う。

　日本でいえば，士農工商の身分に基づいて社会が構成されていた江戸時代から，明治維新によって四民平等ということになった。江戸時代には，どういう身分の下に生まれたかということによって，将来どういう職業に就くか，さらにはどういう一生を送るのかということも定まっていたが，明治期になると個人の能力によって「立身出世」が可能となった。つまり，江戸期から明治期への移行によって，「身分」ではなく「個人」を単位として社会が構成される新たな時代としての近代社会が到来したのである。人々が立身出世を求めうることとなったのも社会のこうした根本的な変化によるのであり，ここに「個人」の確立が見出される。世界史的に見れば1789年のフランス革命は近代社会への移行を画すると捉えることができるが，「身分」から「個人」へというこの観点からすると，第三身分の議員たちが，身分制に基づく全国三部会を離れて，国民の代表としての国民議会を創設して一人ひとりがそこに結集したということは，象徴的な意味を有している。

　大きく捉えるならば，こうして生まれた近代的な「個人」と「社会」との関係に着目するところに，社会学の根本的な問題関心が見出されるのである。

・

社会から見る──エミール・デュルケーム

　「個人」と「社会」との関係を見るに際して，社会学の古典では，社会を出発

点とするエミール・デュルケーム，個人を出発点とするマックス・ヴェーバー，個人の集まりからいかに社会が形成されるのかということに着目するゲオルク・ジンメル，という大きく三つの立場が見出される。

　フランスにおける社会学の定礎者デュルケーム（1858-1917）は，『自殺論』（デュルケーム 2018）において，各社会には固有の自殺率が存在すると述べ，社会現象としての自殺という観点を示した。彼は統計データから，南ヨーロッパと北ヨーロッパとを比較すると，北ヨーロッパの方が自殺率が高いことを示し，その理由として，カトリックとプロテスタントという宗教の違いを指摘する。旧来の教会制度を批判し，聖書を通じて信者一人ひとりが神と直接結びつくことを求めたプロテスタントは，教会という場を通じての信者間の結びつきがカトリックよりも弱くなるとし，こうした社会の統合の強さに反比例して増減する自殺の類型を「自己本位的自殺」と名づける。またこの類型は，未婚，既婚，やもめ，やもお，子どもの有無という家族についての事例や，戦時には自殺が減少するという事例にも関連づけて論じられる。

　一方，これとは逆に社会の統合の強さに比例して増減する自殺の類型も考えることができ，彼はこれを「集団本位的自殺」と名づける。軍隊において一般社会よりも自殺が多いという統計的事実や，殉死，あるいはかつての日本での切腹などがこの類型に結びつけられる。

　さらにデュルケームは，不況のときに自殺が増えることは理解しやすいかもしれないけれども，統計データによると好況時にも自殺が増加すること，あるいはフランス国内やヨーロッパ内において貧困と自殺とが相関関係にあるわけでは必ずしもなく，むしろ大都市などの経済的には豊かなところで自殺が多く見られるということを指摘し，これをもとに「アノミー的自殺」という三つめの類型を提示する。アノミーとは無規律状態，無規範状態を指す言葉として用いられるが，人間は動物とは違って社会的な枠づけがないと欲望が無際限に拡大していき，それが現実に具体化されないとき，その絶望のなかで生じる自殺の類型がこのアノミー的自殺であるとデュルケームは論じる。

　このようにデュルケームは，それぞれの個人の追い詰められた状況のなかで自殺が生じると考えるような，常識的には個人の範疇で捉えられる自殺という社会現象を，社会の統合のあり方や，規律のあり方という，社会を出発点とす

る観点から捉え，論じるのである。こうした社会を出発点とする観点は，方法論的集団主義とも呼ばれる。

・

個人から見る──マックス・ヴェーバー

ドイツでの社会学の定礎者の一人ヴェーバー（1864-1920）は，方法論的集団主義に対置される方法論的個人主義の立場を示した。『プロテスタンティズムの倫理と資本主義の精神』（ヴェーバー 1989）で彼は，近代ヨーロッパに特有の無際限に利潤を求めうる資本主義の成立を，プロテスタントの人々の信仰心と結びつけて次のように説明する。カトリックと同じようにプロテスタントにとっても，キリスト教徒として，世界の終末に行われるとされる最後の審判において天国に導かれるか否かということは信仰上の究極的な関心事である。しかし，カトリックの教会が免罪符の発行などに見られるように本来の信仰の姿を失っていると批判したプロテスタントは，カトリックの人々のように教会を頼りにして神による救済を求めることはもはやできない。ではいったい，どうすればよいのだろうか。プロテスタントの人々は，現世における仕事を神によって与えられた「天職」と捉え，それに専心できることこそが，神から選ばれた者であることの証と考えた。こうして，仕事と信仰とが天職として重なり合い，利潤の追求が信仰の追求となることによって，それまでどの社会，どの時代にもなかった，無限に利潤を求めうる独特の経済活動の形態としての近代ヨーロッパにおける資本主義が生まれたとされるのである。

このようにヴェーバーは，資本主義という，通常は社会のレベルで考えられるものを，個々のプロテスタント信者の信仰心のあり方という，個人のレベルを出発点に説明するのである。ヴェーバーのこうした方法論的個人主義の立場は，社会学のなかでは行為論の立場としても捉えられる。

・

個人と社会の関係を見る──ゲオルク・ジンメル

ヴェーバーとともにドイツでの社会学の定礎者の一人とされるジンメル（1858-1918）は，『社会学──社会化の諸形式についての研究』（ジンメル 2016）で，「形式社会学」の立場を示す。彼は，社会で起こるさまざまな事象から「特殊に社会的なもの」を見出して，それに「特殊な抽象化」を加えて体系立てること

によって，社会学が一つの科学としての独自な対象を確保することを主張する。社会学は「人間相互の関係形式についての科学として」一つの独立的な地位を得るとされるのである。それは，たとえば三角形の内角の和が三角形の大きさや形にかかわらず常に180度であり，それをもとに幾何学が抽象的な原理の認識に至るのと同様に，人間相互の関わりを個々の具体的な内容に沿って追求するのではなく，それらさまざまな関わり合いに共通して見られる関わりの形態を抽象化する役目が社会学の独自な課題となるということである。

　ジンメル自身が名づけた「形式社会学」という字面からすると，ジンメルの考える社会学は「形式的」で無味乾燥なもののように一見思われるかもしれない。しかし実際にはジンメルの視点は，社会を固定的なものとしてではなく，人々の関わりのなかから生起してくる流動的なものとして捉えようとするものだった。ジンメルは哲学者としての顔も持っているが，その側面では「生の哲学」を唱えたとされ，そうした視点がここにも深く結びついている。個人の集まりや関わりから社会がどのように生まれてくるのか，ということが彼の関心の根本にあり，ジンメルのこうした視点は，今日の社会学では相互作用論の立場として受け継がれている。

2 │ 社会学と他の諸学問との関係

　高校までの教科に社会科はあるが，社会学はない。その意味では社会学は大学で初めて学ぶ学問ということになる。しかし社会を対象とすることからして，社会学は高校までの社会科とまったく無関係なわけでもない。そのようなことを念頭に置きながら，次に，他の諸学問との関係のなかで社会学を特徴づけてみよう。

歴史学との関係

　高校までは，日本史，世界史という科目があり，歴史を学んできた。社会学にも歴史社会学といわれる分野があり，歴史学と社会学との間には密接な関係がある。社会学の歴史を見ても，たとえばヴェーバーは歴史学者として出発してその後社会学者となったといわれるほどに歴史学への造詣が深く，諸社会に

ついての該博な歴史的知識をもとに，自らの論を展開している。そもそも，社会学という新しい学問を創設していったヴェーバー，デュルケーム，ジンメルらの世代は，社会学という学問がいまだ成立していなかったがゆえに，他の学問を学ぶことから自らの学問を出発させざるをえなかったのであるが，ヴェーバーはその大きな拠り所の一つを歴史学に置いていたのである。

　では，歴史学と社会学との違いはどのような点に見出されるのだろうか。先に社会学は「個人」が成立した近代社会に生まれた学問だと述べたが，社会学の問題関心は究極的には自らが生きる現在の社会に立ち戻ってくる。それに対して，歴史学はそれが対象とする時代の文脈のなかで研究を進めることが可能だといえるだろう。現在は過去からの積み重ねのなかで成立しているので，現在を理解するためには過去からの流れを十分に理解することが必要であり，そこに歴史社会学という領域も成立するのであるが，しかし最終的には現在の問題に結びつけられて研究が行われるというところに，歴史学との対比から浮かび上がる社会学の重要な特徴が見出される。

・・

倫理学・哲学との関係

　社会学は，哲学や倫理学とも深い関係がある。デュルケームやジンメルは，まず哲学を学んで，その後に社会学者となっていった。彼らの学問的な土台には哲学の基盤があるのだ。また，高校の倫理の科目で皆さんはヴェーバーについて学んできたかもしれない。

　哲学が広く人間存在そのものを問う学問として捉えられるならば，社会学もそうした問題関心を共有している。たとえばミシェル・フーコーのように，一般に哲学者と捉えられる人についての研究が，社会学で行われることもある。

　ではどのような点に，哲学と社会学との違いが見出されるのだろうか。社会学のすべてがというわけではないが，社会学はデータを用いて議論を行うことにも重きを置く，という点に両者の大きな違いを指摘することができる。ここでも，多くの統計データを用いながら研究を進めていったデュルケームの『自殺論』は，社会学を独自の学問たらしめた重要な画期をなしている。とりわけデュルケームはそのようにして哲学との差異化を図り，社会学を独立した学問とすることに努めたのである。

地理学との関係

　社会学は地理学とも共通点を有している。実際に，たとえば地理学の卒業論文のタイトルは，社会学の卒業論文としても違和感のないものが少なくない。デュルケームも，社会学の一部門として「社会形態学」をあげており，その内容は「諸国民の地理上の基盤と社会組織との関連における研究。人口，その規模，密度，その地上における配置の研究」（デュルケーム 1988：120）といった，地理学に通じるものとなっている。

　一方，社会学との相違点として，地理学は「場所」を基礎に置いて研究を行うということがあげられるだろう。これに対して，社会学は「場所」にこだわらなくとも研究を行うことが可能で，ときには概念のレベルで思索を深めていくこともできる。同じ対象を研究するにしても，社会学と地理学は出発点が異なってくることになる。

政治学・経済学との関係

　高校の社会科では，「政治・経済」も学ぶことができる。日本では経済学者として通常位置づけられるマルクスは，欧米では社会学の先駆者としても捉えられている。今日でもたとえば格差社会について考えようと思えば，経済的な観点は不可欠である。あるいはまた，社会学がたとえば外国人や女性といった社会的弱者の存在に目を向けて，そうした社会的弱者も生きやすい社会への変革を求めるとき，政治との関わりは必然的なものとなる。こうした点からも，政治学や経済学と社会学との間には重要な関係が認められる。

　しかし社会学の関心は，経済や政治にのみ限定されるわけではない。具体的にはたとえば，文化を扱うのは社会学に特徴的な視点であり，本書のいくつかの章でも文化の問題は重要な論点として示されている。政治や経済には収まりきれないけれども社会的な事象として重要な事柄について，あるいは政治や経済と共有される事柄についてもそれらとは異なる視点から，社会学はアプローチしていくことが可能となるのである。

3 │ 現実の社会問題への関心

…

多様な対象

　次に，社会学という学問の実際のあり方から，社会学を特徴づけてみたいと思う。

　社会学は，研究対象が多様な，間口の広い学問である。一例として，日本の社会学者の集まりである日本社会学会では，会員が自らの専門分野を選ぶためのものとして，次のようなリストが示されている。

1：社会哲学・社会思想・社会学史　　2：一般理論　　3：社会変動論

4：社会集団・組織論　　5：階級・階層・社会移動　　6：家族

7：農山漁村・地域社会　　8：都市　　9：生活構造

10：政治・国際関係　　11：社会運動・集合行動

12：経営・産業・労働　　13：人口　　14：教育

15：文化・宗教・道徳　　16：社会心理・社会意識

17：コミュニケーション・情報・シンボル

18：社会病理・社会問題　　19：社会福祉・社会保障・医療

20：計画・開発　　21：社会学研究法・調査法・測定法

22：経済　　23：社会史・民俗・生活史　　24：法律

25：民族問題・ナショナリズム　　26：比較社会・地域研究（エリアスタディ）

27：差別問題　　28：性・世代　　29：知識・科学

30：余暇・スポーツ　　31：環境　　32：その他

　それぞれの専門分野で具体的にどのような研究が行われるのかをイメージすることは難しいかもしれないが，このリストがそうとう広い領域をカバーしていることは理解できると思う。日々の生活に関わるどのような事柄であっても，社会学の研究の対象となりうるといえるだろう。そうした日常のなかで感じたこと，考えたこと，疑問に思ったことから，社会学に触れていくことができるのである。

...

多様なアプローチ

　社会学の研究アプローチの大きな区分としてまず，理論的な研究と経験的な研究とをあげることができる。理論をもとに経験的な調査が行われ（あるいは経験的な調査をふまえて仮説的な理論が提示され），さらにその調査結果をもとに理論が彫琢される（その理論をもとにさらに経験的な調査が行われる）というように，理論と経験との両者のアプローチが循環的・相補的に作用して研究が進展するというのが理想的であり，この二つのアプローチは本来どちらかだけでよいというものではない。一方で理論が一般化を志向し，他方で経験的研究が個別性を志向するならば，これらの研究アプローチのどちらかに過度に傾くことなく，双方の視点が有機的に結びつく水準で研究が行われるべきことをマートン（1961）も述べ（特に序論第1節「社会理論と社会調査の統合」，第2章「社会学理論の経験的調査に対する意義」，第3章「経験的調査の社会学理論に対する意義」），「中範囲の理論」の重要性を主張している。

　理論的アプローチは事象を概念化することによって，また経験的アプローチはさまざまなデータを用いることによって，それまで見えていなかったものを認識することを可能にする。経験的アプローチによる調査をさらに大きく分けるならば，インタビューなどによる質的な調査と，アンケートなどによる量的な調査がある。また調査の対象となる地域でその社会の一員となって生活しながら行われる参与観察といった方法もある。

...

社会的弱者への視点

　社会学は最終的に現実の社会を対象にすると先に述べたが，もう一つの特徴的な事柄として，社会学の有する社会的弱者への視点ということも指摘できる。たとえば，とりわけ1920年代から30年代に多くの優れた研究を生み出したシカゴ学派は，ヨーロッパからの移民の新天地での生活，貧困，犯罪，非行などに目を向けた。現代においても，貧困，犯罪，非行といったテーマは社会学の重要な一領域である。また，社会的な男性性・女性性を問うジェンダーの研究，性的少数者についての研究，社会階層の固定化に問いを投げる再生産論，公害問題や災害や大震災後の問題をはじめさまざまな社会問題について，被害者や

生活者の立場に基づきながらボトムアップ的な視点によって行われる研究など，社会的弱者への視点を踏まえた研究の具体的な例はいくつもあげることができる。

　社会学は，個人と社会との関係というところに根本的な問題関心を有し，最終的には現代の諸問題に関心を寄せる学問である。また，データを用いた議論も行い，政治や経済に限定されずに文化の領域も研究対象としていて，間口の広い学問である。その研究アプローチは多様であり，また社会的弱者への視点も有する学問である。本章ではこのような諸点から，社会学の特徴を明らかにしてきた。次章以降では，それぞれのテーマに即しつつ，社会学の魅力をさらに具体的に明らかにしていく。

参考文献

国立社会保障・人口問題研究所　2017『2015年社会保障・人口問題基本調査（結婚と出産に関する全国調査）　現代日本の結婚と出産——第15回出生動向基本調査（独身者調査ならびに夫婦調査）報告書』。

ジンメル，G　2016『社会学——社会化の諸形式についての研究』上・下，居安正訳，白水社。

デュルケーム，E　1988「社会学と社会諸科学」J・C・フィユー編，佐々木交賢・中嶋明勲訳『社会科学と行動』恒星社厚生閣，110-126頁。

——　2018『自殺論』宮島喬訳，中央公論新社。

マートン，R・K　1961『社会理論と社会構造』森東吾・森好夫・金沢実・中島竜太郎訳，みすず書房。

ヴェーバー，M　1989『プロテスタンティズムの倫理と資本主義の精神』大塚久雄訳，岩波書店。

Case Study ｜ ケーススタディ 0

「常識」って何?
フランスの結婚式と日本の結婚式

　フランスに留学していたときに，結婚式に招待されたことがある。フランスでは役場での法律上の結婚（mariage civil）と，教会での結婚（mariage religieux）を行うと聞いていたが，その通りに二度のセレモニーが行われ，その後には貸し切りの会場でダンスを含む夜通しのパーティーが続いた。夜通しなので，招待していただいた時点で，宿泊の準備もされていた。これはおそらく伝統的な祝い方を踏まえた「典型的」な結婚式だったのだろうと思うが，日本の結婚式とはそうとう異なっているようにも感じた。会場つきの専門の司会がいるわけではなく，身内や知り合いが集まって，新婚の二人の門出を祝福すると同時に，食べて飲んで話して踊って皆で楽しむという雰囲気が，より強く感じられた。そうしたある種の気楽さや親しみといった雰囲気は服装にも表れていて，わりあい派手な色のシャツを着た男性がいたということは特に印象に残っている。

　日本の結婚式では，男性は黒いスーツに白いシャツ，白いネクタイというのが定番である。しかしフランスの結婚式にこのような服装で出席すると，おそらく多少浮いてしまうだろう。日本で「常識」と思われている結婚式の服装は，フランスでは必ずしも常識ではないのである。

　しばらく前の日本では，仲人を立ててホテルで結婚式というのが典型的な型としてあったと思うが，近年はゲストハウスやレストランでの結婚式も増えてきている。また仲人を立てての結婚式というのは，そうとう少なくなっている。外国との比較だけでなく，日本だけで考えても，どのような結婚式が「常識」かというのを固定的に捉えることはできない。

　冠婚葬祭ということでいえば，近年では葬儀はいわゆるセレモニーホールなどで行うのが一般的だろうが，半世紀ほど前には自宅で葬式を行うというのもそれほど珍しいことではなかったと思う。ここにも「常識」を問い直し，現状を相対化する視点が生まれてくる。

Case Study | ケーススタディ 0

　「常識」が往々にして社会のなかでのマジョリティ（多数派）によって受け入れられ，受け継がれている考え方や価値観であるならば，「常識」を問い直すことは，マイノリティ（少数派）の価値観に目を向けるきっかけになる。また，現実の社会のなかで何らかの生きづらさを感じている人にとっても，「常識」を問い直し，現状を相対的に捉えることによって，現実に対する別の見方，さらには別の社会のあり方を求めていくことが可能になる。近年は「自己責任」が唱えられ，個人のレベルでさまざまな問題が捉えられる傾向も強いが，「常識」を自明のものとせず，その意味をもう一度考えることができれば，個人ではなく社会のレベルで問題を捉え直す視点も生まれてくる。社会学を学ぶことは，そうした途を開くことにもつながっているのである。

Active Learning │ アクティブラーニング 0

Q.1

少子化から見る日本社会の特徴──比較の視点から少子化を考えてみよう

今日の日本社会の大きな問題の一つとして，少子化ということがしばしば取り上げられる。時間軸での歴史的な展開，空間軸での他国との比較を通じて，少子化から見る日本社会の特徴について考えてみよう。

Q.2

創られた伝統──伝統と思う事柄が，いつから，どのように「伝統」となったのか調べよう

たとえば柔道は日本の伝統的な武芸といわれるが，確立したのは明治期である。「伝統」と思う事柄について，「創られた伝統」という視点から，それがいつから，どのように「伝統」となっていったのか調べてみよう（ホブズボウム，E／T・レンジャー編　1992『創られた伝統』前川啓治・梶原景昭他訳，紀伊國屋書店）。

Q.3

再生産論──社会階層と学歴との間にどのような関係があるか調べてみよう

個人の能力に応じた階層移動が可能という近代社会の理念に対し，実際には世代を超えた社会階層の再生産が行われているという指摘がある。再生産論の観点から，社会階層と学歴との間にはどのような関係が見出されるのか調べよう。

Q.4

社会化──「大人になる」とはどういうことか考えてみよう

赤ん坊として生まれ，成長していく過程で，家族や友人，学校や企業などとの関係を通じて，個人が集団の構成員となるために必要な事柄を身につけることを社会化という。この観点から「大人になる」とはどういうことか考えてみよう。

つながりと差異の社会学

第1章

日常生活と社会
相互行為の社会学

———

小島奈名子

日常生活とゴッフマン社会学

　朝目覚めてから寝るまで，人は他者との関わりのなかで生活している。インターネットの普及が進んだ近年においては，人と人が実際に居合わせる対面的なやりとりのみならず，電子メディアを介したやりとりにも多くの人が勤しんでいる。つまり，私たちは他者と関わり合うことなしには，日常生活を営んでいくことができない社会的な存在である，ということができるだろう。そして，人々のつながりを可能にする社会があるところには，いつも何かしらの社会的なルールが存在するものである。そのレベルは，地球規模の国際法から家庭内での約束事までさまざまであるが，ここでは日常生活の何気ないやりとりのなかに「暗黙のルール」を発見し，人々の行為や振る舞いが，じつは非常に社会的なものであることを明らかにした社会学者，ゴッフマンの理論を検討していきたい。暗黙のルールとは，人と人がコミュニケーションをとる際に，互いに必要とされる行為や振る舞いのあり方を指す。ここではゴッフマン理論をもとに，私たちの日常的な行為がいかに社会的に統制されているものであるのかを分析するとともに，現代的自己の問題について考察を深めていきたい。また，対面的なやりとりのみならず，電子メディアを介したつながりが顕著な現代社会における相互行為のあり方についても思索を広げていきたい。

KEYWORDS　#日常生活　#相互行為　#パフォーマンス　#メディア

1｜社会学理論と相互行為

・

社会学理論とは

　社会学とは，統計学に基づいた量的調査やフィールドワークなどによる質的調査，蓄積された資料を調べる文献調査などを通じて，社会現象を分析する学問である，と想像する人が多いのではないだろうか。これらの研究を「実証研究」と捉えると，それに対応する概念として「理論研究」をあげることができるだろう。理論というと，社会学専攻の学生であればヴェーバーやデュルケームといった古典社会学理論の提唱者の名前が頭に浮かぶのではないだろうか。彼らは「宗教」や「経済」「政治」といった社会制度を分析し，それらが人々の生活や死生観などにどのような影響を与えるのかを文献調査のみならず量的・質的調査をもとに検証し，そこに見ることができる普遍的な法則を導き出すことから，社会学理論を提唱するに至った。

　社会学理論は，抽象的で現実からほど遠い机上の空論として敬遠する人も多いかもしれない。しかし，多くの社会学理論家は，このように実際の社会を観察することから，社会分析を可能にするための枠組みとしての理論を考案している。彼/彼女らは，将来，実証研究に携わる人々が，その理論的枠組みをもとに仮説を立て，新たな社会分析につなげていくことを念頭に置きながら，理論を生み出しているのである。そのように考えると，実証研究と理論研究は対立する概念というよりも，むしろ相互に深く関わり合う概念だということができるだろう。

　ここで取り上げるアメリカの社会学者アーヴィング・ゴッフマンも同じく，日常的な人々の行為や振る舞いを実際に数多く観察し，そこから「相互行為理論」を考案した。彼は1950年代にシカゴ大学で社会学の博士号を取得しているが，当時のシカゴ大学は実証研究のメッカと称され，多くの学生が優れた質的調査の業績を残した。ゴッフマンも当然，実証的な観察や分析に興味を持っていたのであるが，彼はそれらの分析を通して見えてくる抽象的なパターンや類型を整理し，日常の何気ない人々のやりとりが，どのようにして秩序づけられているのか，そのメカニズムを考えるための理論的枠組みを提案したのである。

　以下では，ゴッフマン理論の大枠を検討することを通して，日常生活を社会学的に分析するための可能性を考えていく。考察を進めるにあたり，まずゴッフマンが研究の対象とした「相互行為」という概念について，理論的な系譜を検討しておきたい。

・

社会学における「相互行為」という概念

　「相互行為」とは，複数の行為者間でやりとりが成立し何らかの影響を与え合う場合，その関係性を総称していう。この用語は，早い段階においては19世紀末に，ヴェーバーやデュルケームと同じく社会学の成立に貢献したジンメルによって Wechselwirkung（ドイツ語）という用語で提起された。ジンメルはそれを個人間の心的なやりとりに用いると同時に，集団や制度間におけるやりとりにも用いていたので，日本においてその用語は一般的に「相互作用」と訳されるようになった。

　ジンメル社会学の詳細についてここで触れることはできないが，彼は社会学を正式な学問体系として定式化するために「形式社会学理論」を考案した。ジンメルは社会化の概念を，政治的，経済的，宗教的といった目的や動機づけに関わる「内容」と，この内容を実現させる「形式」に区別する必要があると考えた。そして，前者の内容的側面はすでに政治学，経済学，そして宗教学といった個々の学問体系において研究対象とされてきたが，後者の形式については科学的な考察が行われてこなかったために，これを社会学の研究対象として分析することに意義があると指摘した。その際ジンメルは，社会を個人間の心的なやりとり，つまり「相互作用」の賜物と解し，心的相互作用は，つねに上位と下位，競争，模倣などといった形式化された行動様式をもとに繰り広げられると考えた。そして，その形式を分析することが，社会学の研究対象を明確にすると定言したのである。ここで大切なことは，ジンメルが社会を単なる個人の集まりとして捉えていたのではなく，むしろ一人ひとりの人間同士の相互作用によって形成されていくものであると考えていた点である。

　ジンメルの社会学はその後，シカゴ大学を中心としたアメリカの研究機関から派遣された研究者たちを介して全米に渡り，Wechselwirkung という用語は，interaction という英語に翻訳された。

　シカゴ大学は，1900年代にはハーバード大学やコロンビア大学と並んで社会学研究の主要機関の一つとなっていた。当時，シカゴ大学においてはジンメル社会学をはじめとした理論分析枠組みをもとに，急激に発展するシカゴの都市形成を分析の対象とした都市社会学のモノグラフ研究（質的調査研究）が発展し，それらの研究成果をもとに，20世紀半ばには「シンボリック・インタラクション」という独自の分析枠組みが提唱されるに至った。シンボリック・インタラクションとは，日常的な人々のやりとりを言語的あるいは非言語的なシンボルの交換と見なし，それらが社会的な意味世界をいかに構築していくのかを分析するための理論的枠組みである。つまりここでは，人間の行為が社会によって規制されるだけのものではなく，社会に働きかける人間の主体的な側面が強調されている。

　この理論は当時，理論社会学の中心的存在であったハーバード大学のパーソンズによる構造－機能理論のアンチテーゼの一つとして注目され，日本においても「シンボリック相互作用論」と翻訳され広く研究されることになった。極端な表現をすると，構造－機能主義が，社会的な構造が人々の行為を決定すると考える，いわゆるマクロ社会学的な考え方であるのに対して，シンボリック相互作用論は，人々の相互行為が社会を形成していくと考える，いわゆるミクロ社会学的な考え方であるということができるだろう。

　その後，それらのレガシーを継承しつつ，シカゴ大学から数多くの優れた研究者が輩出されたが，そのうちの一人であるゴッフマンは，interaction を基調とした独自の理論を提案した。しかし，それはジンメル理論やシンボリック相互作用論と同様，interaction を社会の原点として捉えている点では考えを共にしていたが，ゴッフマンは日常的な相互行為がいかなるメカニズムによって展開されているか，という「構造的な」問題に関心があったために，前者二つの理論とは理論展開が非常に異なっていたということができるだろう。また，ゴッフマン社会学においては，人々の日常的な「行為 action」そのものがどのように社会的な規制を受けているかということに関心があったために，その理論における interaction という用語は日本語では一般的に「相互行為」と訳されるようになった。

2 ｜ 相互行為のメカニズム

日常生活における相互行為

　それでは，ゴッフマン理論においては具体的にどのような問題が扱われ，い
かなる分析枠組みが考案されたのか。ここではその大枠を検討していきたい。

　彼が研究の対象としたのは，日常生活における相互行為のメカニズムである。
人は毎日，電車に乗ったり，会社や学校に行ったり，サークル活動の場で友人
と話をしたりと，さまざまな場のなかで生活している。そして，それぞれの場
において，その場に応じた振る舞いや行為をするよう求められている。たとえ
ば，電車のなかで大声で歌っている人や，まったく混雑していないのに敢えて
ピタリと隣に座ろうとしてくる人など，その場に適した振る舞いができない人
がいると，車内の雰囲気は凍りつき，居合わせた人々は困惑するだろう。

　このように多くの人々は，日常生活のなかでその場に応じた振る舞い，つま
り社会化された振る舞いを身につけており，諸々の場に参加するときは特に意
識することなく，その場に適した振る舞いを行えるようになっている。一方，
それができない場合は，場の空気を読めない「異常者」としての扱いを受ける
ことになる。ゴッフマンは，このような日常的な相互行為の場がいかに組織化
されているのかを分析した。

　また彼は，「演劇論」の観点を取り入れることから，相互行為のメカニズムを
解明しようとした。以下では，その詳細について確認していきたい。

演劇論を取り入れた相互行為の分析枠組み

　ゴッフマンは，相互行為の場を分析するための枠組みを構築するにあたり，
演劇論的な観点を取り入れた。彼は，日常的相互行為の場を「劇場」として捉
え，行為者は「パフォーマー」，そして同じ場を共有する人々は，そのパフォー
マンスを観察する「オーディエンス」であると指摘した（ゴッフマン 1974）。パ
フォーマーはつねにオーディエンスから見られているために，その場に適した
振る舞いをもって，自身の印象を保つための演技を続ける必要がある。ゴッフ
マンはこのようなパフォーマーの行為過程を「印象管理」と呼んだ。もちろん，

場の参加者は全員，パフォーマーであると同時に，他者を監視するオーディエンスでもある。人々はこの「見る，見られる」関係のもとで，相互行為を繰り広げていくのである。

　パフォーマーは基本的に，状況に応じて外見を整え，印象管理に勤しむが，その他にも具体的なルールに従う。それをゴッフマンは「相互行為儀礼」と呼んだ（ゴッフマン 1986）。相互行為儀礼は大きく「積極儀礼」と「消極儀礼」の二つに分かれ，前者は，相互行為の場で他者との距離を縮めるルールで，たとえば微笑みかけたり，会釈をしたり，場合によっては近況を尋ねたりする行為を指す。それに対して後者は，他者との間に距離を置くルールで，会話の際にあまり近づきすぎないようにしたり，プライバシーに踏み込まないようにしたりする行為を指す。私たちは，この二つのルールのバランスをとって相互行為に臨むことが求められている。たとえば，場を和ませようと笑顔で参加することは大切であるが，過剰に笑顔を振りまきすぎると，逆に人々から反感をかい，相互行為がうまく進まないことになりかねない。

　ゴッフマンはこれらのルールを相互行為儀礼と呼んだ。儀礼とは今日一般的な意味において，形式が整えられている宗教上の行為を指す。しかし彼は，相互行為の場においては，行為者一人ひとりの人格が「聖なるもの」であり，他者と接する際にはその尊厳のもと宗教儀礼と同様に形式化された行為を行うものであると考え，これらのルールを「相互行為儀礼」と名づけた。ここから，演劇論をもとにしたゴッフマン理論において，行為者は自らの印象管理に勤しむ功利主義的な存在に見えるが，じつは同時に，他者の人格を崇拝して相互行為儀礼を遂行する他者志向的な存在でもあるということができるだろう。

日常生活を分析することの意義

　ここでは，相互行為論を用いて日常生活を分析することの意義について考えてみたい。

　自らの日常的行為をパフォーマンスになぞらえて客観的に分析することは，それだけで社会学的な物の見方を身につけるうえで非常に有意義である。たとえば，初めて学校に登校した日のことを思い出してほしい。多くの人が，不安と期待に胸を膨らませて登校し，初めて出会う同級生を前に緊張しつつ会話を

始めたのではないだろうか。そこでは，自分がどんなふうに見られているのだろうかと印象管理を行い，また，あまり出しゃばって相手のプライバシーに踏み込んだ質問をしたり，はしゃぎすぎて場から浮いたりしないように，相互行為儀礼のバランスをとることに勤しんだのではないかと思われる。このように考えると，人は何気ない日常生活の一幕においても，相互行為を維持するための社会的ルールに従って生きていることが分かる。

　ゴッフマンの『アサイラム』（1984）には，精神病院をはじめとした全制的施設（total institution：類似の境遇にある人々が一定期間，一般社会と距離を置き日常生活を行う場，施設）において，彼自ら行った調査記録が収録されている。ここではその一部を紹介し，相互行為分析の意義を確認しておきたい。

　このような全制的施設においては，類似した境遇にある人々が一定期間にわたって一般的な社会から遮断された日常生活を送っており，構成員たちは独自の社会秩序を形成している。ゴッフマンは精神病院でフィールドワークを進め，入居者たちによってどのような印象管理や相互行為儀礼が実際に行われているかを観察し，施設における日常的な秩序がいかに保たれているのかを仔細に分析した。そして，人々の日常的相互行為が，各施設や各集団の特性に応じて様々に展開されていることを明らかにした。ゴッフマンの研究が示したように，人間の日常生活とは非常に多様性に満ちたものであり，その場に居合わせる人々にしか分からない決まりやルールが日常的な行為を規制しているのである。

　こうした日常生活の分析は，社会的な組織における諸問題を解決するためにも非常に重要である。ゴッフマン社会学が扱う社会的ルールは日常的な暗黙のルールであって，公的に定式化・文書化された法律や校則，職業規則といったルールとは異なる。たとえば，学校という社会的組織には校則があるが，そこにいじめを禁じる文言があったとしても，現実にいじめが存在する学校は多い。これは，校則をはじめとした公のルール，いわば表のルールが存在する一方で，日常的相互行為においては裏のルール，たとえば「いじめを目撃しても無視する方がよい」「場の空気が読めない者は排除する」といった，日常的な習慣に基づいたルールが存在するためである。企業においても，法令遵守をうたう陰で，社内の伝統に根づいた日常的な裏のルールが存在することが多く，それが過剰労働や過労死といった重大な社会問題につながることが多々ある。このような

問題は，法律を変えるだけでは解決が難しく，それぞれの施設や組織にある日常的なルールを分析することによって根本的な問題解決を導くほかないように思われる。

3 │ 生活スタイルの変容と現代社会

...

ゴッフマンによる社会的自己論

　ここまで日常生活における相互行為分析の意義について確認してきた。本節では，もう一つ，ゴッフマンによる相互行為分析において重要な論点である，社会的自己の問題を検討したい。自己とは端的にいうと，自分自身についての意識であり，自らがどのような人間であるかを知ることであるが，伝統的に社会学においてはそれが社会との関わりを通していかに構築されるのかといった問題が，考察されてきた。

　G・H・ミードという社会学者は，シカゴ大学におけるシンボリック相互作用論の成立に多大な影響を与えた人物の一人であるが，彼は有名な社会的自己論において，新生児からの相互行為の蓄積が社会的自己を形成するための源になると指摘した。ミードによると，新生児は「重要な他者」としての母親との相互行為において，母親の社会的役割を自らに取り込むところから社会性を学ぶ。そして，その後は年を追うごとに多くの「一般化された他者」と接するようになり，自身の意味世界を広げ，社会的な自己を形成していく。彼は，このような社会的自己が，「主我」と「客我」の働きによって成り立っていると指摘した。主我とは，自己が相互行為を通じて他者から得る社会的役割を統合する心の働きを指しており，客我とは，主我が他者から獲得した社会的役割そのものを指す。このように考えると，ミードによる社会的自己とは，主我によって客我が統合された人格的な存在であるということができるだろう。

　一方でゴッフマンは，演劇論的な要素を取り入れた，分裂的な自己像を自らの社会的自己論として提案した。彼は，多くの現代人は個々の相互行為状況において，その場に応じたキャラクターを演出する傾向にあると指摘した。彼が指摘する通り，多くの人々は日常生活において家庭，学校，会社，趣味の会，等々とさまざまな状況に関わっており，状況に応じてそれぞれの顔を持ってい

る。ゴッフマンは，家庭における顔が本当の自分であり，学校における顔は偽りの自分であるといったような，どれか一つのキャラクターに真の自己を見出すことはナンセンスで，現代社会における社会的自己とは，複数の分裂したキャラクターによって構成されていると考えたのである。

　このように，キャラクターが分裂する自己という考え方は，科学技術の発達した近代以降の社会に特有の自己論だといえよう。それ以前の社会においては，交通機関も電子メディアも発達しておらず，相互行為の機会はそれほど広くはなかった。しかし科学技術の発展とともに，人々の相互行為の機会は広がり，そしてその種類も非常に複雑なものになった。社会環境が移り変わるなかで，私たちの自己形成も多様で複雑なものになってきているのである。

• • •

相互行為スタイルの変容と現代的自己の複雑さ

　電子メディアの発展は人々の日常生活を大きく変えた。相互行為のあり方も，対面的なやりとりだけでなく，メディアを介したやりとりをも含むものへと多様化している。ゴッフマンが理論を考案したのは1950年代後半で，当時はまだ携帯電話もインターネットも一般に普及しておらず，彼自身，メディアを介した相互行為について特に明確な発言をすることはなかった。

　もちろん，現代社会においても対面的相互行為は非常に重要だと考えられている。何か大切な話をするときには，メディアを介した相互行為ではなく，その場に出向いて人と直接対面することが必要だという認識は根強い。しかし，近年見られるメディア技術の発展を考えると，そのような認識も時代とともに薄れゆく傾向にあるということに疑いの余地はない。

　その一例として，直接身体を介さない，文字をメディアとした相互行為であるSNSやEメールのつながりがある。それらは，現代社会において非常に重要な相互行為の一形態となっている。当然ここでは，ゴッフマンが指摘した，印象管理やパフォーマンスといった外見上の行為者の振る舞いは，観察の対象とならない。そのため，彼の理論は現代社会の分析にはそぐわないと思う人もいるかもしれない。しかし，人間同士の相互行為の場においては，ゴッフマンが指摘したような相互行為儀礼がつねに存在する。たとえばEメールで「絵文字」のような表象を用いて感情を表現することは，メディアを介した相互行為にお

いても，対面的相互行為と同じような相互行為儀礼が行われていることを示している。このように考えると，相互行為のスタイルの変容に伴って新たな相互行為儀礼のあり方を考えていくことは，今後も非常に重要な研究になるだろう。また，電子メディアを介した相互行為の発達によって，社会的自己のあり方もさらに複雑になっている。このような多様性に富んだ自己論の展開が，今後もゴッフマン理論をもとに検討されていくだろうと思われる。

参考文献

—

ゴッフマン，E　1974『行為と演技——日常生活における自己呈示』石黒毅訳，誠信書房。

——　1980a『集まりの構造——新しい日常行動論を求めて』丸木恵祐・本名信行訳，誠信書房。

——　1980b『スティグマの社会学——烙印を押されたアイデンティティ』石黒毅訳，せりか書房。

——　1984『アサイラム——施設被収容者の日常世界』石黒毅訳，誠信書房。

——　1985『出会い——相互行為の社会学』佐藤毅・折橋徹彦訳，誠信書房。

——　1986『儀礼としての相互行為——対面行動の社会学』広瀬英彦・安江孝司訳，法政大学出版局。

ジンメル，G　1979『社会学の根本問題——個人と社会』清水幾太郎訳，岩波文庫。

パーソンズ，T　1974『社会体系論』佐藤勉訳，青木書店。

——　1974-89『社会的行為の構造』全5巻，稲上毅・厚東洋輔・溝部明男訳，木鐸社。

——　2002『宗教の社会学——行為理論と人間の条件　第3部』富永健一他訳，勁草書房。

速水（小島）奈名子　2015「アーヴィング・ゴフマンの社会学——理論内在的分析と現代的展開」中河伸俊・渡辺克典編『触発するゴフマン——やりとりの秩序の社会学』新曜社，1-25頁。

ミード，G・H　2005『精神・自我・社会』稲葉三千男・滝沢正樹・中野収訳，青木書店。

メイロウィッツ，J　2003『場所感の喪失——電子メディアが社会的行動に及ぼす影響』安川一・高山啓子・上谷香陽訳，新曜社。

Case Study ｜ ケーススタディ1

理論と実践
社会学を学ぶための第一歩

　本章では，ゴッフマン理論をはじめとした社会学理論に触れたが，社会学理論はもともとフランスとドイツ，そしてイギリスを中心としたヨーロッパ諸国において発展した。その後，その中心はアメリカに移り，ハーバードやシカゴ，コロンビアといった諸大学を拠点にそれぞれの学派が形成された（ゴッフマンはちょうどこの時期にシカゴ大学において社会学を学んでいる）。

　しかし，近年における理論研究の動向を見ていると，その中心は再びヨーロッパ諸国に戻りつつあるということができる。ここでは，ゴッフマン理論に焦点を当てたために，このような社会学史の詳細を確認することはできなかった。しかし，古典として読み継がれている社会学理論は再考され続け，先人のレガシーを継承しつつ，近代化が進んだ社会を分析するための普遍的な枠組みを構築する試みがなされている。様々な社会学理論に興味を持ち，古典社会学そのものの内在的分析に関心を深めることは，社会学を学んでいく上で非常に重要なことである。

　また同時に，社会を実践的に分析することも，当然のことながら，社会学者にとって重要なことである。ゴッフマンは，自らの理論を提唱するために，文献調査のみならず，参与観察に基づいたフィールドワークも行った。社会調査の方法論は，大きく統計学に基づいた量的調査と，参与観察やインタビュー調査に基づいた質的調査に分かれるが，参与観察とは後者のひとつで，観察者（社会学者）が，観察される人々と同じ社会生活に関わり，内側からその実態を体験し，記述する方法を指す。このような調査法はもともと人類学において採用されてきた。たとえば，マリノフスキーという20世紀初頭に活躍した文化人類学者は，当時主流であった文献研究中心の分析を超えて，異文化圏（いわゆる「未開社会」）をフィールドとして，参与観察を行った。長期にわたる参与観察を通じて，彼らは異文化圏に暮らす人々の生活を多次元的な角度から分析した。このような研究は，エスノグラフィー（民族誌）と呼ばれている。

　その後，参与観察に基づいたフィールドワークは，社会学においても盛んに行われるようになるが，特に有名なものがシカゴ大学を中心に展開された都市分析を基調としたモノグラフ研究である。モノグラフ研究とは，特定の地域や集団，そして教育・医療施設といった一つの社会的単位を対象とし，その地域や場における日常生活のあり方を歴史，経済，文化，宗教といった多方面から記述し，分析する研究方法である。当時，シカゴにおいては，急速な産業発展に伴う移民の流入を受け，社会変動が起こり，多くの社会問題が顕在化した。そのようなシカゴという都市空間における社会的諸問題を，シカゴ学派の社会学者は参与観察によって分析し，数多くの優れた業績を残した。

　ゴッフマン自身も，1949年にシカゴ大学に大学院生として入学し，こうした伝統のもとで社会学理論やモノグラフ研究についてのノウハウを学んだ。彼はフィールドワークを生涯において三度行っているが（シェットランド諸島での調査，ワシントンDC精神病院での調査，ネヴァダ州賭博場での調査），それらの成果はゴッフマンの著作全体のなかに散りばめられている。

　読者は，相互行為分析が，日々の暮らしのなかで誰もが意識することなく行っている行為や振る舞いのあり方を分析するものであるために，いつでも，誰でも簡単に取り組める研究のように感じるかもしれない。しかし同時に，それはあまりにも身近なものを対象とするために，客観的な分析を行うためにはしっかりとした心構えや準備が必要となる。

　ゴッフマンのように長期にわたる参与観察を行い，モノグラフを作成することは，社会学を学び始めたばかりの読者には難しいもしれない。そこで，まずは日常生活のなかで人々の振る舞いを意識的に観察することから始めてみるといいのではないかと思う。ゴッフマン理論を手がかりにそれらの観察記録を分析していくことから，社会学的な視野がきっと開けていくに違いない。

Active Learning | アクティブラーニング1

Q.1

印象管理──自分や他者の振る舞いを「観劇」してみよう

行為を「パフォーマンス」として観察することは，日常的生活がいかに社会的に統制されているのかを考えるうえで役立つ。人はどのように印象を管理し，行為を行うのか，演劇のキャストになぞらえて観察してみよう。

Q.2

相互行為儀礼──日常生活における暗黙のルールを調べてみよう

それぞれの場に接した際に，人々が互いにどのようなことに気を遣いながら相互行為を進めているのか，分析してみよう。住み慣れた世界のなかにある暗黙のルールに気づくことから，社会学的な視野が広がっていくに違いない。

Q.3

電子メディアの浸透──対面的な会話との違いを調べてみよう

近年，電子メディアを介した相互行為が社会的に定着してきている。電子メディアを使った相互行為と対面的な相互行為との間にどのような違いがあるのか，ゴッフマンの相互行為儀礼をもとに考えてみよう。

Q.4

自己論──自分自身について考えてみよう

ゴッフマンは「本当の私」を想定するのではなく，多様なキャラクターに分裂した自己を考えることを考案した。電子メディアの浸透とともに，人間関係も多様化する現代社会における自己のあり方について考えてみよう。

第2章

社会の時間と個人の時間
時間の社会学

———

梅村麦生

私たちにとって時間とは

　私たちがさまざまな人々と共に生きていくなかで，時間は不可欠の契機である。現代のくらしのなかで何か予定を立てたり，誰かと約束をしたりするためには，カレンダーや時計を見て時間を合わせなければならない。「20日の2時から会いましょう」とか「2021年3月末が締切です」などといったことは，いまがいつ何どきなのかを確かめる手段があるからこそ可能になる。

　その一方で，時間は相対的なものでもある。同じ1時間であっても，大学で授業を受けているとき，アルバイトで仕事をしているとき，休日を過ごしているときでは，まるで違うように感じたりもする。あるいは，救急医療や報道機関のように1分1秒を争うような職場もあれば，公共事業のように10年20年の単位で動く職場もある。また，会議の始まりの時間にはうるさいのに，終わりの時間にはだらしないのが日本の組織である，ともいわれている。

　さて，社会学ではこれまで，時間がどのような社会的な機能を持つのかと，特定の時間の考え方の背景にはどのような社会構造があるのかに関して，特に産業化の進んだ近代社会の時間を対象として多くの人々が考えてきた。

　そこで本章では，主に社会学者たちによる社会的時間と近代的時間についての議論に依拠しながら，現代社会に生きる私たちにとって時間がどのようなものであるのかについて考えていきたい。

KEYWORDS | #時間の社会学 | #近代的時間 | #生活時間

1｜「時間の社会学」の基礎

・

社会生活の基本カテゴリーとしての時間

　私たちは日々のくらしのなかで「いま」や「そのとき」がいつなのかを特定することによって，時間の流れのなかで自分たちの位置づけを確認している（エリアス 1996：40）。その位置づけが特に重要になるのは，他の人々と何かを共同で行おうと「タイミングを合わせる」ときであり，時間の社会的機能はそうした人々の活動や出来事を「同期」や「協調」させたり，「連続」させたりすることのうちにある（Sorokin and Merton 1937：627；ムーア 1974：16）。

　そもそも時間というカテゴリー自体が，「集団に共通」する「社会生活のリズム」を表すものとして産み出されてきたと考えられている（デュルケーム 2014：47, 51）。実際に，時間を計る営みは機械式時計に依拠しなくても，何らかの出来事と別の出来事が「同時」であるか，あるいはそれ「以前」か「以後」かを参照することで，古くから行われてきた。特定の出来事に依拠した「集団に共通の時間」を示すものの一例として，牧畜活動の区切りによって時間の間隔を伝える「牛時計」や，花の成長段階によって季節を区分する「花ごよみ」，さらに神話や宗教儀礼と結びついた「聖なる時間」の考えが，人類学者や宗教学者によって報告されてきた（真木 2003：15-40）。日本でも明治初頭にグレゴリオ暦と定時法を導入するまでは，日の出と日の入りの間をそれぞれ六等分する不定時法と，月の満ち欠けの周期に基づく太陰暦（正確には，そこに太陽の周期に合わせて閏月を入れて修正する太陰太陽暦）が用いられており（伊藤 2008：13-14），元号と干支は今日の「令和」と「庚子」に至るまでその姿をとどめている。

　したがって時間は言語と同じように，社会や文化，時代ごとに異なるものでありうる。しかし時間はやはり言語と同じように，それを用いる社会に生きる人々にとっては，きわめて動かしがたい「事実」として立ち現れてくる（エリアス 1996：30）。自然現象や物理現象，また生理現象の水準でも時間は人間にとって意のままにならないものとして現れてくるが，社会のなかで約束事として定められている社会的時間は，よりいっそう個人にとって拘束的なものに感じられている（シュッツ 1996：249；アルヴァックス 1989：100-103）。

・
近代的時間の誕生

　かつての共同体では，共同生活と密接に関わる出来事が時間の参照先とされていたが，共同体の範囲が拡大し，外部とのやりとりが増大するとともに，特定の地域や集団，さらには自然現象の変化になるべく依存しない時間体系が求められるようになった。やがて社会的時間は地理的・自然的影響を比較的蒙りにくい天文学的時間へと収斂し，近代に至り純粋に量的に表現される時間へと移行していった（Sorokin and Merton 1937: 628; 真木 2003: 277）。

　その変化を示すように，近世ヨーロッパでは暦の改定に始まり「日」「時」「分」「秒」の区分が画定され，また機械式時計が発達し個人にまで普及するなかで，それらの単位と定時法が定着していった。19世紀末には地球上の各地域の時間帯のあいだに統一の基準を設けるために世界標準時が定められ，また20世紀後半になると，時間の単位が地球の自転よりも誤差の少ないセシウム原子の震動によって規定される「原子時」に基礎を置くことになった（織田 2017: 201-224）。そうした時間の単位と時計の定着によって，私たちは「時計化された生」を送るようになったともいわれる（真木 2003: 286-288）。

　この時計の時間に象徴される抽象化された「近代的時間」の浸透は，都市化や貨幣経済，資本主義の発展と相即してきた（ジンメル 1976: 272-273; 真木 2003: 278-279）。そのなかで，マックス・ヴェーバーが「資本主義の精神」の典型にあげたベンジャミン・フランクリンの「時は金なり」という言葉に象徴されるように，今すぐ満たされる何かに費やすのではなく，未来の目標や可能性のために差し向けることが奨められるという意味で，時間が貨幣と同等視されるようになった（真木 2003: 299-300）。さらに，世界標準時の導入を推進したのが鉄道会社であったとされるように，交通網と通信網の拡大が標準時の浸透をも促した（カーン 1993: 14-17）。かくして近代的時間の体系は，目の前に居合わせていない人々との地球規模での協働をも可能にする「時間の空間からの分離」をもたらした（ギデンズ 1993: 31-34）。

　加えて，平均寿命の延長や，就学と就業の時期，初婚年齢や子ども数などの標準化によって，多くの人が年齢に応じて同じ道のりを歩んでいく「ライフコースの時間化」と呼ぶべき事態も生じていった（伊藤 2008: 62-77）。

・

時間の統一化と多様化

　近代的時間は細かな時間計算や時間管理を可能にすることで，一方で個人に対して従来なかった拘束をもたらしたが，他方で広範に及ぶ分業や協働を可能にし，これまで自然や共同体の時間に埋め込まれていた個人を「解放」するものでもあった（真木 2003：280-281）。

　さらに，標準時という統一の基準が浸透することで，むしろ各地域や社会の各領域の時間の違いや，各個人の私的時間が露わになった（エリアス 1996：42；カーン 1993：46-47）。つまり，異なる時間を比較衡量しうる統一的な社会的時間が用いられるようになって初めて，また，交通網から電信電話，ラジオやテレビ，そしてインターネットに至るまでの通信技術の発展によって世界規模での"同時性"が拡大することで，そこからの偏差として地域や領域ごとに，また世代や個人ごとに異なる時間の流れやリズムがあると認識されるようになった。

　したがって，時間の統一化は同時に多様化をも産み出すものであり，標準時が定着した現代においてこそ時間の多様性や相対性は体感されうる。私たちが現代社会に生きるなかで遭遇する「多元的現実」（シュッツ 1996：34-43）とは，「多元的時間」（Gurvitch 1958）としても体験されるものにほかならない。

2｜仕事の時間と余暇の時間

‥

産業組織と時間管理

　近代的時間による時間秩序は，多くの人々の活動を同期させたり，順序づけたり，そして進度を合わせたりする必要のある工場や企業，官僚機構などの大組織にとって不可欠の要素となった（ムーア 1974：16-20）。

　労働者の側では，時間単位で賃金を受け取るようになり，また特に工場労働者が機械の稼働時間に合わせて働かなければならなくなったように，精緻で詳細な時間規律に従うようになった（Thompson 1967：90；ムーア 1974：37）。

　それに対して経営者たちは，組織運営には時間管理が必要であると認識するようになった。20世紀初頭にF・W・テイラーが提唱した科学的管理法は，基本動作にかける標準時間を策定することで工場内での課業の効率化を図るもので

あった。ただし，科学的管理法による時間研究は，標準時間の算出まではある程度達成できたものの，効率化には十分に結びつかなかったといわれる。作業時間の向上を狙った奨励給がうまくいかなかったことや，ホーソン実験などその後の非公式組織の研究によって，労働者にとって時間を節約することやお金を稼ぐことはあくまで数ある選択肢のうちの一つにすぎず，他にも多くの動機づけがあることが明らかになった（マーチ/サイモン 2014: 16-28）（第16章参照）。

　組織研究のなかでは，「時間圧力」という両義的な契機も知られていった（マーチ/サイモン 2014: 146-149）。つまり，期限や期日を設けることで，活動内容や意見の違いが存在するなかでも意思決定を行うよう促される一方で，本来の内容から見ればさほど重要でない事柄であっても，締切が存在しないか，より期日が後にくる他の重要な事柄より優先される，といった価値の転倒も生じる。

　したがって「時間がない」という印象は，多くの締切が設けられている組織のなかで特に体験されることになった。組織的で大規模な協働によって遂行可能な選択肢が大幅に増え，個人にとっては自由に費やすことのできる時間が増えたにもかかわらず，多様になった選択肢のなかで現に実現できる選択肢はごく一部にすぎないという意味で，むしろ時間の希少性が増大しているという逆説的な印象が抱かれるようになった（ムーア 1974: 26-30；Luhmann 1968）。

・・
社会生活と時間配分

　産業化が進むなかで，工場や職場内に限らない時間の使い方への関心も高まっていった。そこで実施されるようになったのが，人々が生活のなかで何にどれくらいの時間を費やしているのかを調べる「生活時間」（または「時間予算」）調査である。以下，その歴史をたどっておきたい（特に矢野編 1995: 1-21を参照）。

　当初，生活時間に関心を持ったのは，計画経済を実施していたソ連と，聴取実態の把握を求めていた各国の放送局であった。ソ連では，テイラーの時間研究を生活時間全体に応用し，モスクワの労働者を対象とする労働時間，家事時間，自由時間，移動時間などに関する調査を1924年に実施した。その後，米国でもピティリム・ソローキンらが1936年に生活時間調査を実施し，その後の生活時間研究のための基本概念を提示している。放送局では，英国でBBCが1939年に，日本では日本放送協会（現NHK）が1941～42年にラジオ番組の聴取実態

を把握するために生活時間調査を行っている。

　生活時間調査は第二次世界大戦後以降，広く実施されるようになった。まず
ソ連で1959年に35年ぶりの調査が行われ，その間に労働時間と家事時間が短縮
された一方で，男性の自由時間が減少していることが注目された。その結果，
生活時間調査が社会主義諸国で公式に実施されるに至り，さらにハンガリーの
社会学者サライ・シャンドールが米国で紹介したことによって，1964～66年の
12ヵ国での国際比較調査につながった。サライはこの調査を可能にした前提と
して，労働日の短縮と余暇時間の組織化への関心の高まりと，統計資料と分析
手法の発展などをあげている（Szalai 1964: 105-109）。

　したがって，生活時間への関心の高まりに関わるのが，長時間労働の問題に
抗してきた労働組合や国際労働機関の活動のなかで提起された「ディーセント・
ワーク」（働きがいのある人間らしい仕事）や「ディーセントな労働時間」（金野
2015: 207）の考えである。生活時間調査では，①生活必需時間（睡眠，食事，身
の回りの用事など），②社会生活行動時間（仕事，家事，移動など），③自由時間
（交際，教養・余暇活動，休息など）という大分類が設けられているが（矢野編
1995: 44-45），ディーセントな労働時間の維持は生活必需時間や自由時間の確保
に直結している。

　そして現在，日本で大規模に実施されている生活時間調査には，NHK放送
文化研究所の「国民生活時間調査」（1960年～）と，総務省統計局の「社会生活
基本調査」（1976年～）がある。

・・
余暇と個人の時間

　産業社会が成熟するにつれて労働時間と労働日が平均すると短くなり，また
就学年数の拡大や，平均寿命の延びと退職年齢の標準化による退職後の活動時
間の大幅な増大に伴って，「非労働時間」としての「余暇（leisure）」が個人に
とって自由に扱える時間として意識されるようになった（ムーア 1974: 48-59）。

　余暇の増大は，工業化と都市化による職住の分離にも関わっている。働く時
間が働く場所とともに明確に区分されることで，それ以外での過ごし方が社会
的な課題として浮上した。特に産業化がいち早く進んだイギリスは，サッカー
やラグビーなどの球技，また近代競馬などの発祥の地でもあり，そこで生まれ

たさまざまな余暇活動が世界中へ波及していった（川北編 1987）。

　しかし余暇活動の普及は，仕事そのものに意義や裁量が見出せないことからその代償として求められてきたのではないかという意味で，労働からの疎外の問題と対になっている（ムーア 1974：56-58）。加えて，経済が成熟するにつれて，非労働時間であっても純粋に何もせずに過ごすことは，たとえばギャンブルに興ずるよりも悪いこととされるようになっていく（Thompson 1967：90-91）。したがって，20世紀転換期にすでに貨幣経済の浸透が「社会生活の加速」（ゲオルク・ジンメル）をもたらすといわれていたが，とりわけ高度成長期以降の「消費社会」ではつねに退屈をしのぐためお金を使った消費活動にせき立てられるようになったとも指摘されている（バウマン 2008：48-83）（第5章，第12章，第13章参照）。

　とはいえ個人にとって，余暇には労働や社会的な役割に沿って流れる日常の時間を寸断し，立ち止まって再確認する「境界の時間」（青木 1985：1-60）としての働きが見出されており，日常生活を送るうえでも不可欠のものと認識されている。それが「良い休日を！」の意味でもある。

3 │ 時間展望の社会学

…

　時間の概念と同様に，過去から未来に至るまでの"時間展望"もまた，共同体のなかで共有されるとともに，社会や時代の変化に応じて異なるものであった。何より，「過去」を「すでにない」不可変のものとして，「未来」を「まだない」可変のものとして，いま「現在」から峻別する考え方そのものが，近代的時間の一側面でもある（ルーマン 2003：97）。

…

記憶と忘却――過去の社会学

　過去は「すでにない」ものである以上，社会哲学や歴史哲学で「リアリティは現在のうちにのみ存在する」（G・H・ミード）や「すべて真の歴史は現在の歴史である」（ベネデット・クローチェ）と主張されてきたように，現在の関心と視点からの不完全な再構築という側面を免れることができない（アルヴァックス 1989：129-130，2018：128）。

　しかし，過去は「すでにない」ものであるといっても，現在から自由に構築できるものではない。そこで手がかりとなるのが記憶である。ただし，個人であれ社会であれ，生じることすべてを覚えることも，思い出すこともできない。実のところ記憶の働きは，何かを選択的に思い出しそれ以外は忘れるという「想起と忘却の二重の機能」のうちにある（Luhmann 1996: 312）。

　すべてを忘却に委ねるのではなく一定の想起を可能にするには，何らかの図式化が必要となる。したがって，個人にしても「記憶の社会的枠組み」にしても，選択的な想起と忘却を支えるためには言葉や文字の働きが重要である（アルヴァックス 2018: 109; Luhmann 1996: 316-317）。言語化できないもの，さらに文字化できないものは，思い出すことも，ましてや他人に伝えたり後世に残したりすることも容易でない。近代の企業や国家もまた，文字や文書，さらに印刷術やコンピュータに至る複製技術に支えられている。

　ただし，個人にとっては単なる言葉だけではなく，視覚や聴覚，さらには味覚や嗅覚，触覚といった感覚によって呼び覚まされる記憶がより強いものとして体験される。社会的記憶に関しても，個人の諸感覚を喚起する集団的行為や空間的配置が広く用いられている（アルヴァックス 1989: 166-167，2018: 367）。その大規模な例として，建国や戦勝記念，また戦争や災害慰霊のイベントやモニュメントといった「共同記憶」（ノラ編 2003: 427-474）の営みがある。そうした行事や建造物，またマス・メディアの報道などは，社会的に何を思い出すべきとされ，またその裏で何が忘れられているのかという，社会的記憶の選択性を尖鋭に映し出している（第4章参照）。

• • •

希望とリスク──未来の社会学

　伝統に理想が求められた古代や，末法思想の隆盛した中世には，未来が否定的に見られていたのに対し，近代社会においてはやがて到達すべき肯定的なものと捉えられるようになった。その転換に寄与したのがフランス革命に代表される西洋の市民革命であり，そこに貨幣経済の浸透や産業革命が重なったといわれる。かくして社会が急速に変化するうち，現在が過去や未来とはまったく異なったものとして，そして未来がより魅力的なものとして映るようになり，社会はより良き状態へと「進歩」し「発展」すべきものと見なされるようになっ

た（Luhmann 1976: 131-137；真木 2003：312-323；若林 2014：172-173）。

　日本で社会が進歩してゆくさまを描いた輝かしき未来の表象といえば，1970年の大阪万博が思い起こされる。万国博覧会という催し自体，19世紀半ばにヨーロッパで近代の産業技術を展示するものとして始まり，やがて未来都市を描くものとして行われてきた（若林 2014: 183-184）。しかし，現在描く未来がそのまま未来に実現することはありえない（Luhmann 1976: 139）。そのことを示すように，かつて万博でユートピアとして描かれ，テクノロジーによって到達するとされた未来は，今日ではいくぶん色あせたものに映る。先進諸国が低成長期に入り，環境問題やエネルギー問題を抱え，また個別の技術革新はあれど社会全体の発展が感じられなくなり，少子高齢化や人口減少も進むなかで，旧来の未来像は魅力を失っていった（若林 2014: 191-295）。

　しかし，近代社会における未来観として一貫しているのは，"現在に下す決定が未来のあり方を左右する"という考えである（ルーマン 2003：98-103）。とりわけ高度成長期以降の環境問題やエネルギー問題，原子力や遺伝子工学の問題をはじめとする諸課題に直面して，未来が現在の決定に依存する「リスク」として立ち現れてくることになり，その意味で現代社会は「リスク社会」になったともいわれる（ベック 1998）。個人にとっても，従来の画一的なライフコースが崩れ，働き方やキャリアが多様化し，婚姻率の低下など家族のあり方も変化するなかで（第15章も参照），未来が自身の選択に委ねられ，直接さまざまなリスクと対峙するようになっている（伊藤 2008：103-105）。

• • •

共に生き，年をとること──現在の社会学

　過去に範をとることができず，つねに進歩を目指し激しく変化してきた近代社会にあって，現在は未来のための手段として道具化され，空洞化するに至ったともいわれる（真木 2003: 6-7）。他方で未来が輝きを失い，過去が色あせるなかで，現在それ自体に充足しようとする「現在主義」と呼ぶべき立場も台頭した（若林 2014: 212-215）。その思想は刹那主義や決断主義とも結びつき，過去に目をふさぎ，未来の構築を不可能にする考えとして，危険視もされてきた。

　しかし，現在があくまで過去と未来から区分されるなかで意義を持ち，現在に充足することが瞑想や耽溺によって「時間を忘れる」体験だけを指すのでは

ないとすれば，固有の過去と未来に縁どられた現在が別の可能性を示す。

　アルフレッド・シュッツは，私たちが「いま・ここ」に居合わせている他者と「共に年をとる」という体験をすることこそが社会関係の基礎にあると説いていた（シュッツ 1991：240-241）。「共に年をとる」という「同時性」の体験のなかでは，誕生し，やがて死に向かうという，個人にとって究極的な過去と未来としての生の時間性が共有されている（シュッツ 1996：246-248）。ここには，「死はむしろわれわれの生の形式的な契機であり，生の内容の一切を彩るものである」（ジンメル 1977：129）といわれたような，有限の未来こそが生に意義を与え人々に協働の可能性を拓くという考えが見出される。またシュッツは，音楽を共に奏で，聴くという共同作業にも固有の過去と未来を伴う「同時性」があり，特有の社会関係が形成されているという（シュッツ 1991：240）。これらの例で「現在」は，時間の放棄によってではなく共有によって社会関係が生み出される場と見なされている。

　さらにいえば，私たちが誰かと現在を共有していると思えるときでも，まったく同じ過去や未来を共有していることがありえない以上，その現在にも違いが現れている。つまり，自分と他者が一定の時間を共有するなかで，それでもなお自他の時間の違いが鮮明に現われる場こそ現在である，ともいえる。――おそらくそうした意味で，岸政彦は「生活史のインタビューでいつも感銘を受けるのは，目の前にいるほかでもない"このひと"のなかを，自分のものとは違う長い時間が流れてきた，という事実である」と記している（岸 2015：142）。

参考文献
—

青木保　1985『境界の時間』岩波書店。

アルヴァックス，M　1989『集合的記憶』小関藤一郎訳，行路社。

──　2018『記憶の社会的枠組み』鈴木智之訳，青弓社。

伊藤美登里　2008『現代人と時間』学文社。

エリアス，N　1996『時間について』井本晌二・青木誠之訳，法政大学出版局。

織田一朗　2017『時計の科学』講談社。

川北稔編　1987『「非労働時間」の生活史』リブロポート。

カーン，S　1993『時間の文化史』浅野敏夫訳，法政大学出版局。

岸政彦　2015「ユッカに流れる時間」『断片的なものの社会学』朝日出版社，132-144頁。

ギデンズ，A　1993『近代とはいかなる時代か』松尾精文・小幡正敏訳，而立書房。

金野美奈子　2015「働く時間と個人の時間」小川慎一・山田信行・金野美奈子・山下充『「働くこと」を社会学する——産業・労働社会学』有斐閣，205-227頁。

シュッツ，A　1991「音楽の共同創造過程」『アルフレッド・シュッツ著作集3』渡部光・那須壽・西原和久訳，マルジュ社，221-44。

—— 1996『生活世界の構成』那須壽・浜日出夫・今井千恵・入江正勝訳，マルジュ社。

ジンメル，G　1976「大都市と精神生活」『ジンメル著作集12　橋と扉』酒井健一他訳，白水社，269-285頁。

—— 1977『ジンメル著作集9　生の哲学』茅野良男訳，白水社。

デュルケーム，E　2014『宗教生活の基本形態』上，山﨑亮訳，筑摩書房。

ノラ，P編　2003『記憶の場　第3巻　模索』谷川稔監訳，岩波書店。

バウマン，Z　2008『新しい貧困』伊藤茂訳，青土社。

ベック，U　1998『危険社会』東廉・伊藤美登里訳，法政大学出版局。

真木悠介　2003『時間の比較社会学』岩波書店。

マーチ，J・G／H・A・サイモン　2014『オーガニゼーションズ』第2版，高橋伸夫訳，ダイヤモンド社。

ムーア，W・E　1974『時間の社会学』丹下隆一・長田攻一訳，新泉社。

矢野眞和編　1995『生活時間の社会学』東京大学出版会。

ルーマン，N　2003「未来の記述」『近代の観察』馬場靖雄訳，法政大学出版局，91-108頁。

若林幹夫　2014『未来の社会学』河出書房新社。

Gurvitch, G. 1958. *La multiplicité de temps sociaux*. Paris: CDU.

Luhmann, N. 1968. Die Knappheit der Zeit und die Vordringlichkeit des Befristeten. *Die Verwaltung* 1: 3-30.

—— 1976. The Future Cannot Begin. *Social Research* 43(1) : 130-152.

—— 1996. Zeit und Gedächtnis. *Soziale Systeme* 2(2) : 307-330.

Sorokin, P. A. and R. K. Merton 1937. Social Time. *American Journal of Sociology* 42(5): 615-629.

Szalai, S. 1964. Differential Work and Leisure Time-Budgets. *The New Hungarian Quarterly* 5: 104-119.

Thompson, E. P. 1967. Time, Work-Discipline, and Industrial Capitalism. *Past and Present* 38: 56-97.

Case Study │ ケーススタディ2

時間意識の研究
『時間と自己』と『死刑囚の記録』から

　私たちが日々の暮らしのなかで時間を意識するのは，たとえば締切に追われて"時間がない"とき，楽しい時間がもう終わりかと思うとき，あるいは予定が急になくなり"時間が余っている"と感じるときなど，時間に過不足を感じるときであることが多い。

　そうした時間意識を極限状況の事例のなかから描いた名著として，木村敏『時間と自己』（岩波書店，1982）と加賀乙彦『死刑囚の記録』（中央公論新社，1980）がある。

　木村はその著作で，臨床経験をもとに精神病患者の時間意識について分析し，分裂病（今日にいう統合失調症）に特有の未来先取的な「アンテ・フェストゥム（前夜祭）」意識，鬱病に特有の現在完了形的な「ポスト・フェストゥム（あとの祭り）」意識，そして躁病に特有の現在性が支配する「イントラ・フェストゥム（祭のさなか）」意識を描出した。「アンテ・フェストゥム」は現在よりも未来の兆候に激しく反応し憧憬する意識を，「ポスト・フェストゥム」はとりかえしのつかないことの堆積のなかに押し流されていく意識を，そして「イントラ・フェストゥム」は永遠に続くかのごとく立ち現れる現在に密着する意識を指す。以上はいずれも誰もが体験しうる契機ではあるが，その歪みが恒常的になると対人関係にも大きな影響を及ぼす。

　加賀はその著作で，東京拘置所での医官としての臨床経験とその後の面接調査の結果から，他の受刑者に比べて極端に高い確率で拘禁ノイローゼを発症する死刑囚と無期囚の時間意識について，明日とも明後日とも知れない「近い未来」に死の差し迫った死刑囚の「濃縮された時間」と，「遠い未来」に死が位置づけられた無期囚の「薄められた時間」とを対比している。加賀は精神分析の知見を踏まえて，死刑囚の死はあまりにも近く，無期囚の死はあまりにも遠いという意味で，どちらも人間の死の持つ曖昧さを剥奪された結果として不安を

呼び起こしていると述べている。前者にはかつて「引かれ者の小唄」といわれた躁状態が，後者には「刑務所ぼけ」ともいわれる無気力さや退行行動が見られるという。そうした「動物の状態に自分を退行させる」ような拘禁ノイローゼを引き起こす死刑について，加賀はあとがきで「残虐な刑罰ではない」という見解を明確に否定し，廃止すべきと結論づけている。

　むろん木村や加賀が紹介した極限状況における自己の時間意識は，ふだんの私たちのそれとは大きく異なっている。しかしそれでも，私たちの時間意識のある局面と，それを支える社会関係と状況について多くのことを示唆している。

参考文献（アクティブラーニング2も含む）
—
九鬼周造　2016「時間の観念と東洋における時間の反復」『時間論　他二篇』岩波文庫，9-30頁。
真木悠介　2003『時間の比較社会学』岩波書店。
渡辺洋子　2016「男女の家事時間の差はなぜ大きいままなのか──2015年国民生活時間調査の結果から」『放送研究と調査』2016(12)：50-63。

Active Learning ｜ アクティブラーニング 2

Q.1

平日と休日の今昔──労働時間と週休の変遷について調べてみよう

日本の多くの会社や学校で完全週休二日制が導入されたのは、そう遠い昔のことではない。週休の変化は、労働基準法による週当たりの労働時間の上限（法定労働時間）の変化とも関わっている。両者の変遷について調べてみよう。

Q.2

過ぎ去った未来──1960年代の未来像について調べてみよう

昔のテレビ番組や映画、小説やアニメなどを見ると、そこで描かれている未来と現代の違いに驚くことがある。たとえば、1960年代に21世紀を描いている作品の未来像について調べ、実際の現代との違いについて考えてみよう。

Q.3

男性／女性の時間配分の違い──日本の生活時間調査の結果から考えてみよう

これまで日本で行われた生活時間調査の結果、依然として他の先進諸国と比して男女間で家事時間や育児時間の格差が大きいといわれている。近年の調査結果や先行研究（渡辺 2016など）を参考にして、現状の問題点について考えてみよう。

Q.4

『時間の比較社会学』を読む──時間と文化の関わりについて考えてみよう

真木悠介（真木 2003）は西洋近代に始まる資本主義と結びついた現代社会の時間意識を他の諸社会の時間意識と比較し、九鬼周造（九鬼 2016）はフランス留学中に東洋的な時間意識について考察した。両者が論じた東西のさまざまな時間意識について、文化との関わりの観点から考えてみよう。

第3章

災害から見えるもう一つの社会
ボランティアの社会学

———

林　大造

ボランティアらしくないボランティアこそ役に立つ?

　ボランティアに託されたイメージは，意外に多様である。ボランティア実践者でさえボランティアとは何であるか，そのイメージに混乱をきたすことがある。この多様なイメージを，ボランティアの三条件（自発性，無償性，公益性）を出発点にして考察する。これらの条件のなかにすでにボランティアの多様なあり方，もっといえば「訳のわからなさ」を生み出す「芽」が内蔵されていることを見ていこう。また，ボランティアを，ボランティアされる人の自立という視点抜きに語ることの危険についても考えていく。「ボランティアの搾取」と呼ばれる，ボランティアの共感へのつけこみ，あるいは逆にボランティアが過剰に当事者にかまってしまう問題がなぜ生じるのか，ボランティアと当事者との間にどのように線を引くのか，それを考えるための原理的なあり方についての検討である。最後に，通俗的なイメージでボランティアを贈与と結びつけることの落とし穴を見ていく。そもそも，私たちが自然体でいることのできる居心地のいい居場所では，「贈与っぽくない」コミュニケーションが横溢している。そこにこそボランティアのヒントがある。

KEYWORDS　#自立　#支援　#共感　#贈与

1｜ボランティアとは

・

ボランティアの条件

　ボランティアといわれて，思い浮かべるイメージは何であろうか。たとえば中学校などで行ったボランティア学習での体験，災害後の復旧作業，オリンピックなどの大型イベントの運営に関わるもの，子ども食堂の手伝い，公共空間の清掃や環境保全，福祉に関わるものなど，何らかの具体的な場面を思い描くことだろう。公共空間で直接的に人と対話することなくゴミの清掃をするボランティアと，何らかの厳しい人権剥奪状況におかれた人を支援するボランティアとでは，同じボランティアといっても驚くほどイメージが違ったものとなる。

　このようなさまざまなボランティアを貫く条件を，①自発性，②無償性，③公益性の三つとすることがこれまで一つのスタンダードとなってきた（内海・入江・水野編 1999）。確かに，ボランティアはまず自分で状況を認識し，価値判断を行い，自分の責任で行為するのであり，自発性はボランティアの第一の条件であるだろう。また，経済的な報酬を目指さないことがほとんどである。そして何より，その活動が他人や社会の役に立つという公益性を備えて初めてボランティアと呼ぶに足るものになるだろう。しかし，この三つの条件をそれぞれ子細に見ていくと，これらの条件そのものに割り切れないものが残っていることが見えてくる。

　たとえば，第一の条件（自発性）にしても，就活のエントリーシートに記入するための「材料」として，それほど行きたいわけでもないが「自らの選択」で参加するボランティアもいる。一方で，はらわたを突き動かされるような痛みを感じて馳せ参じるボランティアもいることを思い浮かべれば，自発性の程度には一定の幅があることが理解できるだろう。

　第二の条件，無償性はどうであろうか。経済的な報酬を目指さないのがボランティアとはされるが，高度な専門性を伴う業務に近いものに相応の対価を払わず，善意をあてにする大義名分を与えかねないのが，この無償性という言葉である。専門性が高い領域に限らず，ボランティアの無償性を強調することで，交通費などの実費や，時間という貴重な資源など，本人の意図を超える過重な

負担をボランティアに強いることにつながりかねない。「ボランティアの搾取」ともいわれる事態であり、むしろ適正な対価や経費を支払った上での持続可能なボランティアのあり方が求められる。後で検討するように、無償性という条件は、冷めた見方をすれば、ボランティアする側、される側の双方にとってある種の駆け引きの争点にもなりうるのであり、ボランティアという概念に一定のゆらぎをもたらすだろう。

　第三の条件、公益性は、まず活動が他人や社会の役に立つこととしてとらえられるが、この点については政治性が関わることできわめて判断が難しくなる。ボランティアの現場では人権が脅かされている状況に出会うことが多いが、そのような状況下で、困っている人に共感し、支援をさらにもう一歩でも深めていこうと考えることもあるだろう。しかし支援を深めていくことは、人によっては「そこまでは……」というためらいを生み出す。たとえば、東日本大震災における原発事故によって県外避難を余儀なくされた人たちの権利侵害を告発する訴訟への参加を、ボランティアの現場で直接呼びかけられたら、あなたはどうするだろうか。政策の問題を糾弾することを通じて当事者に寄りそうというボランティアのかたちは、かなり政治性を帯びたものとなる。人の役に立つという意味において、今あげたようなボランティアは間違いなく公益性を備えてはいるが、たとえば就活のエントリーシートに書くためのボランティアを求める学生が思い描くものとはかけ離れているかもしれない。

　このように、ボランティアを条件づけるとされる三つの要素を考えるだけでも、ボランティアにまつわる「常識」を問い直すことにつながることが理解されるだろう。

・

活動すればするほど分からなくなるボランティア

　ボランティアの「概念の奇妙なところは、それを体験している人間ですらそれがなんであるか分かっていない点にある。むしろ活動すればするほどよく分からなくなる」と中山（2007）は述べる。これはボランティアの現場で多くの者が感じる感覚である。今度は、抽象的な概念を離れてボランティアの現場の感覚から、ボランティアとは何であるのか見ていくことにしよう。

　たとえば、災害後の被災地でのボランティアとして、カフェ活動、足湯活動、

手芸活動など，仮設住宅の集会所などで住民と一緒にゆるやかに時間をともにする活動がある。こういった活動ではことさらにイベントめいたことをせずに，ゆっくりお茶をしたり，足湯でリラックスしてもらったり，復興グッズの手芸品の針仕事をするなど，ゆったりしたひとときを過ごしてもらうことに重点が置かれる。仕事や住まいを失い，明日を見通すことが困難な住民に，一時でも災害のことを忘れてもらうためである。

　活動を終えたボランティアが被災地から戻り，友人に現地で何を「支援」してきたのかと問われた際に，当のボランティアは言葉に詰まる。考えてみれば，自分は住民たちと楽しくお茶や針仕事をしてきただけで，「支援」というような大それたことをしてきたわけではない。しかし，住民たちからはたいそう喜ばれ，「また必ず来るんだよ」とさえ言われてきた……。いじわるな友人はそれにこう答える。

　「あなたが楽しんで来ただけなんじゃないの？」

　確かに，件のボランティアは，足湯をしながら大学の単位のことや失恋の悩みを住民に話し，むしろ自分が元気づけられたようなところがあって，「助けに行った自分が助けられている」といった感覚を覚えたところだった。こうして，果たして自分はボランティアとしてこれでよかったのだろうか，ボランティアとは何なのだろうかと，訳が分からなくなる。支援するつもりのボランティアがじつは支援されていたという意味で，これを「支援／被支援」問題と仮に呼んでおこう。

　もうひとつ別の例を考えてみよう。被災地でのボランティアの現場で，地域の世話役の男性と懇意になった。男性の悩みや愚痴を聞くうちに，被災地を離れてボランティアたちが普段いる関西で起業するという考えを打ち明けられ，それとなく当てにされているようなニュアンスを感じた。しかし大人の就職の面倒を見るのはあまりにも自分にとっては重荷であり，とても期待には応えられない。そんな無理筋にまで賭けようとする男性の厳しい生活の状況も垣間見え，ますます「被災者に寄りそう」ことが第一とされるボランティアとして，自分はきちんと「寄りそえているのか」と自信を喪失してしまう。これを，どこまでがボランティアのすべきラインなのかという「線引き」問題と呼んでおこう。

　「線引き」問題は，ここまで極端な例でなくとも，単純に活動時間のかたちでもあらわとなる。「活動」は開始と終了があり時間的に区切られている一方で，被災者の「生活」は期限のない永続的時間である。その時間相の違いによって「やがて帰るボランティア」と「そこに住み続ける住民」に線引きされる。ボランティアはそこで何らかのジレンマを感じることがある一方，活動から解放されることで逆に自分に戻ることもできる。そのことがまた，「寄りそう」ボランティアというものがどういうものなのか，訳を分からなくさせる。

2 ｜ 自立と支援

ボランティアの役割

　このようなボランティアにまつわる訳の分からなさを解きほぐす一つのキーワードが「自立」である。被災地では，いつまでも解決できない課題が残る一方で，ボランティアの活動は時間とともに量的には縮減していく。被災直後は散髪ボランティアがありがたがられても，地元の理髪店が再開すると，散髪ボランティアはその営業妨害になりかねない。時間の推移とともにボランティアのニーズは質的にも量的にも自ずと変わっていく。これは「被災者」とされた人々が「住民」へと戻っていく過程でもある。もともと自立した生活を営んでいた人々がボランティアによる支援を余儀なくされていた状態が「被災」だったのである。

　こうして見ると，ボランティアの支援とは，住民の自立した生活と表裏一体の関係にあることが理解できるだろう。ボランティアは支援を余儀なくされた人々が自立した生活を送ることを支援するということになる。たとえば，被災直後の避難所で弁当やおにぎりが配られるが，さらに栄養面や生活水準の面を補うためにボランティアが炊き出しを行う。しかし，自立した住民には本来必要がないという意味では，じつは弁当も炊き出しも変わるところがない。調理施設のある避難所に鍋や釜と食材を持ち込むだけのボランティアがいれば，被災者は自分たちで好きなものを調理することができる。そうすれば，精神面も含めたさまざまな面で自立への気持ちを奮い立たせるきっかけになるだろう。実際，阪神・淡路大震災（1995年）では「鍋釜作戦」と称してそのような活動

がなされた。もちろん，それは自分で料理を作るだけの余裕が生まれた段階を見計らってのことであり，その段階でもないのに「自立」を強要するのは，いうまでもなく暴力である。

∴

自立とボランティア

さて，先に「支援／被支援」問題，「線引き」問題という視点について述べたが，これは「自立とボランティア」という問題系を踏まえれば考えやすい。

支援に赴いたボランティアが被支援側に支えられているという感覚を得ることがある（「支援／被支援」問題）。支援される側の住民の「被災者」としての姿はいってみれば「仮の」姿であり，本来は自立した住民なのだから，ボランティアの現場における支えあう関係性は，いわば日常的に我々が取り結んでいる社会的関係性と同じである。本来的に住民が備えている自立性（潜在的能力＝capability）が顕われ，人生経験が少なく人間として未熟なボランティア側の成長が促されるということは大いにありうる。「被災者＝弱者」という勝手な先入観で住民を見ること，いいかえれば「被災者性」で縛ることで，住民が本来持っている潜在能力をボランティアがないがしろにすることがあってはならない。

では「線引き」問題はどう考えられるだろうか。確かにボランティアの多くは，何らかの苦しみ・痛みへの共感から出発する。しかし，あたりまえのことであるが，その苦しみや痛みをボランティアが共感することはできても，本当に共有したり追体験したりすることはできない。医療における医療者と患者の関係では，このことがはっきりしている。医師が患者と気持ちの上で距離を置くことを「デタッチメント」という。医療においてこのデタッチメントがきちんと行われていないと，医師は，患者や家族にとってはつらい外科手術などの処置判断を誤ったり冷静なリスク判断を下せなくなったりして，そのことがかえって患者や家族にとって取り返しのつかない結果をもたらすことがある（マーシュ 2016）。患者の病いの体験を医療者が共有できないことはあまりにも明らかである。それゆえに，デタッチメントができないことの弊害は医療者だけでなく，プロとしての医師を信頼して病気の治癒を願う患者にとっても理解しやすい。患者とともに悲嘆に暮れるばかりで判断がにぶるような医師は患者にとっても頼りない存在なのである。ところが患者をボランティアされる側，医師を

ボランティアに置き換えた場合，医療の場面とは違って，ボランティアの場では独特の困難さが生じてくる。次にこのことを共感をキーワードに見ていくことにしよう。

共感とボランティア

　医療が共感なしに成立するとはいわないが，治療という「業務」から構成された領域であるのに対して，ボランティアはそもそも出発点に共感があり，なおかつボランティア自身の意志で遂行停止できるがゆえに（業務ではないから），徹頭徹尾，共感が重要な意味を持つ。したがってデタッチメントが重要視されることはあまりない。これが「線引き」問題として顕現すると，次のような形をとるかもしれない。

　一日の「活動」を終えようとするボランティアに対し，「そうやって私たちのことを忘れて，日常に帰っていくのか」といつまでも自分に寄りそうことを求める当事者がいたとする。どこか後ろめたさを感じたボランティアは，結局自らの生活を犠牲にしながらボランティアを続け，場合によっては当事者を恨むまでになるかもしれない。自発性ゆえにしんどさを抱え込む「自発性パラドックス」と呼ばれる事態である（金子 1992）。

　本来的には持続可能な制度のもとで当事者のニーズとどこかで折り合いをつける知恵が，支援側と当事者側の双方に求められるのだが，ボランティアは「共感」につけこんで搾取される立ち位置に置かれやすい。このような「ボランティアの搾取」は，さまざまな領域で「動員」と呼ばれる現象の背後に広く見られる構図である。特に，公共領域の財政出動縮減，労働市場の不安定化を基調とする新自由主義の価値観のもとでは注意が必要である。ここでいう「線引き」問題とは，ボランティアする側とされる側が関係性を取り結ぶにあたっての折り合いのつけ方の問題であるが，その前提として双方が権利の主体として自立していることを押さえておくことが重要である。自立という前提が崩れたときから「共感へのつけこみ」「過剰にかまう」といった横滑りが起こるのである。

3 ｜ ボランティアと贈与

...

贈与としてのボランティア

　ボランティアを贈与という視点から読み解いてみよう。贈与に関する社会学の古典としてマルセル・モースの「贈与論」(モース 2014) がある。モースは贈与を，贈ること，受け取ること，返すことの連環構造として捉え，なかでも返すこと（返礼）こそに贈与の最も重要な局面を見た。ほとんどの贈与は何らかの意味で多かれ少なかれ恩や義理に対する返礼（支払い）であることが多く，その証拠に恩や義理，あるいは贈物は，「煩わしいもの」として背負い込まれ，その重荷から解放されるために贈物をすると古来考えられてきたことをモースは明らかにした。

　このモースの「贈与論」の知見からボランティアを捉えるとどうなるだろうか。まず思いつくことは「支援を贈ること」としてのボランティアであろう。しかし贈ることとしてのボランティアは受け取られて初めて成立する。例えば，野宿を余儀なくされた人々に対する夜回りボランティア（厳冬期に毛布を配ったり，身体に異常はないかなどの声かけをしたりする一種の見守り）の一環で，野宿者におにぎりを配っていたとする。自分の配ったおにぎりを受け取ってもらえるか，「お体に異常はありませんか」という呼びかけに応えてくれるかと不安を感じ，野宿者と自分とのあまりにも違う境遇を自覚せざるをえないこともあって，自分の存在そのものが試されているような息苦しささえ感じるかもしれない。野宿者がおにぎりを受け取り，「ありがとうね」との声が聞こえた時，あるいは世間話でもできた時には，まるで天にも舞い上がるような高揚感に襲われることだろう。このようなボランティア特有の高揚感は，災害後の厳しい被災状況下のボランティアなどでも見られる。それはやはり，働きかけに応じてもらえたことで，自分のボランティアが一方的な行為に終わることなく「贈与－受容」の関係が成り立ち，その上「ありがとう」や世間話というお返しをもらえたことで「贈与－受容－返礼」の円環が完結したからだと考えられよう。

　しかし，そのような贈与の円環としてボランティアを捉えることには，ある陥穽が潜んでいる。

・・・
ボランティアの出発点

　長年，野宿者に寄り添った救援活動を行ってきた実践者が，上述の夜回り活動に参加した翌日，たまたま前夜おにぎりを配った野宿者と顔を合わせる機会があった。おにぎりをもらった際に「これで生きていけるわ」と言ったその野宿者は，そのとき「でもな，あの姿なぁ，娘にだけは見られたくないわ」とその実践者に語ったという。

　ボランティアは自分の「贈与」が受けとめられ，さらに「これで生きていけるわ」と「返礼」されれば舞い上がるものだ。しかし，その贈与の円環の外側に，当事者が必ずしも語るとは限らない思いが横たわっていることがある。そもそも，ボランティアが何らかの支援（贈与）へと赴くきっかけは何であろうか。そこには何らかの受苦への共感があったはずだ。つまり，自発性によって条件づけられるとされるボランティアの初発にあるのは，受動的な共感なのである。「何か自分にできることはないか」という，いてもたってもいられないボランティアの自発性は，すでに何かへの「返礼」だといえる。モースの贈与論を持ち出すまでもなく，「返礼」は有責性（重荷）から逃れるための「支払い」でもある。ここに，ボランティアを贈与の円環と捉える際の陥穽がある。

　先の夜回りの例でいえば，おにぎりを野宿者に渡すことが，ボランティアにとって，野宿者の受苦への共感という重荷への，ある種の罪滅ぼし（苦しさ，もっといえば後ろめたさからの解放）とでもいいうるような「支払い」になっていないかということである。贈与における返礼の局面には特有の難しさがある。当事者の受苦をそもそもボランティアは共有できない。さらにいえば，対面的贈与の円環とは別の円環（先の野宿者の例でいえば，娘と父との関係性・コンフリクト）の存在も視野の片隅に置いておく必要があろう。こういった思考を通じて，後ろめたさを感じる深さを，おにぎりを受け取るかどうかという対面的状況をこえて，そもそもなぜ野宿しなければならないのか，父がなぜ娘から自らを隠そうとするのかという社会的次元にまで拡げたとき，ボランティアは野宿者の真の自立を目指したもう一段深いものになる。

　再び贈与論にからめていえば，「支払いとしての返礼」がいってみれば「手切れ金」にもなりうることから明らかなように，贈与には，関係性を精算し切り

離す役割もある。「支払い」「精算」としてのボランティアという極度に狭小なサイクルに自足するのではなく、自分にとっては未知の円環の存在をも視野の片隅に捉えることは、ボランティアの文脈を自分が赴いた出発点となった社会問題（貧困や災害復興など）そのものに置き直すことにもつながってゆく（本田2015）。

・・・

日常性と贈与から考えるボランティア

　贈与とボランティアの問題系を、また別の切り口から考えてみよう。そもそも、私たちの日常生活、なかでも家庭内におけるコミュニケーションで贈与性を意識することなどあるだろうか。たとえば、親による家事を、子どもが贈与と受けとめ感謝の意を表明するといったことは、学校など教育の場で「強制」こそすれ、日常生活のなかではむしろ贈与性を意識させないような自然な振る舞いこそが日常を日常たらしめる条件ではないだろうか。家事で贈与性が頭をもたげると、「家事をしてあげる人－してもらう人」がやがて「支配－被支配」の関係性に転じてしまい、もはや家族とは呼べない代物になってしまう。つまり、人がリラックスして自然体でいることのできる場では、贈与性は無色化されている必要がある。やりとりが「贈与－受贈」にならずに一緒に「いる」だけになりえた時間は、いってみれば「凪の時間」であり、贈与性が顕在化している時間はどこか恩と義理にまみれているという意味で落ち着かない「嵐の時間」とでも呼べるだろう。災害後の被災地（まさに「嵐」のさなか）では、この「凪の時間」を作り出すことこそがボランティアの役割となることがある。

　阪神・淡路大震災や東日本大震災をはじめとした被災地では、被災者の現金収入も見込んだエンパワーメントのツールとしてさまざまな手作り復興グッズが考案されてきた。復興グッズとしての手芸品を被災者とボランティアが一緒に作って、お茶をしながら会話に花を咲かせる「手芸ボランティア」というものがある。なくした家や仕事、ローンのことなど片時も生活復興の諸課題から離れることができない「嵐」の時間のなかで、まさに復興のことを忘れることのできる「凪」のひとときが、手芸ボランティアの空間には現出する。針仕事をする住民たちとボランティアは、喧しい会話を交わすということはない。この次はどこに針と糸をどう進めるのか、そういった純粋に技術的なやりとりだっ

たり，「まぁ，このおめめ，かわいいわね」といった互いの作品の出来を評価し合ったりする，穏やかな時間が流れる。そこには「教える−教えられる」の関係よりもっと穏やかな，家族の間に流れるような贈与性の脱色化された時間と空間が現出する。これ見よがしのボランティア，エントリーシートの材料になるようなボランティア，絵になるボランティア，「ボランティアらしいボランティア」に捕らわれてはいけない。ボランティアを狭小な贈与の円環で捉えるのではなく，贈与性の脱色された，なんでもない「凪」の時間を作り出すことが，逆に当事者と自らをともにつなげるより大きな円環を準備することを確認しておこう。

参考文献
—

内海重治・入江幸男・水野義之編　1999『ボランティア学を学ぶ人のために』世界思想社。
金子郁容　1992『ボランティア──もうひとつの情報社会』岩波書店。
中山淳雄　2007『ボランティア社会の誕生──欺瞞を感じるからくり』三重大学出版会。
本田哲郎　2015『釜ヶ崎と福音──神は貧しく小さくされた者と共に』岩波書店。
マーシュ，H　2016『脳外科医マーシュの告白』栗木さつき訳，NHK出版。
モース，M　2014『贈与論　他二篇』森山工訳，岩波書店。

Case Study ｜ ケーススタディ3

ボランティアの現場と子ども

　さまざまなボランティアの現場で，子どもにどう接するかはボランティア側の力量が特に問われる領域の一つではないかと感じている。ボランティアのニーズの切実さは，とりわけ弱い立場の者たちに集中的に幾重にも折り重なって現れるものだが，子どもにもそれが当てはまる。ニーズの切実なものほど，声を上げることができないのであり，ボランティアは特にその声を聞き取る感度の高さが必要となる。

　東日本大震災の被災地に学生たちとボランティアに行ったときのことである。学生たちは子どもとどう向き合えばいいのか頭を悩ませることが多かった。たとえば，仮設住宅のお茶会の現場。狭い砂利敷きの小道を隔てたプレハブ長屋が向かい合っている。各戸は，震災前のかなり広々とした戸建て住宅に住んでいた被災者にとっては耐えがたい狭小さであり，隣の家庭のいびきまで聞こえるといった絶え間ないストレスに満ちた住空間である。

　そのような環境では，騒ぐ子どもは大人にとってストレス源そのものとなる。子どもはそのストレスを浴びて，さらにしんどい状況になる。仮設住宅のボランティア現場で，両者のぶつかりあいが爆発する。騒ぎ立てる子どもの声に堪忍袋の緒が切れた高齢者の怒声。高齢者の激昂と，ぽかーんとする子どもの表情との間で，学生ボランティアは「子どもにダメなことはダメと教えるべきか」，それとも高齢者の激昂が大人げないのか，両者の対話を促すべきか……迷いで揺れ動く。

　しかし，子どもがなぜ騒ぐのかと考えてみれば，途は自ずと拓けてくる。まず子どもを外に遊びに行こうと連れ出してみる。子どもが安心できる場所をつくる。そして，子どもの声を聞いてみること。「騒ぐのはダメ」といった日常の狭小な道徳観からボランティアを解き放ってみたいものである。

Active Learning │ アクティブラーニング 3

Q.1

ボランティアが嫌われたら?──「他者との出会い」を振り返ってみよう

ボランティアの現場では，いつでも自分が当事者に受け入れられるとは限らない。自分はどこか溶け込めていないのに，自分以外のボランティアはうまく会話が成立しているのを見て，自信喪失に陥ったりすることがよくある。逆に波長が合わないと思っていても，ひょんなことから意気投合することだってある。それが「他者」との出会い。自分史のなかでそういった「他者」との出会いを振り返ってみよう。

Q.2

相手の発する非言語情報──全身で受けとめよう

ボランティアの現場では，言葉だけがすべてではない。言葉で「はい」と言っていても，それが「いいえ」を意味するといった事態はよくあることだ。でも言葉が発せられた文脈に注目したり，表情や声のトーン，視線，所作や雰囲気などあらゆる要素を，感覚を総動員してキャッチしてみれば，「いいえ」と言っていたなと思い返すことができるかもしれない。言葉と結果が裏腹だった経験，その背後に横たわる文脈を振り返ってみよう。

Q.3

相手も楽しい?──ボランティアにとっての「真面目」

ボランティアは相手があってのこと。真面目にやっていれば報われるというものでもない。その真面目さがどこを向いているのかが何よりも肝心。自分のペースやポリシー，自分の所属先のルールに忠実なだけの真面目さは，相手を見ていないのと同じこと。遊び心があることこそ，相手への思いやり。自分の真面目さや遊び心が，何に対する真面目さや遊び心なのか要素分析してみよう。

第4章

紛争と物語
記憶と政治の社会学

酒井朋子

いくつも重なりあった「過去の可能性」を生きること

　紛争というと何を想像するだろうか。原理主義者同士が，思想的に相容れない相手を，銃や兵器を用いて抹殺しようとする争い……難民が大量発生する悲劇……。いずれにせよ，スマートフォンやテレビ画面の向こうの「遠い世界」で起きていることのように感じるかもしれない。

　「紛争」の対義語というと「平和」が思い浮かぶ。どちらが望ましいかと問われれば，多くの人は「平和だ」と答えるだろう。確かに，多くの人命が失われる地域紛争や，国家間紛争つまり戦争はまぎれもなく悲惨なものだ。武力の行使が悲劇を生み出すことに疑問の余地はない。

　ただし，紛争という言葉は，じつは広く「争い」という意味でも用いられる。特に英語でコンフリクトといった場合，個人の内部で起きる葛藤や，個人間の確執など，暴力にまでは至らない「不和と緊張感」などを意味することもある。紛争もコンフリクトも，日常にほど近いところに存在しているものなのであり，社会にとって必要なものとする見方もある。

　では，紛争とは社会にとってどのような位置づけにあるのだろうか。また，紛争によって起きた対立や分断が乗り越えがたいものであるのはどうしてなのだろうか。以上のような問題を考えていくことにしよう。

KEYWORDS　#社会における対立・紛争　#集合的記憶　#物語と現実認識

1 ｜ 社会と紛争

・

紛争とは「起こるべきでない」ものなのか？

　社会学のなかには，紛争とは社会生活を送るうえで避けがたいものだ，とする見方がある。たとえばラルフ・ダーレンドルフ（2000）は，社会の安定性や規範（ルール）はもっぱら権力者が作り出し維持するものだと見なしており，資源や権力を「持つ者」と「持たざる者」の間に紛争が見られるのは社会の常態であると論じる。また，紛争を社会が変容していくための原動力と見なす立場もある。

　ここで参考になるのが，酒井隆史（2004）による公民権運動の指導者マーティン・ルーサー・キング牧師論である。キングは非暴力主義の偉人としてよく言及されるので，聖人君子のようなイメージがあるかもしれない。だが，じつは彼の「非暴力」とは，人を傷つけず人と闘わないことにあるのではなかったという。矛盾や格差に気づかないふりをしてきた社会が否応なく争点と対決せざるをえない状態を作るために，最大限の緊張と危機感を作り出すことにあったのだ。だからこそ座り込みやデモ行進のような，目に見える物理的な形での「抵抗運動」が重要になる。キングの非暴力の方法論は，逆説的にも争いを顕在化させるという目的と切り離せないものだったのだ。

　近代社会にとって，改革はつねに紛争や確執とともにあった。対立や敵対性をあぶりだすことを通じて初めて，今ある社会の問題点が意識され，「変化が必要だ」という意識も育ってくる。問題なのは，対立と緊張感をどのような形で生成させるのかという点なのである。

・

紛争によって変わりうるもの，紛争によって見えてくるもの

　社会運動は，現在の社会を何らかの問題を持つものとして描き出し，「このままであってはいけない」と他者に伝えていくことから始まる。スペクターとキツセ（1990）が「異議申し立て行動（claim-making activities）」と呼んだものだ。それまで人が目を向けなかったものを「問題」として取り上げることは，表向きは「平和」だった場に緊張感を作り出し，高い確率で対立をも生み出す。

　マイノリティへの差別をなくそうとする運動，環境保護運動，労働者の権利を守ろうとする運動など，社会変革を目指す運動は多様だが，いずれも争いや対立を完全に忌避していては発展しえないものだっただろう。家庭内や職場内など，身近なレベルでも同様のことがいえる（じつはマイノリティ解放運動も環境保護運動も，日々の生活や人間関係のなかで実践されるものであるから，ある意味当然なのだが）。その場の誰もが何も不満を口にせず割り当てられた役割や作業をこなしていれば，それは矛盾も不平等も「ない」，統制のとれた状態と認識されるだろう。だが一度，誰かが分担の不平等や矛盾を指摘し，改善の必要性を訴えたとき，問題がそこに「あった」ことが浮かび上がる。こうした場合，まず「そんな矛盾や不平等は存在していない」という立場との対立が起こることが多い。対立は面倒なものだから，「問題がそこにある」との指摘は勇気を要する。しかし誰もが何も言い出さなければ，構造は変わらず，そしてその構造が不平等なものであれば，苦しむ人が出てくる状況はその後も変わらないかもしれない。

　ただし，先にも記したように，「どのように」緊張をもたらすのかは，きわめて重要な問題である。ひょっとすると，激しい「紛争」「争い」に至らないよう配慮したやり方の方が，ものごとをうまく変革できるケースもあるかもしれない。いずれにせよ，潜在的な対立や紛争の構造としくみが見えていて初めて，やり方を選ぶことが可能にもなる。

　社会学が紛争に着目するのは，紛争や争いを通じて初めて見えてくる視野があるからだ。社会学者の長谷川公一が述べるように，「対立や争いは，社会の矛盾や問題点が顕在化したものである。だからこそ，その理解をとおして，私たちは社会の実相や今日の社会変動の底流にあるものを学ぶことができる」のだ（長谷川 2004：3）。

・

価値の紛争と利害の紛争，社会学にとっての紛争

　これまで見てきたように，問題を名指し，対立を顕在化させて社会変革を目指すことと，破壊と殺傷を目的とする暴力の行使とは，ひとまず区別されなくてはならない。だが地域紛争のなかには，「不平等の解消」「差別からの解放」をキーフレーズとして勃発し，何千・何万という死者を出す深刻な悲劇となっ

たものも少なからず存在することが，事態を複雑にしている。

　20世紀は二度の世界大戦を経験した「戦争の世紀」であったが，無数の地域紛争も起きた。第二次世界大戦後から1980年代までは多くの紛争が，アメリカ合衆国とソビエト連邦の対立を中心とする東西冷戦の影響下にあった。冷戦は1980年代後半から1990年代初頭にかけて終結したが，紛争そのものはむしろ数を増やしたようだ。民族主義や宗教的原理主義などの台頭が原因としても語られる。たとえば旧ユーゴスラビア地域で1990年代から2000年代にかけて起きた紛争や，2014年から激しくなったロシアとウクライナの対立には民族主義が大きく関連している。2011年以降のシリア内戦では，イスラム原理主義勢力の関与も大きい。

　しかし，ほとんどの地域紛争は民族的・宗教的な排他主義だけでは語れない。背後には政治と経済が強く関係している。たとえば人類学者の栗本英世は，スーダン（現在の南スーダンを含む）における民族対立は，紛争の原因というよりも結果である部分が多く，経済格差を背景とする政治紛争のために激化したとする（栗本 1996）。かつては飢饉のときに助け合う文化を持っていたような民族同士が，政府と反政府勢力の対立に巻き込まれ，互いを敵視するようになった事例もあるという。

　多くの紛争は資源の希少性と価値の相違のために起こるといわれる（長谷川 2004：20）。少ない量の資源しかなければ，その資源をめぐって争いが起きる。これが利害紛争である。ただし適切な分配方法が編み出され，争っていた者たちの間に合意ができれば，紛争が回避されることもある。一方で，価値の相違のために起こる紛争は厄介である。何が善で，より美しいかなどの問題は，たいてい解決不可能である。調停が行われたとしても問題が解決されるわけではなく，単に攻撃行動をいったん停止させるだけだ。マックス・ウェーバー（1980）が「神々の闘争」と呼んだものである。こうした言葉づかいからも価値紛争の典型例は宗教紛争であるかのように思ってしまうが，先にも触れたように，「宗教紛争」としてメディアで目にする紛争の多くは，実際には資源やその分配のあり方，権力など，利害をめぐる争いであることに注意が必要である。

　じつのところ，現実の多くの争いにおいては利害紛争と価値紛争が緊密に絡まり合っている。たとえば東西冷戦は，社会主義あるいは共産主義と資本主義

というイデオロギーの対立から生じる価値紛争であったが，同時に政治権力や支配力，およびテリトリーをめぐる利害紛争でもあった。また社会運動に関わる対立は多くの場合，価値の相違を背景に有するが（たとえば平等，自然，民主主義とは何か，などの認識の相違だ），その違いが限られた資源をめぐる競争を通じて明るみに出ることもあるだろう。

2│紛争の記憶をめぐる紛争

物語と現実認識

　何かの争いがあったとき，当事者たちに，何が発端でいつから始まり，現在はどういう状態なのか聞いてみると，それぞれ話が食い違うことがある。Aさんが「数日前から始まったもので，きっかけは誤解だった」と言う一方，Bさんは「数年前から続いている問題で，Aさんが必要な話し合いを行わないことが一番の問題だ」と言うかもしれない。争いをめぐる認識のあり方は，関係者によって大きく異なる。これを，出来事の「物語理解」が異なる，とする見方がある。

　物語というと，映画，ドラマ，小説のような，作家やアーティストの手になる作品を呼ぶもののような気がするかもしれない。だが，ものごとを物語の形式で理解するというのは，じつは誰しも日常的に行っていることなのだ。出来事を順序立て，道筋をつけて理解するという，現実を認識するための基本的な行いなのである（ブルーナー 1998）。

　では物語とは何なのかというと，その最も原初的な形は「二つ以上の出来事を並べる」というものだ。たとえば「A国の王子は自室で泣いた」という出来事を単独で見ただけでは，不思議に思いこそすれ，特に何の感慨も湧かないだろう。だが「A国の王が死んだ」という出来事と並べて置かれたとき，人は多少なりとも「なるほど」と思うはずだ。この並列によって，王子と（おそらく彼の父である）王の間に何らかの強い絆（あるいは確執）があったことが示唆される。また，まっさらで何の性格も与えられていなかった王子に，感情や人間らしさが見出されるだろう。出来事の間に，たとえば因果関係や影響関係のようなつながりを見出すことが「物語理解」だともいえる。必ずしも「〜だから」

「〜ために」という接続詞は必要ない。これらの出来事がただ並んでいるだけ
で，人はそこに関係を「読み取る」のだ。

　いいかえれば，物語理解とは出来事の意味を解釈することでもある。何らか
の争いが起きたときには，その争いを説明したり原因や解決法を考えたりする
よう求められるから，物語化が繰り返し行われる。当事者がほかの人に何が起
きたか伝えるためにも，自分の経験の意味を整理するためにも，必要となる行
為であり思考である。どちらかが悪かったのか，非は双方にあったのか，ある
いは発端は不幸なディスコミュニケーションだったのか。そもそもあのような
形で対立することは適切だったのか。そうした問いに折り合いをつけるため，
出来事は関連づけられ，物語の形式で整理されていく。

‥

紛争をめぐる複数の物語

　ここで忘れてはならないのが，どんな物語にも特定の視点がある，というこ
とだ。「光を当てる角度」といってもいい。物語化の過程では，出来事（および
出来事の特定の側面）が取捨選択され，一つのまとまりになるよう形作られる。
もちろん，「自分が悪かった」けれど「相手にも落ち度があった」というよう
に，視点が複数あるように見える物語もある。だが物語の視点の可能性は無数
なので，取り上げられなかった出来事や側面，すなわち「光の当たらなかった
面」が必ずある。物語は部分的には真実でありうるが，けっして全体真実では
ありえない。

　また，人は自分が見聞きしたことのある，つまり社会にすでに存在している
「筋立て」を参考にしながら新しく知った出来事を理解する。つまり，どこかで
聞いたことのあるような物語と似た体験として語った方が，多くの聞き手・読
み手にとって「分かりやすい」説明にできる。逆に，似た状況に置かれた人が
それまでほとんどいない（あるいは，いても広く知られていない）ような体験をし
た人は，自分に起きたことの意味や，自分の行動の理由や動機を明確に物語る
のがより難しくなる。そうした意味では個人の語りは，人の行動，感情，価値
判断をめぐる社会的な規範の強い影響下にあるのだ。

　争いというものは，ときには当事者たちを深く傷つけ，その自己像を揺るが
すことも多い。当事者は誰もが，責任や過失は誰かほかの者にあり，自分は「当

然の防御をしただけ」と信じたくなるものだ。ゆえに紛争や争いの経緯をめぐっては，描き方がまったく違う物語がいくつも乱立することが少なくない。いくつかの出来事を意識的・無意識的に無視する（重要視しない）ことによって，自分にとって苦しくないような物語を，争いの関与者それぞれが構成してしまうのである。

　この物語的な理解の食い違いによって，終わったはずの過去の紛争が現在に蘇ることがある。たとえ対立していた両者が「手打ち」に至り，表向きには争いが見えなくなったとしても，紛争は「過ぎ去った」とは限らないのだ。むろん，紛争を通じて互いの本音や状況がより理解できるようになり，争いの後に関係がむしろスムースになる場合も確かにある。だが，そもそも誰かが納得できないような形で争いの「終わり」が定められていて，新たな問題が起きたときに同じ構図の争いが再び立ち上がることも多い。物語の食い違いはさらに拡大していく。過去の争いの記憶のあり方や意味付与の仕方は未来における新しい紛争の火種となりうる。そしてそれは，個人間だけでなく，社会集団や国家間の紛争でしばしば見られることなのである。紛争の記憶をめぐる紛争，とでもいおうか。

・・
共同体と集合的記憶

　そもそも記憶というと，個人のなかの心理現象のような印象がある。しかし私たちが通常，個人的な記憶と考えているものも，じつは近しい人間との関係，あるいは学校や職場で公式・非公式に学ぶ知識など，社会的な枠組みによって支えられている。人間の記憶とは一度体験した物事がそっくりそのまま脳内に記録保存されるようなものではなく，外部からの刺激によって繰り返し思い起こされ再構成されていくものなのだ。家族や友人ネットワーク，あるいは生活圏で日々目にするモノといった，自分の外の社会にある何かとリンクしているからこそ覚えていられる事柄は多い。また，メディアなどで繰り返し目にするフレーズやイメージも記憶に残りやすい。

　こうした記憶の社会的側面を初めて本格的に探求したのは，デュルケーム派社会学者のモーリス・アルヴァックスである。アルヴァックスは，人間集団がまとまりを保つためには過去についての共有の知識やイメージが必要である，

とも論じた（アルヴァックス 2018）。これが集合的記憶である。たとえば地域社会では，それぞれの家がどのような力関係のなかにあり，どのような人間を出してきたのか，そして地域内の川や林や教会（神社・寺）でかつて何が起きたのかということが，それぞれの場所や外観・雰囲気のイメージとともに知られて（記憶されて）いる。そうした諸々の経緯を知っていることが，地域社会の一員であることの証でもある。記憶の共有は，仲間意識や帰属意識の重要な要素でもあるのだ。

　1990年代から，近現代の国民国家のしくみを探求する研究がさかんになったが，そのなかで「国民の記憶」という集合的記憶について活発な議論が交わされた。多くの人間は，よその国に住んでいる「異質」な人たちと比べると自分が住んでいる国の人々はどこかしら「同じ」だ，と思い込んで日々を生きている。そうした同質性の想像を可能にする要素の一つが「国民の記憶」として教えられるものではないか，という議論である。

　ある国家制度のなかに生きる人間は，教育やメディアを通じて，過去について共通の知識やイメージを獲得する。「いま」の国家にとって重要な出来事の連なりとして整えられたその過去物語は「国民の歴史」として理解される。そして，個人的にはゆかりのない場所で数百年も前に起きた出来事を，国境内にいる多くの人間が「私たちの過去」と考えるような現象が成立する。また，「国民の伝統」を等しく身につけている「べき」という価値観を，互いに数百キロ離れたところに住んでいる，一生顔をあわせることがないであろう人間たちが共有していることも前提とされ，さまざまな物事が動いていくのである。

3 ｜ 多層的な記憶と共に生きる

…

戦争における死者の描かれ方

　集合的記憶のなかでも特に緊張感に満ちているのが，過去の紛争の記憶だ。争いは攻撃あるいは批判の応酬であるから痛みや傷はつきものだし，武力紛争であれば死者も出る。その痛み，喪失，損害をどう解釈するかによって，敵対した相手のあり方，争った自分自身のあり方，および争い自体の意義の価値判断も変わる。

　国家にとっては戦争の記憶がそうだ。ベネディクト・アンダーソンが『想像の共同体』(1997) にて示したように，戦死者は国家にとって殉教者のような位置づけにある。戦死者を勇敢な英雄とし，その死は国家の平和をもたらすために有意義なものであったとするような描き方は多い。戦死者を美化するこのような戦略は，未来に再度紛争が起きたときに，進んで国家のために身体・労働・生命を差し出す兵を動員するためにも効果的である。逆に大勢の人間が何の意味もなく無駄死にしたというような描き方は，国家にとっては危険な表現である（それが戦争の少なからぬ場面で事実であったとしても）。国家は人に，命という究極的なものを差し出すよう命じているのに，それが無駄に捨てられたとあっては，国家の信頼性が土台から揺るがされかねない。

　他方で戦争で近親者を失った人々にとって，その死はまずもって喪失であり悲劇であるから，戦争や国家に対して怒りや恨みが生じる可能性も十分にある。しかし，これら遺族も「名誉の戦死」という描かれ方を受け入れがちである。それは「自分の大事な人間の死には『意義』があった，お国の，あるいは社会の役に立ったのだ」と考えることで，喪失の痛みと怒りが和らげられるからだ。

　つまり私的な記憶と公的な記憶，あるいは個人の記憶と集合的記憶とは，明確に分離できるものではない。前節で述べたように，個人の物語もまた社会的な価値観によって支えられ，意味を与えられている。逆に集合的記憶も歴史を生きた個人個人の体験なくしてはありえない。国民の記憶のなかでも，英雄や偉人の物語だけでなく，名もない庶民の物語が重要な位置を占めうる。感情移入がしやすく，自分の人生と重ね合わせることができるからだ。だからテレビや新聞などでも，戦時下を生きた一市民や一歩兵の人生にスポットライトが当たることは珍しくない。ただしそれが「国家の意義」を根本から覆すような物語であった場合には論争を呼ぶのだが。

・・・

紛争・戦争の集合的記憶の政治性

　地域紛争においても，しばしば国民国家と戦争の記憶との関係に酷似した構造が見て取れる。内戦が民族自治に関わるものとして意味づけられていったとき，そこで組織されたゲリラ（民兵組織）は「国民軍」を自称することもある。彼ら民兵組織のなかでは，民族自治の達成はコミュニティ全体の究極目標とさ

れ，内戦のなかでの死は「民族の未来のための有意義な死」となる。その思想
や武力行使に賛同できなくとも，親戚や近隣住民の多数が支持者であるような
場合には，身内の死を「名誉」と思っているふりをしなくてはならないことも
ある。

　戦争であれ，地域紛争であれ，争いの集合的記憶はコミュニティのためにな
るよう編集される。つまり，集団を統治する権力によって，政治的に操作され
管理されうるのだ。「お国のために」「地域のために」という美辞麗句が用いら
れつつ，実際には悪逆非道な行いがなされている事例を，ためしに思い浮かべ
てみよう。このことについての指摘は国や地域を代表する組織や人間には拒否
されるだろうし，証拠となるイメージや出来事について情報が拡散しないよう
圧力がかかるだろう。たとえば紛争が長期化した地域では，民兵組織が資金調
達のため麻薬や武器の密輸などに手を広げギャング化していくことも珍しくな
いが，それら違法行為（や非人道的行為）に言及することは，地域内では大変危
険である。

　あるいは，「権力者が証拠を握りつぶし箝口令をしく」というような分かりや
すいあり方ではなく，その国や地域に属する人間一人ひとりが，自分の属する
集団のイメージ悪化を恐れ，特定の事実や説明から目を背けるかもしれない。
いずれにせよ，集合的記憶は政治的なものであり，地域，国，集団の外にひと
たび出れば，同じ出来事，同じ人物がまったく違ったように記憶されているの
は当然のことなのである。

・・・
集合的記憶に関わるイメージとコメモレーション

　これまで見てきたように，物語は記憶の重要な要素である。だが記憶のすべ
てが物語的な形式を取るわけではない。情景や，におい，音など五感にまつわ
る記憶もある。たとえば1945年8月15日のいわゆる玉音放送は，日本において広
く知られた太平洋戦争の聴覚イメージである。また現代社会ではさまざまな視
覚イメージが，教育素材やニュース映像や新聞報道などを通じて広く共有され
うるものになっている。たとえば広島の原爆被害の写真のなかには非常に有名
なものもある。このような，メディアを通じて記号化された過去イメージも，
集合的記憶として議論されることがある。教育がもっぱら国家の枠組みの内部

で行われ，メディアの視聴が言語によって分断されていることから，有名な記憶イメージも国をまたぐとまったく異なることが多い。

　また，記念行為（コメモレーション）という形もある。特定の日付に行われる過去を想起する年中行事などのことで，その重要性は，身体化される集合的記憶に関心を寄せたポール・コナトン（2011）によって論じられている。たとえば日本で生まれ育った人の多くは，「戦争」というと「夏」を思い浮かべるのではないか。これは戦争中の出来事を記念する行事の多くが夏に行われることによるものだろう。8月6日の広島および9日の長崎の平和式典や，15日の全国戦没者追悼式の様子は毎年テレビで生中継され，ニュースにも取り上げられる。幼いころ，学校の夏休み中に自宅でテレビに合わせて黙祷したことのある人もいるかもしれない。太平洋戦争は何年も続いたのだから，そこに特定の季節というのは存在しないのだが，「夏休みの思い出」という自分自身の記憶のなかに，戦争＝夏というイメージが入り込んでいるのだ。

　一方，原爆投下や玉音放送と比べると真珠湾攻撃の影は薄い。日付を正確にいえる人もより少ないはずだ。大規模な記念式典もなく，したがってその報道にも触れることがないため，真珠湾攻撃という出来事が日常のなかで体感される機会が少ないためだろう。なおこれは，個人であれ集団であれ，過去に自分が行った加害より受けた被害を強く記憶しがちである，ということとも関係していよう。

　このように，メッセージや価値観を伝える物語として表現されたもの，あるいは断片的なイメージや慣習の集合体など，社会にはさまざまな形の集合的記憶があり，国の政治や個人の日常生活に深く関わっている。そして加えるなら，一つの国，一つの地域，あるいは一つの家族のなかですら，多様な物語とイメージが存在するものであり，互いに不協和音を奏で合っている。そもそも一人の個人であっても，多層的な記憶を生きている。「あの出来事は『こう』であったはず」と信じながらも，頭のどこかに「もしかすると『ああ』だったのかもしれない」という認識がいくつもあるのだ。そして新しく入る情報や自分の状況の変化などに応じて，特定の物語やイメージの力が強くなったり，弱くなったりする。記憶とは，想起のたびごとに作り直され，感じ直されているものなのである。

　紛争は現実認識の食い違いと深く関連している。したがって当事者同士の対話は紛争解決の手段としてきわめて重要なのだが，争う者同士が率直に思うところをぶつけあい，素直に相手の言い分を認めるような対話はなかなか実現しない。紛争の終結や和解を語ることが難しいのはそのためだ。しかし，互いの現実認識・過去認識を部分的にであれ理解することで攻撃や緊張がやわらぐことはあるだろう。そうした「相手の認識世界に対する洞察」を切り拓く手がかりは，自分のなか，あるいは社会のなかで主流となっている物言いから一時的にであれ距離をとり，離れたところでかすかにせせらいでいる別の物語，別のイメージの旋律に耳を傾けることにあるのではないだろうか。

参考文献

—

アルヴァックス，M　2018『記憶の社会的枠組み』鈴木智之訳，青弓社。

アンダーソン，B　1997『増補 想像の共同体——ナショナリズムの起源と流行』白石さや・白石隆訳，NTT出版。

ウェーバー，M　1980『職業としての学問』尾高邦雄訳，岩波書店。

栗本英世　1996『民族紛争を生きる人々——現代アフリカの国家とマイノリティ』世界思想社。

コナトン，P　2011『社会はいかに記憶するか——個人と社会の関係』芦刈美紀子訳，新曜社。

酒井隆史　2004『暴力の哲学』河出書房新社。

スペクター，M・B／J・I・キツセ　1990『社会問題の構築——ラベリング理論をこえて』村上直之他訳，マルジュ社。

ダーレンドルフ，R　2000『現代の社会紛争』加藤秀治郎・檜山雅人訳，世界思想社。

長谷川公一　2004『紛争の社会学』放送大学教育振興会。

ブルーナー，J　1998『可能世界の心理』田中一彦訳，みすず書房。

Case Study │ ケーススタディ 4

イギリス領北アイルランドの紛争は宗教紛争か?

　イギリスのすぐ西にあるアイルランド島の北部で1960年代から30年間にわたって継続した北アイルランド紛争は,プロテスタントとカトリックの間の争いとして知られる。だが,これを宗教信条による対立だと考えると,実態を大きく捉えそこなう。

　もともとアイルランドは近世からイギリスの植民地だった。19世紀半ばになると独立運動がさかんになり,1920年代にアイルランド南部は実質的な独立を果たす。このとき北東部に多く住んでいた植民者の子孫らは,マイノリティになることを恐れアイルランド自治に強く抵抗したため,この地域のみ切り離されてイギリス連合王国に残留した。

　南北分断以後の北アイルランドでは,イギリス系プロテスタントの政党が政治権力を占有し,アイルランド系カトリック住民はさまざまな差別に苦しめられた。だが1960年代になって,アメリカの公民権運動にも影響されたカトリック公民権運動が盛り上がりを見せる。公営住宅の平等な分配を主張する座り込みや,宗派差別反対の街頭デモンストレーションが活発に行われた。しかしプロテスタントは公民権運動に激しい敵意を示し,一部が過激化して住民衝突が激化していく。1969年にイギリス政府が事態鎮圧のために軍を差し向けると,アイルランド系コミュニティのなかでもこれに反発する武装ゲリラが組織された。以後,北アイルランドでは終わりのない暴力の連鎖が長期間継続した。

　以上のように,北アイルランド紛争は社会におけるさまざまな格差を背景として起こったものだった。思想や信仰ではなく,生まれた地域や家族によって「どちらか」にカテゴライズされる。北アイルランドにおける宗派はそのようなラベルなのである。

　紛争の引き金は何だったのかと問われたとき,多くのプロテスタントは1960年代のカトリック公民権運動だ,と答えるかもしれない。つまりカトリックが

始めた紛争という認識である。しかしカトリックの多くは，紛争勃発以前の不平等や，イギリスによる植民地支配の歴史に言及するだろう。また，暴力についての認識も異なっており，アイルランド系のテロ組織が繰り広げる犯罪だとする見方と，警察やイギリス軍による一般住民への不当な暴力だとする見方とで，大きな食い違いを見せている。

　1998年に結ばれた条約によって，北アイルランド紛争は一応の終結を見た（ブレクジットの可能性により，この条約での合意事項に不穏な影も差しているが）。現在の北アイルランドにおいては，社会生活のうえで分断された住民同士をつなげる取り組みだけでなく，記憶の分断や現実認識の分断を架橋する取り組みも，非常に重要なものとなっている。

Active Learning │ アクティブラーニング 4

Q.1

喧嘩をめぐる複数の物語──解釈の多様性について想像してみよう

過去に自分の身の回りで起きた喧嘩を一つ思い出してみよう。当事者たちが争いをどのように捉え，喧嘩の原因，過程，収束をどのように理解していたか，想像してみよう。そして，それぞれにとっての物語を二つ書き出してみよう。

Q.2

争いは何をもたらすのか──身近な例から考えてみよう

これまでの経験で，異議を申し出て何かと対立したことで，事態が（自分の信じる基準では）より良い状態になったケース，および争いが不毛なものになり，人間関係に長く禍根を残したケースについて，それぞれ一部始終を記してみよう。

Q.3

二つの「硫黄島」──『父親たちの星条旗』『硫黄島からの手紙』

太平洋戦争中の激戦「硫黄島の戦い」における米軍と旧日本軍に焦点を当て，イーストウッド監督が二つの映画を作成した。それぞれにおいて描かれている戦争とはどんなものか，何が描かれていないのか，クラスやグループで議論しよう。

Q.4

紛争の描かれ方──多様な視点と物語の部分的真実性

20〜21世紀の地域紛争をグループで一つ取り上げ，その紛争が描かれている映画や小説，ルポなどを，一人一作品担当する。それぞれ「誰の視点」の作品で，何が伝わり，何が見えてこないのかをまとめ，グループごとに発表しよう。一人はその紛争の概要をまとめてもよい。

身体・ジェンダー・マイノリティの社会学

第5章

ファッションがつなぐ社会と私
身体の社会学

———

後藤吉彦

人を動物から区別する印

　ハロー・キティとチャーミー・キティ。どちらも同じような猫系の顔をしているが，決定的な違いがある。それは，擬人化されたキャラクターのハロー・キティが身体をファッションで装うのに対し，ペット役（動物）のチャーミー・キティは身体を“自然のまま”にしている点である。ディズニーのキャラクターのグーフィーとプルートを考えても，同様のことがいえる。

　このようにファッションは，社会的な存在である人間と，動物との違いを示す印になる。そして私たちは，生まれたときのおくるみから死化粧に至るまで，身体を“自然のまま”にせず，衣服やアクセサリーなどで装い続ける。それゆえファッションは，私たちの身体と社会の関係性について，多くのことを語ってくれる。

　現代のファッションに目を向けてみよう。近年，話題となっていることの一つは，これまでファッション業界から無視されてきた，義足，まだら肌，筋ジストロフィー，ダウン症，斜視，アルビノなど，身体に「障害」を持つ個性的なモデルがスポットライトを浴び始めたことである。こうした変化は，私たちの身体と社会の関係性について，何を語っているのだろうか。

KEYWORDS #身体 #ファッション #メディア #障害

1│ファッションと身体

・

ファッションで，何をしているか

　現代社会では日常の営みといえるファッション。それが私たちにとって，どんなはたらきを持つのか，改めて考えてみよう。

　一つめに，他の動物たちのような硬い皮膚や体毛を持たない人間の身体を，衣服をまとうことで保護するはたらきがある。もし保護しなければ，自然界の暑さや寒さ，雨や雪，動物からの攻撃をおそれて，外で活動することもままならず，行動範囲やパターンが制限されてしまうだろう。現在では，体温調整機能や吸汗速乾性，冷汗機能などを持つ衣服が安価な商品として手に入るようになり，私たちの生活必需品の一つとなっている。

　しかし，身体保護の機能だけなら，私たちがなぜ他の人と同じ，あるいは違う色や形の服を着たり，機能性のないアクセサリーで飾ったりするのか，説明できない。そこで次に，人間が一人ぼっちではなく，社会のなかで生きるという事実に目を向けてみよう。そうすると，ファッションが持つはたらきの二つめに，外見によって，社会のなかで自分がどのような集団に属し，またどのような地位・役割を持つのかを示すことがあげられる。

　社会的な状況では，私たちは何か行為をするとき，同時に，外見を通して自分自身についての何らかの情報を周囲に伝えており，いいかえれば「自己呈示」している（ゴッフマン 1974）（第1章参照）。そしてファッションは，裸のままでは見分けがつきにくい外見の情報となり，言葉を交わさずとも自己呈示することを可能にする。学生服，就活生のリクルートスーツ，医者や看護師の白衣など，一見で所属集団や地位・役割を伝えるような衣服は身近なものだろう。

　ただし個人化が進んだ現代社会では，ファッションにおいても，所属集団や地位・役割だけでなく，自分がどんな趣味・趣向をしているのか，どんな気分なのかなど，よりパーソナルな情報の伝達を重視する傾向にある。それは，身分によって服装が定められていた過去の時代では一部の特権階級に限定されていたことだが，現代では一般に広がっている。

　三つめに，流行という要素でのファッションのはたらきがある。流行は，各

時代で，ある特定のデザインやスタイルを相当数の人々が選択するような現象である。19世紀フランスの社会学者タルド（2016）は，それが人々の「模倣」への心理的傾向に基づいて生じる社会現象と捉える。ただしファッションの流行は，時間が経過するとともに入れ替わり，過去は"流行遅れ"となるものである。つまり，模倣（同調）とともに，それが過去と「差異化」する側面も含むのである。そうして「他の現象には稀にしかないほどに，強烈な現在の感情をあたえる」（ジンメル 1994：42）のだ。したがって，流行のファッションで装うことには，過去でも未来でもない〈現在〉に自分を位置づけること，いいかえると，歴史という時間の流れに自分を位置づけるはたらきがある。

　ここまで，自分の外界（自然，社会，歴史）と関わり合ううえでのファッションの役割を見てきたが，ファッションは，自分の内部，つまり自我や自己との関わりにおいても重要である。四つめに，ファッションと自我や自己イメージの形成との関連性があげられる。

　人間は，本能で生きる動物と違い，他者や外界から区別して「〈私〉は誰であるか」ということを意識する「自我」を持つ。この自我は，生まれつきあるのでなく，他者とのコミュニケーションを繰り返す過程で，「〈私〉がどう見られているか」と「〈私〉を自分でどう見るか」の間で自問自答し，内省することで作られる（ミード 2017）。ただし内省といっても，私たちはゴーストではない。他者から見られるために，そして，自分を見るために，「身体」としてこの世に存在しており，その意味で身体が自我の土台なのである。

　しかし，その土台である身体を，自分自身では断片的にしか把握できないのである。なぜなら，「身体の全表面のうちじぶんで見える部分というのは，ごく限られている」からである。「だれもじぶんの身体の内部はもちろん，背中や後頭部でさえじかに見たことがありません」（鷲田 2012：27-28）。鏡に映しても，写真で撮影しても，やはり事態は変わらず，一面的で断片的となる。

　そのように「〈私〉を自分でどう見るか」が不完全なままでは，自我は底知れない不安を抱える。それに対して，身体にまとった衣服やアクセサリーが，肌に触れる感覚や，視覚的なイメージを提供することで，〈私〉に輪郭を与えてくれるのである。つまりファッションは，身体を「一つの〈像〉へと縫い上げる」ことを可能にし，それによって「自分の存在の同一性を確定する」（鷲田 1993：

17-19) という，自我にとって重要なはたらきを持つのである。

　ただし注意すべきは，そうして「縫い上げる」身体も，あくまでも主観的な像（イメージ）であり，客観的に固定することはできないことである。だからこそ，客観的には痩せていても「太っている」と悩んだり，あるいは変身への願望を抱き，「装いによって，あなたは何者でもなれる。そして，何よりも『なりたい自分』になれるはず」（雨宮 2014：49）と希望も持てるのだ。

・

メディア＝身体の拡張

　ここまで検討してきたように，ファッションのはたらきによって，私たちは，自然環境，社会，歴史そして自己イメージとつながることが可能になっている（図5-1参照）。

　あるものとあるものをつなぐ，その中間にあるもの，仲立ちのはたらきをすること／ものは，「メディア（mediumの複数形）」といいかえられる。つまりファッションは，私たちに最も身近で，日々ふれあうメディアなのである。

　メディア研究者のマクルーハンは，メディアを「身体の拡張」という概念で捉える。なぜなら，あらゆるメディアは，自分と外界や内部をつなげることで，私たちが「できること」の可能性を広げるからである。マクルーハンに倣い，ファッションを「身体の拡張」と捉えれば，個人的な趣味・趣向，流行，「なりたい自分」像に沿って自由に選べる現代ファッションは，身分や慣習によって服装の自由が制約されていた過去に比べ，私たちをよりいっそう「拡張」させているのである。

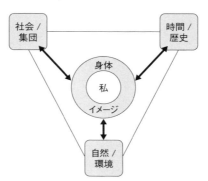

図5-1　メディアとしてのファッション

2 │ 現代ファッションが起こす変化

‥

メディアはメッセージ

　マクルーハン（1987）による「メディアはメッセージ」という警句がある。メディアについて考える際，私たちはその内容（ファッションならデザインやスタイル）に注目しがちだが，むしろ，メディア自体がもたらす社会環境の変化に注意を払うべきという意味が，この警句にはある。また彼は「すべてのメディアが人間の感覚の拡張であるが，同時に，それは個人のエネルギーに課せられた『基本料金』でもある」といい，メディアを使うなかで無自覚に受けている影響について注意を促す。では，メディアとしての現代ファッションの「メッセージ」，つまりそれがもたらす変化や影響とはどういったものであろうか。

‥

現代ファッションのシステム

　現代ファッションの特徴を概観しておこう。現在のように，身分や慣習に縛られず，各個人が自由に衣服やアクセサリーを選択し装うことができる「ファッション」は，19世紀末から20世紀にかけて資本主義的な産業の勃興とともに，グローバル規模で発展した文化である。ただし，「文化」とはいえ，現代ファッションは，衣服やアクセサリーが商品として生産され，広告によって流通が促進され，金銭によって消費（購入）されるという，産業や商業のシステムとしての側面を持ち合わせている。

　現代ファッションのシステムを概略すると，次のような流れとなる。毎年，春夏，秋冬の毎シーズン，パリ，ロンドン，ミラノ，ニューヨークで開かれる四大コレクション（ファッションショー）を頂点とする展示会において，世界の有名ブランドやデザイナーが制作した衣服やアクセサリーなどが発表される。そのコレクションに関する情報は，現場を取材するジャーナリストやバイヤーなどに取捨選択されつつ，一般向けには，ファッション雑誌やテレビ，インターネットなどを通して，各シーズンのトレンドやモードとして伝えられる。そして，それらトレンドの要素を取り入れつつ，数多のブランドやアパレル企業が大量生産した商品（既製服）が，店舗やインターネットショップで販売される。

　以上がおおまかな流れである。こうしたシステムによって，一般の私たちは「消費者」として商品を自由に選び，購入し，装うことができるようになっている。

　このようなシステムが確立する以前は，日本を含め多くの社会で，数千年の長きにわたり，慣習や法で定められたり，身分や職業によって「誰がどんな形の，どんな素材の，どんな色の服がきられるか」（バルト 2011: 36）が決定されたりしていた。したがって，装いの自由化や民主化を推し進める現代ファッションは，人類史でいえばごく最近誕生したメディアといえる。

メディアの法則「テトラッド」

　ケータイからスマホへの転換のように，メディアは，私たちの欲求やニーズを満たすために作られ，作り替えられる。そうした観点から見ると，古いメディアである伝統的で慣習的な衣服に替わって，新しいメディアである現代ファッションが作られた，といえる。

　マクルーハン＆マクルーハン（2002）によると，新しいメディアが既存のメディアに置き換わる場合，古いメディアが持つある機能を「衰退」させ，私たちが求める別の機能を「強化」することになる。前項で見たように，20世紀以降の現代ファッションは，産業化と大量生産の既製服により，衣服の自由化や個人化を「強化」した。それに伴い，衣服の慣習や，特定の身分や階級が独占してきた高級なオーダーメイド服を「衰退」させたのである。この「強化」と「衰退」は，メディアによる社会環境の変化，つまり「メッセージ」の一つなのである。

　しかし，メディアのメッセージを包括的に捉えるには，そうした「強化」が極限まで推し進められたとき，予想外の副産物として，社会環境に弊害を生み出すこと（反転）や，それまで廃れていたり失われたりしていた機能を蘇らせる（回復）ことについても考える必要がある（マクルーハン／マクルーハン 2002）。そしてマクルーハンは，新しいメディアの登場に伴う「強化」「衰退」「反転」「回復」の四つをあわせ，メディアの法則「テトラッド」と呼んでいる。

　もう一つ重要な点としてマクルーハン（1987）が繰り返し示唆していたのが，環境の変化というものに対し，その同時代に生きる人々は「感覚が麻痺」しており，気づきにくいことである。それに対して，変化への気づきを促すのが（広

い意味での）「芸術家」なのである。

　では次章で，現代ファッションによって生じる「反転」と「回復」について，そしてその変化に気づきを促す「芸術家」について検討していこう。

3 │ ボディ・ポジティブなファッションへ

…

身体の規格化──規律・訓練の「回復」

　いま私たちが商品として購入し装う衣服は，ほとんどの場合，不特定多数の消費者を対象として多量に見込み生産された既製服（レディメイド）である。周知の通り，既製服には，S，M，Lや，JIS規格の7号，9号，11号，13号などのサイズがある。またシルエットも，メンズ，レディース，ジュニアなどのカテゴリーで区分されている。こうしたサイズやシルエットは，私たちが自分の身体のサイズを考える際の客観的基準としても機能している。

　その既製服のサイズやシルエットは，全国規模の体格調査などで収集したデータ項目ごとに割り出された平均値を，合理的な規格として定めたものである。そして，その規格をもとに作製されたマネキン，すなわち作業用人台の原型（身体の凹凸を可能な限りなく無くし，抽象化したもの）にあわせて生地が裁断・縫製され，既製服が生産されるのである。つまり，私たちが普段，身につけているのは，数値化され，規格化された，バーチャルな身体をモデルとした服なのである。

　経済的な観点から見れば，量産工場で効率的に大量に作るためには，そうした数値化したモデルを利用することが合理的となる。だがここで，別の角度から考えてみよう。私たちの身体の形や感覚は，実際のところ一人ひとり違っており，凹凸や歪みがあり，長短や左右の違いがある。また，体調の変化や動作のなかで変動することもある。しかし既製服が浸透した現在では，自分自身の身体の形や感覚にではなく，規格化されたモデルに照らしてサイズや体型を測り，“適合か不適合か”を判定し，認識することが当たり前のことになっているのである。これは「身体の規格化」といえる。

　「身体の規格化」は，古くは18世紀末のヨーロッパで，統制のとれた近代的な軍隊を組織するために導入された兵士の制服（軍服）に遡る（三浦 1994: 197-

198)。そしてそれは，身体を規律・訓練することを通して，人の行為や考えを
ある一定の方向へ導いていく，権力のテクノロジーの一つでもあったのである
（フーコー 1977）。

　自由で無限な選択肢を与えてくれるはずの現代ファッションが，一方では，
18世紀的な「規律・訓練」を再浮上させているのは，皮肉なことである。それ
こそ，新しいメディアがもたらす「回復」の一つといえる。そして，この「回
復」は思わぬ事態を招いている。たとえば，JIS規格が普及した1960年代以降，
日本の女性の間には「9号神話」と呼ばれる，「『9号のパンツがはけないと人の
「身体としては規格外」』という強迫観念」（今井 2007：154）が広まることにな
り，その影響で自分の体型に合わないサイズの衣服を無理をしてでも着るよう
な風潮が生まれている。また，店頭での品揃えにも"規格外"体型を切り捨てる
ような偏りが発生し，一部の人が「着たいデザインの服が，自分には用意され
ない」という相対的剥奪感を抱くような事態も生じているのである。

・・・
身体のファッション化──理想追求の「反転」

　現代ファッションのなかで「モデル」といえば，前項で言及した人台ともう
一つ，そう，ファッションモデルが存在している。

　まだオーダーメイド服が中心であった20世紀初頭のころ，モデル（マヌカン）
は，デザイナーが自分の作ったデザインを顧客に売り込む際，実際に服を着た
姿を見せるための「動くマネキン」という位置づけであった。しかし，現代
ファッションシステムの進展とともに，不特定多数の消費者に向けて既製服を
販売するための広告塔としての役割を持ち始め，1940年代より，モデルそのも
のが脚光を浴びるようになる（井上 2017：200）。商品に消費者が憧れを抱くよ
うに，ショーやファッション雑誌に現れたモデルの身体は，次第に，その身体
そのものが憧れの対象となっていく。そして現在では「モデル体型」という言
葉が理想的な身体イメージを意味するまでになっている。

　文化社会学者の成実弘至（2003）は，第二次世界大戦から2000年代初頭にか
けての「理想の身体」イメージを，時代ごとに四つに区分する。それによると，
マリリン・モンローのように，ボディラインを強調したドレスが似合う，くび
れたプロポーションの「グラマラス」（1945〜64年），「ミニスカートの女王」と

いわれたモデルのツィギーのような，スリムな体型と細い脚を手に入れた「スレンダー」（1965〜74年），ポップ歌手マドンナのようにボディコン・ドレスを身につけ，フィットネスで整えたバストやボディラインを誇示する「シェイプアップ」（1975〜88年），そしてスーパーモデルのような"完璧な"プロポーションを目指し，ダイエットや美容外科整形を活用して身体を作り変える「プラスティック」（1989〜2000年）に区分される。

　ここで注目すべきなのは，時代を追うごとに，身体そのものを磨き，魅せる傾向が強まっていることである。前項で検討したように，私たちは自分の身体を〈像〉として把握するゆえ，装いによって「なりたい自分」〈像〉を作ること，またそうすることへの希望を抱くことができた。それに対して現代ファッションは，装いの自由を推し進めることで，その希望を刺激し「強化」してきたのだが，それが極限まで推し進められたとき，「身体のファッション化」，すなわち身体そのものを改造するという「反転」に至ったのである。このことは，今のファッション雑誌に「私のなかで常に『なりたい自分』っていうのがあって，そこに向かって髪型やカラダも含めて改造してる」（『S Cawaii』2018年10月号，91頁）といった言説が多く見られる状況からも窺い知ることができる。

　メイクや美容整形など「身体のファッション化」は，自己イメージを高めたり，自分固有の美学を追究したりする方法になりえるのであり，その意義は否定されるものではない。ただし，それが社会の要請する「理想の身体」へと駆り立てられた場合，自分の身体を「疎外」するような事態が生じることには注意が必要である。厚生労働省の調査によると，1990年代半ば以降，日本の20歳代女性の約5分の1が「低体重」の状態にあり（厚生労働省 2017），それにもかかわらず，その半数近くが，自分の身体に「太っている」とのイメージを抱き，さらに体重を減らそうとしているのである（厚生労働省 2008）。

・・・
「芸術家」の役割

　現代のファッションというメディアは，既製服の大量生産によって，衣服を慣習や身分制のくびきから解放し，より自由で個人的な装いを生み出した。ただ同時に，身体の規格化や自己疎外も押し進めている。「テトラッド」の観点を使えば図5-2のように整理できる（図5-2参照）。

図5-2　現代ファッションのテトラッド

こうした文脈において，冒頭で紹介した，身体に障害を持つモデルへの関心の高まりがある。これは興味深いことである。なぜなら，身体の規格化から"外れた"障害者は，自分に合うサイズやシルエットが見つからず，多くの場合，ファッションというメディアへのアクセスを否定されてきた過去があるからだ（日本ファッション教育振興協会 2002）。また，モデルが表象する8〜10頭身とは対極的な，独特のプロポーションを持っている場合，周囲から「逸脱者」のような否定的な扱いを受け，自我を肯定的に形成することも難しい状況に置かれてきたのである。

しかし2010年代に入り，身体の障害や独特なプロポーションを隠したり矯正したりするのでなく，既製服を身体にあわせてアレンジしたり，車椅子や義足とコーディネートしたり，誰も見たことのないような個性を打ち出しつつ身体の多様性を肯定するファッションをソーシャルメディア上に投稿する障害者が現れ，インフルエンサーとして注目を集めるようになっている。

その一人で，ディーゼルなどのブランドの広告モデルなどとして活躍するジリアン・メルカードは（写真5-1参照），以下のように述べ，ファッションが多様な身体を取り込む方向へと「拡張」することへの期待を表明している。

　　「あらゆる身体を肯定することは，私にとってとても重要です。なぜなら，結局のところ，私たちはみんな人間なので，承認され，評価されていると感じたいからです。（中略）ファッションが，とまらない回転ドアのように，文化やアイデアを取り込み続けることに，私は強い関心を持ちます」（Mercado 2016: text, Par.5. 日本語訳は引用者）。

また，ファッションデザイナーのアナ・スイは，障害を持つ人々のためのデザイン制作にたずさわったことは，ファッションについての新たな気づきを得

る経験だったという。そして，これまで
ファッションへのアクセスを閉ざされて
きた人々が「魅力的に，また，心地よく
装うならば，それはきっと，他の人たち
をインスパイアし，大きなトレンドにも
影響を与えるでしょう」と述べている
（Krentcil 2018: text, Par.5. 日本語訳は引用
者）。

写真5-1　メルカードが表紙のファッション
雑誌（出所：*TeenVogue*, 2018. 9. 5）

　「現代ファッションのシステム」の項で
示唆したように，メディアというものが
引き起こす社会環境の変化やその弊害に
ついて，私たちは気づきにくいのだが，
それを気づかせる役割を持つのが「芸術
家」なのである（マクルーハン 1987：68）。
現代ファッションは，1000年以上の長きにわたって私たちを包んできた慣習的
な衣服に比べると，まだまだ「新しいメディア」である。ならば，その身体と
の関係性も，多様性をより積極的に肯定する方向へと見直すことができるかも
しれない。そのきっかけを，障害を持つファッショニスタたちは「芸術家」と
して，社会に提起しているのだ。

参考文献
—

雨宮まみ　2014『女の子よ銃を取れ』平凡社。

井上雅人　2017『洋裁文化と日本のファッション』青弓社。

今井啓子　2007『ファッションのチカラ』筑摩書房。

厚生労働省　2008，2017『国民健康・栄養調査』https://www.mhlw.go.jp/toukei/itiran/
　　　gaiyo/k-eisei.html（最終閲覧2018年11月12日）。

ゴッフマン，E　1974『行為と演技──日常生活における自己呈示』石黒毅訳，誠信書
　　　房。

ジンメル，G　1994『ジンメル著作集7　文化の哲学』円子修平・大久保健治訳，白水社。

タルド，G　2016『模倣の法則』池田祥英・村澤真保呂訳，河出書房新社。

成実弘至　2003「ボディの戦後史」成実弘至編『モードと身体——ファッション文化の歴史と現在』角川学芸出版，124-151頁。

日本ファッション教育振興協会　2002『ユニバーサルファッション概論』日本ファッション教育振興協会。

バルト，R　2011『ロラン・バルト　モード論集』山田登世子訳，筑摩書房。

フーコー，M　1977『監獄の誕生——監視と処罰』田村俶訳，新潮社。

マクルーハン，M　1987『メディア論』栗原裕・川本仲聖訳，みすず書房。

マクルーハン，M／E・マクルーハン　2002『メディアの法則』中沢豊訳，NTT出版。

三浦雅士　1994『身体の零度』講談社。

ミード，G・H　2017『精神・自我・社会』河村望訳，人間の科学新社。

鷲田清一　1993『最後のモード』人文書院。

——　2012『ひとはなぜ服を着るのか』筑摩書房。

Krentcil, F. 2018. Anna Sui on Thrifting, Accessible Fashion and Her Favorite Model Right Now. *ELLE* 2018. 5. 11, https://www.elle.com/fashion/a20654548/anna-sui-accessible-fashion-interview/（最終閲覧2018年11月12日）

Mercado J. 2016. Model Jillian Mercado Explains Why Inclusivity is So Important:'We are all human'. *TODAY* 2016. 10. 22, https://www.today.com/style/model-jillian-mercado-explains-why-inclusivity-so-important-we-are-t103392（最終閲覧2018年11月12日）

Case Study │ ケーススタディ5

「ファッション」と「障害」の関係性の変化

　日本でも近年，障害を持つ人のファッションをめぐり変化が見られる。その代表例の一つが，フリーマガジン『Co-Co Life☆女子部』である（NPO法人施無畏）。同誌はファッションをはじめ，恋愛，グルメ，旅行など，一般の女性ファッション・ライフスタイル誌と同様の話題で構成され，そこに読者ターゲットの，障害を持つ20〜40代の「女子」に役立つ情報がブレンドされている。画期的なのが，さまざまな障害を持つ一般女性を読者モデルに起用したことである。2012年の創刊以降，同誌からプロのモデルやタレント活動を始める人も多数，登場している。筆者は，ファッションと障害の関係性の変化と，その条件を調べるため，取材現場の見学と編集部へのインタビューを実施した。

　見学に訪れた東京・表参道のスタジオでは，視覚障害を持つ20代女性Aさんを読者モデルに取材が行われていた。その日は1月末の寒中であったが，春物ファッション写真の撮影にあわせ，Aさんは花柄スカートとピンクのカーディガンという軽やかでフェミニンなコーディネートで，インタビュアーやカメラマンと談笑し，和やかな雰囲気のなか，自信に満ちた表情で撮影に臨んでいた。

　後日，編集長Mさんと副編集長Sさんにお話を伺ったところ，読者モデルには毎号，違う人を起用するという。この方針には「『私も出られるんだ』み

写真5-2　『Co-Co Life☆女子部』表紙

たいな気持ちになれるチャンス」を，「広くいろんな人に分散したい」との意図
があるそうである。そして「今まで，あまりおしゃれをせず，外にも積極的に
出ていなかった人」が，撮影を通して「ファッションをおぼえ，外に出る楽し
みをおぼえ，『意外とあちこち自分も行けるんだ』」と，肯定的な自己像を得る
ケースも多いそうだ。ファッションには「スイッチがちょっと変わる」作用が
あり，『Co-Co Life ☆ 女子部』をきっかけに「新しい自分を知る」ような体験を
促すことは，「すごく意味があるんだ，と実感する」と語ってくださった。

　障害の有無を問わず，ファッションには自己の外と内をつなぎ，「できるこ
と」を広げる役割があるのが確認できる。加えて，従来は消極的に評価されて
きた人々にそうした役割を実現するには，『Co-Co Life ☆ 女子部』の取り組みの
ような，個人や集団の特性をポジティブに認める「社会的承認」が鍵となるこ
とを，新たに発見することができた。

Active Learning ｜ アクティブラーニング 5

Q.1

衣服を介したコミュニケーションについて考えてみよう

あなた自身の服装を，一週間分，写真で撮ってみよう。写真を客観的に見て，（1）どのような情報を「自己呈示」として相手に伝えているか，（2）その服装を選ぶとき誰の視線を意識していたか，考えてみよう。

Q.2

自己イメージについて，考えてみよう

私たちは自分の身体を，断片的にしか把握できない。その事実を踏まえ，あなたの身体イメージは，どのような情報をもとに作られているのか（服のサイズ，家族や他人の評価，自撮り写真など），書き出してみよう。

Q.3

「理想の体型」を分析してみよう

ファッション雑誌やテレビ，インスタグラムなどで人気のモデルを，女性と男性，それぞれ10名選び，プロフィールから体型や年齢を調べてみよう。そして，そこに多様性はあるのか，考えてみよう。

Q.4

ファッションというメディアの「メッセージ」について考えてみよう

ここ数年，大学生をはじめ若者の間から，ファッションで意識するのは，他人との差別化よりも，「悪目立ちを避けること」という声が多く聞かれる。こうした状況に，どのような「メディアのメッセージ」が読み取れるか，考えてみよう。

第6章

現代的な生きづらさ
マイノリティの社会学

———

徳田　剛

マイノリティと現代的な生きづらさ

　私たち人間は，その人生のなかで「楽しさ」や「喜び」を感じる出来事だけでなく，「悲しみ」「怒り」「苦しみ」といった感情を伴う状況にも向き合いながら生きていかなければならない。とりわけ後者のような「つらい」体験のなかには，社会の多数派の人たちからすれば「分かりにくく」「見えにくい」がゆえに，社会全体や他の人たちからの理解や支援が得にくいものもある。マイノリティと呼ばれる人々は，そうした課題や困難を抱えている。

　社会学という学問は，同時代の人たちが抱えるさまざまな社会問題や生きづらさを考察対象とし，その発生要因の解明や問題解決に向けた提案を行ってきた。本章では，マイノリティという言葉の意味を，現代人が抱える「生きづらさ」と関連づけながら，現代の貧困と非正規雇用，よそ者や移民，災害被災者といった具体的なテーマとともに読み解いていく。そのうえで，マイノリティが抱える現代的生きづらさとどのように向き合っていくか，そこに社会学という学問がどのような役割を果たせるかについて考えてみたい。

KEYWORDS　#生きづらさ　#マイノリティ　#包摂と共生

1│マイノリティとはどのような人たちか

・

マイノリティ＝少数者か

　マイノリティとは，どのような人たちをいうのであろうか。英和辞典を引くと，英語のminorityという言葉には，①少数者，②少数民族といった意味がある。字義通りには，「（多数派ではない）少数の人たち」を指す言葉といえそうだ。しかし社会学では，この言葉が必ずしも「少数者」ではない人たちを指す言葉としても用いられてきた。

　たとえば，「エスニック・マイノリティ」という表現は，ある社会において民族的な出自や背景が多数派ではないグループに属する人々を指しているが，日本や諸外国の例を見ると，必ずしも少数派ともいえない集団がこの言葉で呼ばれている（米国のアフロ系やヒスパニック，ヨーロッパ諸国に暮らすムスリム，日本における在日コリアンなど）。そこで強調されているのは，集団の大きさや人数の多少よりも，社会生活において不利な立場に置かれ，そのことで生きづらさを感じるといった，社会的排除の状況の存在である。

・

「社会的弱者」としてのマイノリティ

　それでは，マイノリティという言葉はどのように定義すればよいだろうか。岩間暁子とユ・ヒョヂョンによれば，マイノリティという語の学術的な定義としては，①国際人権法の同概念の規定に依拠しつつ，「ナショナル，エスニック，宗教，言語」の四つの面で多数派とは異なる特性を持っている少数派集団を指す「限定型」と，②これら四つの分野に固執せず，「弱者」一般をマイノリティと見なす「拡散型」の二つの主要なタイプが見られる。そして，社会科学の領域では法学分野で「限定型」の定義が採用されがちだが，他の社会科学の諸分野では「拡散型」の定義が使われる傾向があるという（岩間／ユ 2007：5-6）。

　一例として，『社会学事典』（見田・栗原・田中編 1988）で「少数者集団（minority group）」の項目を見てみると，「国家や社会の成員ではあるが，身体的あるいは文化的特性によって他の成員から差別的に区別される集団」（内山 1988：458）と説明されている。したがって，本章でもマイノリティという語を「何らかの

社会問題に由来する生きづらさを抱えた社会的に弱い立場にある人たち」といった意味で用いることとする。

・

現代的マイノリティの見えづらさと「自己責任」論

　ここで，現代社会におけるマイノリティの問題に目を移すと，その特徴として「誰がマイノリティで，どのような苦しみや生きづらさを抱えているのか」が非常に見えづらくなっている点をあげることができる。そして，そこにはしばしば「自己責任」という表現が付随する。この言葉は，「ある人が抱えている望ましくない状況の原因は本人にあるのだから，その責任はその人自身が負うべきである」という帰責のロジックを示唆する。

　だが，一見するとこの「自己責任」言説が当てはまるような状況であっても，周囲の人間との関係や社会の仕組みなどが原因となって，特定の個人や集団が不利益を被っているケースが少なくない。つまり，当事者以外に責任を負うべき「誰か」や「何か」が存在するにもかかわらず，それらが見えにくかったり意図的に隠されたりしているのである。「何もかもが周囲の人間や社会のせいで自分は悪くない」というのもよくないが，すべてを「自己責任」という言葉で片づけてしまおうとする最近の風潮もまた，一つの「社会問題」といえるかもしれない。マイノリティが抱える生きづらさや問題状況を考えていく際には，原因がどこにあって誰が責任を負うべきかについて慎重に見極める必要がある。次節では，現代のマイノリティが抱える生きづらさについて例示する。

2 ｜ 現代社会におけるマイノリティの人たち
貧困，移住，災害の事例より

・・

現代の若者の貧困と非正規雇用

　戦後の日本は国全体が急速に豊かになり，かつては「一億総中流」といった言い回しがまことしやかに語られるほどに，貧困問題の多くは改善・解消されたと思われてきた。しかしバブル経済の崩壊やリーマンショック以降の不景気などが発生したここ数十年では，「格差」や「貧困」といった言葉をよく耳にするようになった。特に，現代の若者世代では「ワーキングプア」とも呼ばれる，

懸命に働いているが食べていけない人たちが増えている。

　こうした現代の若者における貧困の原因となっているのが，雇用の流動化と非正規雇用の拡大である。詳しくは第17章で語られるが，バブル崩壊後の1990年代以降，各企業は正社員の雇用を減らし，その代わりにパート，フリーター，派遣社員などの非正規雇用へと切り替えていった。この雇用形態のもとでは，収入は正社員よりも低く，福利厚生もぜい弱で，正社員には与えられる各種手当や賞与（ボーナス）ももらえず，昇給や昇進も期待できない。どれだけがんばって成果を上げても，任期が終われば（あるいはその前でも景気の悪化などの理由で）働き続けることができない。正規雇用か非正規雇用かの違いによって，10年，20年と長く働いていくと，その「格差」はますます開いていく。

　こうした状況にある若い男女は結婚しても生計のめどが立たないために，「結婚したくてもできない」若者たちが大量に生み出され，未婚・非婚率を上昇させ少子化に拍車をかける。また，低収入の家庭に生まれ育った子どもたちは，塾通いなどの教育機会が得にくく，本人・家族の進学意欲が低下しがちで低学歴となりやすく，親世代と同様に貧困層に留まる傾向がある。これを「貧困の連鎖」や「格差の再生産」と呼ぶこともある。

・・

よそ者，移民

　以下の各章でも取り上げられる，よそ者や移民（空間移動と帰属集団の変更を経験した人たち）もまた，マイノリティとなりがちだ。かつての日本の農村では，よそ者は一人前の住民としてなかなか扱われず，「村入り」のための通過儀礼や準備期間を経て，ときには何世代もかかってようやく仲間として認められた。住民間の結束が強く文化的同質性が高い伝統社会では，よそ者は少数者であり，同時にマイノリティでもあった。

　社会の近代化が進むと，地方から都市部への人口移動が恒常化し，都市人口が急増する。そこには，住民の多く（あるいはほとんど）がよそ者であるような社会状況が出現する（徳田 2020）。近年ではグローバル化の流れが加わり，よそ者としての外国人も一気に増加する。ふだんの生活空間において当たり前のように外国人を見かけるようになり，海外赴任や留学などで自らが外国人として海外に居住することもある。このような状況では，よそ者を差別・排除するホ

スト社会は存在せず，よそ者たちが自由に生きられる社会であるようにも見える。

　しかしながら，このような現代のよそ者たちにも社会階層上の格差や差別は存在する。グローバルエリートと呼ばれるような，世界を股にかけてビジネスに従事したりリッチな生活を楽しんだりする人たちがいる一方で，貧困や母国の政情不安など，やむにやまれぬ事情で住み慣れた故郷を離れざるをえない人たちもいる。イギリスの社会学者ジグムント・バウマンによれば，現代においてよそ者や移民が社会の上層・下層のいずれに属するかは，「移動の自由の有無」すなわち「いつどこを訪れ，どこへ立ち去るかを，どの程度自由に決定できるか」によって決まってくる。とりわけ後者の「移動せざるをえない」人たちは，移住先で厳しい入国審査と強制送還のリスクを抱え，首尾よく越境・入国できたとしても言語習得や文化適応，子どもたちの教育などさまざまな課題や苦難を抱えることになる（バウマン 2008）。

・・
災害被災者

　1995年の阪神・淡路大震災，2011年の東日本大震災をはじめとして，ここ数十年で地震，津波，集中豪雨，洪水，竜巻などの自然災害が頻発している。このような災害で大きな被害を受けた人たちも，その日を境にマイノリティの立場に置かれることになる。

　大災害は，人の命，財産，住まい，仕事，住み慣れた町並みやふるさと，体の健康や心の平安など，人が幸せに生きていくために必要不可欠なものを突如奪い去る。「いってきます」「いってらっしゃい」と声を掛け合った家族の命が，災害によって奪われてしまう。数年前にローンを組んだばかりのマイホームが地震や津波で失われる。命は無事だったとしても，毎日見慣れた風景は無残な姿に変わってしまい，避難所などでは生活のあらゆる面で不自由を強いられる。災害被害からの復興まちづくりや被災者の生活再建に際しては，国や自治体，社会全体のサポートなしにはままならないケースも多い。

　とりわけ，高齢者や障がい者，女性や子ども，経済的困窮者などが大きな災害に遭うと「災害弱者」になりやすく，生活再建も遅れがちとなる。そして，災害発生から時間が経過すると世間の関心も薄れ，さまざまな支援が先細りと

なるため，復旧・復興が進んだ被災地社会において，未復興被災者がそのまま「生活弱者」として留め置かれることもしばしば起こる。

3 ｜ 現代的な生きづらさへの社会学的アプローチ

...

リスク社会では誰もがマイノリティに転じうる

　かつての時代では，身分の上下や主従関係によって誰が差別・排除されるかは，おおよそ決まっていた。そのころからすると，原因となる伝統的な風習や制度も今日では少なくなり，あからさまな差別や排除の問題は改善されているように思われるかもしれない。しかしながら，現代社会においてそうした格差や差別の構造は決してなくなったわけではなく，とても見えにくい形で社会のあちこちに存在している。

　ドイツの社会学者ウルリヒ・ベックは，現代社会を，人々がリスクを強く意識しながら生きている社会と捉え，「リスク社会」と呼んだ（ベック 1998）。またバウマンは，「リキッド・モダニティ（液状的な近代）」という表現とともに，人々を排除したり差別したりする構造が非常に流動的で，分かりにくいものとなっていると主張した（バウマン 2000）。これらの考え方が示唆するのは，現代社会は誰もがマイノリティ的な立場に転じうる不確かな社会であること，セーフティネットの弱体化と強力な「自己責任」言説によってマイノリティ的な位置から（再）上昇することは大変な労苦を伴うということである。

　また，そのような変化の激しい社会では，次々と新種の社会問題が生じるので，自身が感じている生きづらさを理解してもらえず，気づいてさえもらえないような，不可視的なマイノリティが生み出される。そうした人たちは，助けを求めようにも自身の苦しい状況を説明することもできず，自分の苦しみの原因が何なのか，何が起こっているのかを自分自身で理解することすらできない。

...

社会学は「見えにくい」生きづらさを可視化する

　このように，変化のスピードが速い現代社会では，新しい社会問題と「見えにくく気づかれにくい」生きづらさを抱えるマイノリティが次々と生み出されていく。社会学という学問の本分は，理論仮説や分析概念を駆使して社会的な

事象を読み解いていく理論社会学であれ，質問紙調査や聞き取り調査などでデータを収集し，その分析を通じて問題を明らかにしていく経験社会学であれ，未だに解明されておらず，問題として認識すらされていない問題を見出し，その発生メカニズムと解決への道筋を示していくことにある。

　筆者が若いころに関わった調査プロジェクトで，次のような経験をしたことがある。阪神・淡路大震災から10年を迎えるにあたって，震災についての記憶や教訓についての質問紙調査を行ったときのことだ。「被災したことのつらさ」について10年前と調査時点の気持ちの強さを比較したところ，ほとんどの被災経験者が当時の方がつらく，現在はその気持ちが弱まっていたのに対し，（本人や家族が）災害で大怪我や病気をした人たちのグループのみが「震災当時と比べて今の方がつらい」と答えた割合が高いことが分かった。この共同研究の成果を発表した場に居合わせたある女性から，「今までいろんな行事や記事を見てきたが，この10年でやっと，公の場で初めて自分たちのことを言ってもらえた」というメッセージが調査チームに伝えられた。この女性の娘は震災時に大怪我を負い，その後遺症に本人も家族も苦しみ続けていた。この出会いがきっかけとなって「震災障害者」の存在とその社会的支援の必要性（徳田 2007）が明らかとなり，当事者とその家族の交流の場づくりや支援活動が立ち上がった。この一連の出来事は，「見えにくく気づかれにくい社会問題や人々の苦しみを可視化し，事態を動かしていく力が社会学にはある」ことを筆者に実感させてくれた。

…

社会的包摂と共生——マイノリティとして／ともに生きる

　21世紀に入って20年が過ぎたが，じつにさまざまな出来事があった。バブル経済の崩壊からようやく回復したところで，リーマンショックによる世界的な大不況が突如発生し，多くの人が仕事を失った。当時「派遣切り」という言葉があったように，非正規雇用の人たちや各地の工場で働いていた南米からの日系人労働者が真っ先に解雇された。その後，中国，フィリピン，ベトナムなどから技能実習生が来日し，農漁業や各種製造業の現場を支えているが，全国各地で人権侵害や逃亡事件が後を絶たない。災害についても，新潟，東北，熊本などでは大きな地震災害があったし，台風やゲリラ豪雨などによる被害は各地で頻発している。2020年に入ると，新型コロナウイルスの感染拡大によって，

それまでの私たちの社会生活は一変し，健康面や経済面への深刻な影響が世界的に広がっている。

　このような，自分の力ではもはや対応困難な問題に直面したときには，「自助・共助・公助」という言葉があるように，やれることは自分でやりつつも，対応の一部分をサポートしてくれる人たちやグループとつながりを持つことが重要だ（社会的包摂）。誰もがリスクを抱える現代社会において，「明日はわが身」「困ったときはお互いさま」の気持ちで多様な人々どうしで関わりを持ち続けることが重要だが，そのためには自分や他者が抱えている生きづらさを「見えやすく」する営為が必要となる。多様な人たちがお互いに「助け・助けられる」ような「共生」社会を築くために，社会学が果たせる役割は大きい。

参考文献
—

岩間暁子/ユ・ヒョヂョン編　2007『マイノリティとは何か――概念と政策の比較社会学』ミネルヴァ書房。

内山秀夫　1988「少数者集団（minority group）」見田宗介・栗原彬・田中義久編『社会学事典』弘文堂，458頁。

徳田剛　2007「忘れられた被災者――県外・市外避難者と震災障害者」岩崎信彦他編『災害と共に生きる文化と教育――〈大震災〉からの伝言』昭和堂，34-43頁。

―― 2020『よそ者/ストレンジャーの社会学』晃洋書房。

バウマン，Z　2000『リキッド・モダニティ――液状化する近代』森田典正訳，大月書店。

―― 2008『個人化社会』澤井敦・菅野博史・鈴木智之訳，青弓社。

ベック，U　1998『危険社会――新しい近代への道』東廉・伊藤美登里訳，法政大学出版局。

見田宗介・栗原彬・田中義久編　1988『社会学事典』弘文堂。

Case Study │ ケーススタディ6

「見えづらい」支援課題にどう取り組むか
災害時のペット同行避難の例

　大きな災害でペットと飼育者が被災し，自宅に住めなくなったらどうするか。社会の多数の人たちが共有する課題ではないが，ペットを飼っている人には切実な問題だ。だが，飼い主にとってペットは「自分の命よりも大切」かもしれないが，災害時には「人の生命や健康が最優先」される。そのようななかで，被災したペットとその飼い主へのサポートを，災害時の取り組み課題の一つとして位置づけることは，簡単な作業ではない。

　飼い主とペットの同行避難の重要性については，2011年の福島第一原発事故を機に，大きく取り上げられるようになった。原発事故発生後に放射能漏れが判明し，国や自治体の指示によって周辺区域の住民は慌ただしい避難を余儀なくされたが，避難用のバス移動の際にペットの同伴は認められなかった。避難生活が長引き，一時帰宅したときに飼い主が直面したのは，自宅に残してきた犬・猫が餓死している姿や，鎖を解いて放した後に行方不明になったり野生化したりする事態であった。また，自家用車で避難した人たちのなかにはペットと共に避難できたケースもあったが，福島県内の多くの避難所ではペットの受け入れを許可しておらず，行き場がなくペットと車中避難をするケースも相次いだ。

　そうした状況にあって，過去の災害での経験を生かして，東日本大震災の被災地から避難してきたペット同行避難者を上手に受け入れたのが，新潟での取り組みである（徳田 2018）。

　新潟県と県内のいくつかの自治体では，2004年と2007年の二度の地震災害に際して，自治体・獣医師会・市民団体が中心となって災害時の動物対策本部を設置し，ペットフードや飼育に必要な物資の調達および備蓄，被災ペットの健康状態の把握や応急治療，飼育が困難なペットの預かり支援などを行っていた。関係者は「被災地から行き場のないペット飼育者が避難してくるだろう」と予測し，数日後には被災動物に関する災害対策本部を設置し，受入態勢を整

えた。新潟市では，市立体育館などの四地点でペット受け入れが可能な避難所が設置された。新潟市西総合スポーツセンターでは，メインの体育館に併設された屋内ゲートボール場が被災ペットの飼育スペースとして使用された。体育館に避難した飼い主がいつでも様子を見に来られるので，安心して体を休めることができた。

　こうして東日本大震災と福島の原発事故の発生は，被災ペットへの対応について多くの課題と教訓を残した。環境省は，これまでの災害時の対応例などをもとに2013年に「災害時のペット救護対策についてのガイドライン」を発表した（2018年に改訂版を発表）。そこで災害時のペット同行避難が推奨されたこともあり，多くのペット飼育者に「災害時にはペットと共に避難する」という考えが浸透するようになった。災害時における犬や猫の救出シーンや，飼い主がペット同伴で避難している様子を，テレビ映像で目にすることも増えた。しかし，その重要性は認識されても実際の受け入れのハードルは高い。

　ペット飼育者は，地域社会ではマイノリティであることが多い。人数的に少ないだけでなく，ライフスタイルや動物への思い，災害時の支援ニーズについての理解や協力が得られにくい。災害時のペット飼育者支援のために必要となるのは，普段からのペット飼育者と非飼育者の相互理解とお互いに対する配慮の意識である。ペット同行避難をめぐる対応は，マジョリティとマイノリティの社会的共生を考えるうえでの重要な試金石の一つといえよう。

参考文献

徳田剛　2018「新潟における災害時のペット同行避難者への対応についての考察」『哲学論集』64，大谷大学哲学会，30-64頁。

Active Learning | アクティブラーニング 6

Q.1

自分の「生きづらさ」の経験を思い出して書いてみよう

あなたはこれまでに何らかの「生きづらさ」を感じたことはあるだろうか。それはいつ，どこで，どのような形で感じただろうか。思い出して具体的に書き出してみよう。

Q.2

その「生きづらさ」はどこから来たのか考えてみよう

Q.1で取り上げた「生きづらさ」は，個人的要因（自分に主な原因がある）と社会的要因（自分以外の誰かや社会に主な原因がある）のどちらによるものだろうか。分析してみよう。

Q.3

「マイノリティ」とはどのような人たちか考えてみよう

現代社会で「生きづらさ」を感じている「マイノリティ」には，具体的にどのような人たちがいるだろうか。本章で取り上げた例以外にいくつかあげてみよう。

Q.4

どんなサポートができるか考えてみよう

現代社会において生きづらさを感じているマイノリティの人たちに対して，あなたはどのようなサポートができるだろうか。Q.3で取り上げた人たちへの具体的な支援内容を考えてみよう。

第7章

性／性別の「あたりまえ」を問い直す
ジェンダーとセクシュアリティの社会学

———

東　園子

性別欄は男女二つだけでいい?

　社会学は「常識を疑う学問」だとよくいわれる。この章では性別に関する「常識」「あたりまえ」を疑ってみよう。大学の入学手続き，パスポートの発行申請，ポイントカードの会員登録など，私たちは日常生活のなかでさまざまな書類を提出する。その多くに名前と並んで性別を尋ねる欄があるのは，この社会において性別はその人が何者であるかを示す基本的な属性の一つと見なされているからだろう。たいていの書類の性別欄は「男・女」という二つの選択肢から一つを選ぶようになっている。多くの人は特に引っかかることもなく自分の性別を選択していることだろう。その一方で，自分は男女のどちらを選べばいいのか分からない，どちらも選びたくない，他に選択肢はないのかと悩んだり，なぜほぼいつも「男」→「女」という順番なのだろうと疑問に思っている人もいるはずだ。「性別は二つだけ」「男は女よりも先」といった，今の世のなかで「常識」になっていることは，いつどのようなところでも通用する普遍的なものではなく，社会で作られたものである。この章では，私たちにとってあまりに「あたりまえ」になっている性別について，改めて考えてみよう。

KEYWORDS　#ジェンダー　#セクシュアリティ　#性別役割分業　#性別二元論
#LGBTQ　#SOGIE

1 ｜ 性別について考える

女／男ってどんな人？

　もし「女／男とはどのような人か？」と改めて聞かれたら，どう答えるだろうか。たとえば，「女とは子宮がある人のことで，男とはペニスがある人のこと」といった，性器をもとにした説明の仕方をするかもしれない。

　だが，はたしてある性器を持っているかどうかが男女を分けるのだろうか？あるマンガを例に，このことについて考えてみたい。「マンガの神様」ともいわれた手塚治虫の代表作の一つ『ブラック・ジャック』のなかに，1974年に発表された「めぐり会い」という話がある（手塚 1975）。以下，「ネタバレ」があるので，この作品に興味があれば，ぜひ先にマンガを読んでみてほしい。

　天才外科医の主人公・通称ブラック・ジャックは，若き研修医のころ，後輩の如月恵という女性に恋をし，恵も彼に惹かれる。恵に子宮ガンが見つかったため，ブラック・ジャックが手術で彼女の子宮と卵巣を取り去る。その後の恵は「けい」と名乗り，男もののスーツを着て，自分が「男の仕事」と見なす船医になって，ブラック・ジャックのもとを去る……。つまり，病気で子宮と卵巣を失くした恵は，「男」として生きるようになったのである。

　さて，みなさんはこの恵の選択に共感できただろうか？　私は10代のころにこの作品を読み，切ないラブストーリーに魅了されつつも，なぜ恵が「男」として生きようとしたのかがよく分からなかった。マンガのなかでは，子宮や卵巣は女性ホルモンを分泌し赤ちゃんを産むのに必要な器官であり，それを取り除くことは「女であることをやめてしまうこととおなじ」と説明される（手塚 1975: 21）。では，たとえば，男性ホルモンを分泌し精子を作る睾丸を手術で除去した男性は「男」ではないのか？　女性ホルモンの分泌量が落ちた高齢の女性は「女」でなくなるのか？（ちなみに，女性ホルモンも男性ホルモンもすべての人の体内で多少なりとも分泌されているという）。さらに，もしある人が「女」でなくなったとしても，それはすなわち「男」であることを意味するのか？

　また，ブラック・ジャックは恵を手術する前に，「君が女であるあいだにいっておこう」と前置きして，「きみが好きだ」と告げる（手塚 1975: 23，強調原文）。

なぜ恵が「女」である間に愛を告白しなければいけないのだろうか？　それを聞いた恵はブラック・ジャックにキスをせがみ，「手術が終わったらこの気持ちもかき消えてしまうのね」と嘆く（手塚 1975：23）。子宮や卵巣がなくなれば，あるいは「女」でなくなれば，ブラック・ジャックという「男」への恋心は消えてしまうのか？　この作品のなかで「あたりまえ」のことのように描かれる性別のあり方には，いくつも疑問がわいてくる。手塚は意図しなかったことかもしれないが，「めぐり会い」は性器を失うという状況を描くことで，性別と身体の関係がそう単純なものではないことを浮かび上がらせている。

・

「性」の二側面──ジェンダーとセクシュアリティ

「めぐり会い」では，性別は体の形態のみならず名前や服装や職業にも関わること，そして，誰を好きになるかといった恋愛の問題にもつながることが示唆されている。それは，日本語の「性」という言葉が二つの意味を含むことを思い起こさせる。たとえば，「性差別」というときの「性」は，女性や男性といった性別を意味している。だが，「性欲」というときの「性」は性別のことではなく，キスやセックスなど性的な行為に関わることである。人文社会系の学問の世界では，前者の性別に関しては「ジェンダー（gender）」という言葉が，後者の性的な行為や欲望などと関わる「性」を指すものとしては「セクシュアリティ（sexuality）」という言葉が主に使われる。

ジェンダーは，もともとは文法上の性別を表す用語だったが，今では社会的・文化的に規定された性別のあり方を指す言葉として使われている。もし外国の書類に「Gender」という欄があれば，自分の性別を答えればいい。性別を表す英単語には「sex」という言葉もあり，性別の身体的な側面を重視する場合に用いられる。

社会のなかでの性別は，決して体の形状といった生物学的側面にのみ関わるものではない。たとえば，今の日本では「スカートをはいているのは女」と思われている。これはヨーロッパの服飾文化においてスカートが女性の服とされてきたからだ。それに対して男性の服とされたのはズボンだが，ズボンをはいている人をすべて男性だとは思わないだろう。現代では女性もズボンをはくことが一般化しているからだ。また，日本の着物は巻きスカートのような形をし

ているが，男性が着てもおかしいとは思われない。このように，「スカートをは
いているのは女」という性別のあり方はある社会の文化が作り出したものとい
える。男である／女であることは社会や文化と密接に関係しているため，性別
を指す言葉として「ジェンダー」を使うことが広まった。

　セクシュアリティも，ジェンダーと同様に社会的・文化的な側面も含めて性
的なことについて考えるために使われる面がある。性に関することは動物とし
ての本能で，社会や文化は関係ないと思うかもしれない。だが，たとえば，今
の日本では女性を性的に表現したイラストや写真では女性の胸が強調されるこ
とが多い。それに対し，江戸時代の「春画」という性的な絵では，性器が綿密
に描写される一方で，女性の乳房はもっぱら着物に覆われているか，ごくあっ
さりとしか描かれていない。女性の体のどこが「エロい」と見なされるのかは
社会によって異なることを，この例は示唆している。社会や文化は私たちの性
的な欲望にも大きく関わっているのだ。

・

ジェンダー／セクシュアリティと社会規範

　それぞれの社会には，ジェンダーやセクシュアリティに関して「これが普通」
「こうあるべき」「これはよくない」といった社会規範がある。私たちはこの世
に生まれ落ちた瞬間に，いや，今では母親のお腹にいる胎児が検査されたとき
に，股間の性器の形状から性別が判断される。そして，男と見なされたら水色
のベビー服が，女と見なされたらピンクの服が用意され，少し大きくなったら
男の子にはミニカーが，女の子にはままごとセットが買い与えられたりする。
私たちは，社会のなかで共有されている「男／女とはこういうもの」というイ
メージに従って育てられていく（社会学の専門用語でいえば，社会化されていく）。
「人は女に生まれるのではない。女になるのだ」というシモーヌ・ド・ボーヴォ
ワールの有名な言葉があるが，私たちは社会のなかで成長する過程で少しづつ
男／女になっていくといえる。

　そして，女と男にはそれぞれ異なる役割が用意されている。育児は基本的に
女性の役目，リーダーは主に男性がやるといった具合だ。このような役割の違
いは，本人の意志などを無視して何らかの役目を押しつけることや，「女性は出
産したら仕事よりも育児をしないといけないから，企業などが男性を優先的に

採用したり出世させるのは仕方ない」といった形で差別にもつながっている面がある。社会のなかで，特に家庭のなかで男女に異なる役目が割り当てられていることを「性別役割分業」という。だが，男女にどのような役割が求められるかは社会によってさまざまである。たとえば，「夫は外で働き，妻は家で家事・育児・介護をする」という形の性別役割分業が広がったのは，家から離れた工場やオフィスで働くことが一般化した近代以降のことである。

　セクシュアリティに関してもさまざまな社会規範がある。複数の人とつきあってはいけない，性行為は男女でするのが「普通」……。だが，これもまた社会によって変化するものだ。たとえば，江戸時代半ばまでの日本の武士たちや明治期の男子学生の間では，男同士で激しい思いを抱き性的な関係を持つことが珍しくなかった（氏家 1995）。戦国武将の武田信玄などは家来の男性にあてたラブレターまで残されている。こうした，社会によって異なるさまざまなジェンダー/セクシュアリティに関する「常識」に縛られながら私たちは生きている。

2 ｜ 性別は自然なものか

性別は自然が決める？

　これまで述べてきたように，私たちの社会で「正しい」「普通」とされるジェンダー/セクシュアリティのあり方は，決して普遍的でもなければ，人間にとって自然なものでもない。それは，性別には男と女の二つしかないという「常識」も同様だ。

　人間の体は二種類に分かれているのだから，性別が男女の二つになるのは当然だと思うかもしれない。だが，じつは人間の体は二つに分けきれるものではない。それを示すのが，日本で妊娠した女性に配布され，妊娠・出産に関することを記録する「母子健康手帳」だ。もし手近にあるようなら，赤ちゃんが生まれた際に書かれる「出産の状態」というページの性別欄を見てほしい。「男・女・不明」の三つの選択肢が用意されている。この「不明」とはどういうことか。人間の性別はさまざまなレベルで考えることができる（橋本 2004：第1章）。身体に関しては，生まれ持った性染色体（性別に関わる遺伝子），性腺（卵子/精子を作る器官），内性器（体の内側にある性器），外性器（体の外から見える性器），

さらには思春期に現れる月経やひげなどの二次性徴がある。このいずれにおいても，典型的な女性・男性のパターンに当てはまらない人が存在する。たとえば，性染色体にはXX・XYの他にXXYといった組み合わせも存在する。このように典型的な男性・女性の体と異なる体のあり方は，DSDs (differences of sex development; 体の性のさまざまな発達) などと呼ばれている。生まれてきた赤ちゃんの外性器の形が典型例と異なり，医師や助産師が男女の判別ができない場合に，母子健康手帳の性別欄の「不明」が選ばれる。

　だが，日本で赤ちゃんが誕生したとき役所に提出する出生届を見てみると，性別欄の選択肢が「男」と「女」しかない。つまり，日本国という社会は，性別は男女の二つだけだと規定していることになる（ただし，赤ちゃんが「不明」と診断された場合，性別の判断を保留したまま出生届を提出することなどができる。覚えておくといいだろう）。性別は男女の二つだけで，すべての人がどちらかの性別を必ず持つはずだという性別二元論は，日本社会のなかで非常に強い力を持っている。DSDsの人のなかには，乳幼児期に典型的な女性/男性の体に近づけようとする手術をされて，その後遺症に苦しむ人もいる（橋本 2004）。人間が生まれ持った自然な身体が，男女という社会的に作られた性別の枠組みに無理やり当てはめられてしまうこともあるのである。

・・
さまざまな性別の分け方

　このように，性別を二つに分けるのは社会的・文化的に決められたことである。そのため，社会によっては性別的なカテゴリーを三つ以上設けているところもある。たとえば，インドには男性でも女性でもないと見なされる「ヒジュラ」と呼ばれる人たちがいる。ヒジュラの多くは男性と分類される体を持って生まれてきたが，そのことに違和感を覚え女性の服装で生きている（宇田川 2005：234）。さらに，北米先住民のモハヴェ社会には，男女の他に，身体的には男性に分類されるが女性の服装を取り入れ女性の社会的役割に関わる「アリヤ」と，身体的には女性に分類されるが男性の社会的役割に関わる「フワメ」というカテゴリーがあったという（宇田川 2005：238）。

　また，性別を男女の二つしか設定していない社会でも，男/女であることをどのように考えているかはさまざまである。たとえば，ヨーロッパでは18世紀

のあたりまで，男女の体は根本的には同じもので，女性の性器は男性の性器が体内に留まったままになっているものと見なされていた（ラカー 1998）。

　以上のように，人間は必ず男女どちらかの性別を自然に持って生まれてくるというよりも，人間が作った性別の枠組みにあわせて，生まれ持った体をもとにいずれかの性別に振り分けられるのである。その意味で，しばしば社会的・文化的な性別に対する「身体的な性別」と説明されるsexも，社会・文化によって定められたジェンダーの一種といえる。人間の体は自然が生み出したものだとしても，それをどのようなものと考え，どのように分類するかは，それぞれの社会で決められたことである。

3 ｜ 性の多様性
···
性自認の多様性

　このように，各社会での性別に関する「常識」は，決してどの時代のどの地域でも通用する普遍的なものではないし，誰にでも当てはまるものでもない。たとえば，私たちの社会では，女/男と分類される身体を持っている人は自分のことを女/男と思っているに違いないという「常識」がある。だが，生まれたときに身体を基準に割り当てられた性別に対して違和感を抱く人もいる。自分が思う自分の性別のことを「性自認」といい，身体をもとに割り当てられた性別と性自認が一致する場合を「シスジェンダー」，一致しない場合を「トランスジェンダー」という。トランスジェンダーは日本では「性同一性障害」という医学用語で知られるようになったが，現在，医療の世界では徐々に「性別不合」という言葉が使わるようになってきている。また，自分の性別は男でも女でもないと思っていたり，自分には性別がないと感じているなど，さまざまな性自認の人がいる。そのような，男女以外の形の性自認を「Xジェンダー」などということもある（Xは未知のものに対して使われる文字）。

　ただし，どの性別に見えるような外見や言動をするかという「性別表現」は，性自認とは直結しない。たとえば，身体的に割り当てられた性別が男性で，自らも自分は男だと思っていても，女性の服装や化粧をすることを好む人がいる。また，周囲にトランスジェンダーであることを隠している人は，服装や言葉遣

いを，内心苦痛を感じつつも身体的に割り当てられた性別のものにあわせていることがある。先述したように，性別には複数の次元があるのである。

・・・

性的指向の多様性

また，セクシュアリティに関する「常識」として，男性なら女性を，女性なら男性を恋愛やセックスの対象に選ぶことがしばしば当然視される。だが，それもまた，すべての人に当てはまるわけではない。どのような性別の人を性的な対象にするかという「性的指向」には，さまざまなパターンがある。

現在，自分にとって異性である人を性的な対象にする場合（異性愛）が多くはあるが，人によっては同性を性的対象にするし（同性愛），異性も同性も性的対象になる人もいる（バイセクシュアル）。また，誰に対しても性的な欲望を持たない人（アセクシュアル〔エイセクシュアルともいう〕）もいるなど，さまざまである。みなさんのなかには，同性に惹かれたり，誰も好きになったことがなかったりするために，自分は「異常」ではないかと悩んでいる人がいるかもしれない。だが，決しておかしなことではない。人間の性的指向は多様なものなのだ。

・・・

LGBTQとSOGIE

今の日本では，シスジェンダーかつ異性愛者である人が多数を占めている。単に数が多いだけでなく，それこそが人間の「正しい」性のあり方だと決めつけている人も多い。そのため，「常識」に当てはまらない性は，社会のなかで無視されたり差別の対象になったりする。そのような性的マイノリティ（少数者）の人たちを指す言葉として，近年では「LGBT」がよく使われるようになった。これは，レズビアン（女性の同性愛者），ゲイ（男性の同性愛者），バイセクシュアル，トランスジェンダーの頭文字を並べたものだ（なお，「レズ」や「ホモ」という言い方は侮蔑的に感じる人もいるため，使わないようにしよう）。ただ，性的マイノリティはこの四つに限定されない。そのことを示すために，Questioning（自分の性自認や性的指向が定まっていない，定めていない）やQueer（性的マイノリティの総称）を加えた「LGBTQ」など，さまざまな表記がある。

ひとくくりにされがちな「L」「G」「B」「T」のなかに，一つだけ他と異なる

性質を持つカテゴリーがあることに気づいただろうか。「LGB」が性的指向に関するマイノリティであるのに対し、「T」だけが性自認に関わるマイノリティなのである。

　日本では、トランスジェンダーについては2003年に「性同一性障害者の性別の取扱いの特例に関する法律」が成立するなど法的整備が進められてきたが、同性愛に関してはそうではない。海外では同性婚（同性同士での結婚）を法制化する国が増えてきていて、2019年にはアジア初の同性婚を認める法律が台湾で成立した。しかし、日本では選挙の大きな争点にすらなっていない。2015年以降いくつかの自治体で、一緒に生活する同性同士のカップルを公的に認める同性パートナーシップ制度が始まったが、法律上の結婚とは異なり、保障される権利などが少ない。

　「同性愛は『熟女好き』などと同じような個人の性的な好みなのだから、特別な扱いを受けるのはおかしい」といった意見もある。では、性的指向は、「熟女好き」などの性に関する好みを指す「性的嗜好」とどう違うのか。なぜ「LGB」は「T」と一緒に並べられるのか。人類学者の砂川秀樹は、性的指向は性自認と同じく、公的な制度や社会のさまざまな場面で人を区分する重要な軸としての性別が関わる問題であることを強調する（砂川 2018：50-56）。たとえば、「熟女好き」の男性は周囲から自分の好みをからかわれたりして肩身の狭い思いをすることがあるかもしれないが、年配の女性と結婚することが法律で許されていないわけではない。もっとも、これはどちらの悩みの方が深刻かといった話ではなく、「性別に関することという軸とそれ以外のことは、議論を分けるべき」だと砂川は述べている（砂川 2018：56）。

　ある人の性自認や性的指向に関する言葉はLGBTQ以外にも数多くあり、ぞくぞくと新しい言葉が生まれている（マーデル 2017）。最近では、ジェンダーやセクシュアリティに関して「SOGI」もしくは「SOGIE」という言葉が使われつつある。これは、Sexual Orientation（性的指向）と Gender Identity（性自認）、Gender Expression（性別表現）の頭文字を並べたものである。LGBTQの人たちが抱える問題は、世の中の少数派だけに関わる特殊な問題と見なされがちだ。だが、自分を「普通」「多数派」と思っている人も含めて、すべての人が何らかの性的指向や性自認を（「自分には性的指向や性自認はない」という形であれ）持っ

ている。そのなかで社会的に認められているものとそうでないものがあること
が，性的マイノリティの人たちの生きづらさを引き起こしている面がある。性
的指向や性自認や性別表現は，LGBTQの人たちに限らずすべての人に関係す
る問題なのだという含意が，SOGIEという言葉に込められている。

　ここまで聞き慣れない言葉が次々出てきて混乱したかもしれない。現在，シ
スジェンダーと異性愛を当然視する「常識」の見直しが行われている真っ最中
であり，よりよい表現が模索されている。そのため，みなさんがこの本を読ん
でいるときには，この原稿と違う言葉の使い方が広がっている可能性もある。
だが，一つひとつの言葉を覚えるよりも大切なことは，私たちの顔や性格が一
人ひとり違うように，私たちの性のあり方も一人ひとり違うのであり，それを
どう分類して，どう価値づけするかは，自然ではなく社会・文化が決めている
ことを理解することだ。最初に紹介したマンガ「めぐり会い」では，ブラック・
ジャックの手術によって恵が「男」として生きるようになった後も，二人が互
いへの思いを残していることがほのめかされている。人間の生のありようは，
これまでの社会が定めた男女の枠組みには収まりきらないものなのである。

参考文献

氏家幹人　1995『武士道とエロス』講談社現代新書。

宇田川妙子　2005「性をゆさぶる――トランスジェンダー」田中雅一・中谷文美編『ジェ
　　ンダーで学ぶ人類学』世界思想社，230-250頁。

砂川秀樹　2018『カミングアウト』朝日新書。

手塚治虫　1975「めぐり会い」『ブラック・ジャック5巻』秋田書店，5-28頁。

橋本秀雄　2004『男でも女でもない性・完全版――インターセックス（半陰陽）を生き
　　る』青弓社。

マーデル，A　2017『13歳から知っておきたいLGBT+』須川綾子訳，ダイヤモンド社。

ラカー，T　1998『セックスの発明――性差の観念史と解剖学のアポリア』高井宏子・
　　細谷等訳，工作舎。

「男の体」ってどんなもの?
宝塚歌劇と歌仔戯の男性役から考える

　この章では，「あたりまえ」のように直結されがちな性別と身体の一筋縄では
いかない関係を見てきた。今度は演劇を題材にこの問題を考えてみよう。

　よく知られているように，日本の宝塚歌劇では女性が男性の役を演じる。その
際，衣装に分厚い肩パッドを入れるなどして女性的な胸のふくらみが隠され
ている。だが，女性が男性を演じるとき，必ずそのように体型が補正されると
は限らない。台湾の歌仔戯（クワア ヒ）という演劇でも女性が男性を演じるが，歌仔戯では
珍しく近代を舞台にした『阿隆的苦戀歌』の初演の舞台写真を見ると，スーツ
姿の男性役に胸のふくらみが見える。この作品を上演した海山戯館の黄雅蓉さ
んの話によると，歌仔戯の衣装は基本的には京劇のような昔の中国風の体のラ
インが出ないもので，胸のふくらみについて注意されたこともなかったため，
男性的な体型に補正するという発想がなかったようだ。だが，再演の際に若い
団員の指摘で胸を潰したとのことである（2013年6月3日インタビュー）。「男の
体」とはどのようなものかというイメージは，男性用の衣服の形にも左右され
るのである。

　また，体型補正は男性役のリアリティを高めることに関わることが，黄さん
や，歌仔戯を取り入れた演劇を行う奇巧劇團の劉建幗さんの話（2015年8月10日
インタビュー）からうかがえた。といっても，女性が男性役をする際，必ずしも
体型を現実の男性に極力近づけることが目指されているわけではない。たとえ
ば，ある舞台で女性の俳優が少年を演じる際に衣装の股間にパッドが入ってい
た例があるが，宝塚歌劇ではそのようなことはない（天野1991）。ペニスはその
有無で赤ちゃんの性別が判定されるように，男であることを象徴する体の部位
になっている。だが，それがなくても観客はどの役が男性か認識できる。

　女性が男性を演じるとき，「男の体」をどう演出するかはさまざまである。身
体と性別の関係は案外あいまいな面を持つことが，ここからもうかがえる。

追記

―

　本稿のもととなった研究はJSPS科研費（26870349）の助成を受けている。また，調査に応じてくださった皆様，ご協力をいただいた張懐文さんに感謝します。

参考文献

―

天野道映　1991「かみつかれそうなマツ毛――宝塚の現代的な位置付け」川崎賢子・渡辺美和子編『宝塚の誘惑――オスカルの赤い口紅』青弓社，14-48頁。

Active Learning ｜ アクティブラーニング 7

Q.1

女らしさ/男らしさを気にかけることはあるか考えてみよう

普段の生活のなかで，女らしさ/男らしさを意識したり，「男/女のくせに」「女子力がある/ない」「女々しい」などと思うことはあるか，それはどんなときかを思い出し，私たちが持つジェンダーに対するイメージを考えてみよう。

Q.2

テレビ番組に出てくる人物の男女比や年齢・役割等を調べよう

メディアはジェンダーに対する私たちのイメージを形作る。テレビ番組に出てくる人物の男女比を出し，男女間で年齢や体型，役割（司会等）などに違いがあるか調べてみよう。また，いわゆる「オネエタレント」ではどうだろうか。

Q.3

日常会話やメディアから異性愛を前提にした発言を抜き出してみよう

同性愛者の存在が知られていても，目の前の人がそうかもしれないとは思われにくい。日常会話やメディアから，「好きな異性のタイプは？」など，相手が異性愛者であることを前提にした発言や文などを抜き出してみよう。

Q.4

性的マイノリティが登場する映画を見てみよう

これまで性的マイノリティを取り上げた映画は数多く作られている。そうした映画をいくつか見て，性的マイノリティや周囲の人の描き方を比較し，感想を語り合ってみよう。

第8章

社会のなかの医療
健康と病の社会学

―――――

田村周一

社会的現象としての健康と病

　社会学には多種多様な研究領域があるが，その一つに「医療社会学（Medical Sociology）」がある。近年では，しばしば「健康と病の社会学（Sociology of Health and Illness）」とも呼ばれる。本格的に成立・発展したのは1950年代以降のことで，社会学の歴史においては新しい部類に入るが，いまや社会学のなかでも最大規模の研究領域の一つとなっている。

　医療というのは一見すると極めて高度に自然科学の領域で，いわば「理系の世界」のことのように思える。しかし医療は，人間の生老病死に深く関わるもので，社会と無関係に存在しているのではない。むしろ，医療が社会のなかでどのように必要とされ利用されているのか，私たちが健康・病をどのように受け止め経験しているのかという視点と深く結びついている。医療社会学が立脚するのは，そうした「医療，健康・病も社会的現象である」という視点である。本章での目的は，医療社会学の基礎を学ぶことである。第1節では，近代医療の歴史と特徴を確認したのち，医療社会学の代表的な知見の一つである医療化論を概観する。第2節では，健康と病を社会的に捉える視点の一例として，病人役割という概念を紹介する。第3節では，現代社会における医療の現状をふまえて，現代医療のいくつかの課題に言及する。

KEYWORDS　#医療化　#健康と病　#現代医療

1 ｜ 医療の歴史

・

近代医療の誕生

　現在，多くの社会・地域において「医療」という場合，一般的にイメージされるのは，近代医学の理論と方法に基づいて行われる治療行為，つまり近代医療であることがほとんどである。

　近代医学は，18世紀末ごろ西ヨーロッパで誕生し，20世紀前半にかけて世界的に普及した。近代医学には次のような特徴がある。一つは，人間の身体・精神，およびその病に関する知識を，人間の身体の内部の，直接的・間接的な観察のみによって獲得しようとする点。そしてもう一つは，人間の身体の内部に，直接的に働きかけることによって病を治療しようとする点である。これは，近代医学というものが実証主義に根ざした近代科学の一つとして発展したことを示している。しかし裏を返せば，近代という一時代において有効とされている医学であると相対化することもできる。

　近代医療の実践のための基礎をなすのが近代医学であるが，特に生物科学中心の医学パラダイムのことを総称して「生物医学 bio-medicine」という。近代医療の特徴を把握するうえで，生物医学モデルの四つの基本原理をあげることができる。

　一つめが「正常な生物学的機能からの逸脱としての疾患」の原理である。疾病を身体の生物学的機能の障害と見なし，その機能は変数をもって測定できるという仮説をたて，客観的な測定により，生物学的機能の異常を「病気」と見なすものである。二つめは「特定病因論」である。すべての疾患にはそれぞれ特定の原因があり，その原因によってのみ疾患は引き起こされると前提するもので，生物医学モデルの最も基本的な原理である。三つめが「疾患普遍概念ないし疾病分類概念の普遍性」の原理で，疾患の症状や過程は，すべての人間において，歴史・文化・社会を超えて同様であるとする普遍性の原理である。四つめが「医学の科学的中立性」の原理で，これは自然科学の科学的・合理的方法を採用することで，医学の客観性と中立性を確保しようとする理念を意味する。

　これらの原理は近代医学の根幹であり，その発展に重要な役割を果たした。ただ，それによって見落としてしまう事柄もあるのではないか，というのが医療社会学の基本的な立場である。これは，けっして，これまでの医学の発達や貢献を否定するものではない。それだけでは，私たちが実際に経験している健康や病，そして社会のなかの医療を十分に捉え尽くすことはできないということを指摘することに力点が置かれている。

・

医療化の進展

　生物医学モデルをベースにした近代医療の発展と普及により，あらゆる疾病が治療・撲滅されるようになり，社会に大きな恩恵をもたらした。こうした医学・医療の発展を，社会的な現象として捉えると，どのようなことが見えてくるだろうか。医療社会学の代表的な知見の一つに医療化論というものがある。

　医療化とは，近代医学の発展に伴い，従来は医療の問題として考えられていなかった事象が，医療専門職によって扱われる事柄（病気や障害）に再定義されていくプロセスをいう（佐藤 1999）。一例をあげれば，かつて教室で椅子に座っていることができず立ち歩いてしまうような，落ち着きのない子どもは，「躾のなっていない子ども」と見なされていた。そしてこうした問題は，学校教育あるいは家庭の問題として処理されていた。それが現在では，脳機能上の障害が疑われ，医師の診断を経て「注意欠陥・多動性障害（ADHD）」と見なされるようになり，医療の対象に再定義されている。同様のことは，過度の飲酒や薬物依存をはじめ，諸種の問題行動，社会生活への不適応など，社会の幅広い場面で見受けられる。

　社会的逸脱の医療化についての代表的な研究としては，ピーター・コンラッドとジョゼフ・シュナイダーの『逸脱と医療化』があげられる（コンラッド/シュナイダー 2003）。それによれば，歴史的・社会的に「悪」とか「望ましくないもの」と見なされていた逸脱行為が医療の領域に含まれていくプロセスは，五つの段階に分けられる。具体的には「①逸脱行動の定義」→「②医学的発見」→「③クレーム申し立て」→「④医療的な正統性の確保」→「⑤医療的逸脱認定の制度化」であり，これらの段階を経て，社会的な逸脱行動が医療専門家の守備範囲へと移行する。

　医療化をめぐる議論には批判や修正を含む多くの意見があるが，そのメリットとデメリットとして，以下のようなことが指摘できる。まずメリットとしては，医学的診断という正当な意味づけにより，逸脱者が人道的に扱われるという点がある。医療化の対象となるのは，もともと社会的に問題視されていた逸脱行動であることがほとんどのため，一般に，周囲からの評価は厳しくなりがちである。それに対して，医学的診断が示され，治療が施されることとなれば，社会的な排除，道徳的な非難，あるいは法的な処罰を免れて，問題の解決を目指すことができるようになる。

　デメリットとしては，逸脱を病気として治療を施すことは，その問題をすべて逸脱者個人の問題にしてしまい，社会環境や制度の問題として見直す視点を欠落させてしまう，「社会問題の個人化」があげられる。子どもの多動を例にすれば，それが家族や学校制度における社会的問題に起因しているかもしれないという側面に目が向けられにくくなり，子ども本人の治療・矯正ばかりが優先されるといったことである。また，いったん医学的問題と定義され，その処置が医療専門家に委ねられると，一般の人々（素人）の手を離れてしまう。それに伴い，医療専門家による統制を過度に強めてしまうことも危惧される。こうした点について，有名な「医原病」という言葉で批判したのがイヴァン・イリイチ（イリッチ 1979）であった。

　いずれにせよ，医療社会学では，病気・医学・医療を社会的側面から捉え，「病気とは，社会関係の障害や文化的適応の障害として，社会的かつ文化的に構成されるもの」と考える。ここに社会学がモットーとする相対化の視点が含まれている。生物医学モデルがあくまでも科学主義・要素還元主義の立場に立ち，社会的・文化的視点を捨象する傾向にある一方で，医療社会学はこれを相対化しようとする試みなのである。

2 │ 健康と病を社会的に捉える

健康・病気の社会的多様性

　それでは，病気や健康を社会的・文化的に捉えるとは，どのようなことか。有名な例として，WHO（世界保健機関）の「健康」の定義がある。「健康とは，

肉体的，精神的，そして社会的に完全に良好な状態であり，単に疾病または虚弱がないということではない」（WHO憲章前文）という健康の定義はよく知られているが，ここに社会的な視点が含まれていることは容易に読み取ることができるだろう。健康は，生物学的機能の異常や障害の有無によってのみ判断されるものではなく，精神的な側面も考慮に入れ，社会的に評価されるものであり，そこには多様性があるのだという考え方である。

　同じく，もう一つWHOが提唱した健康概念を示しておこう。「健康とは毎日の生活を送る一つの資源なのであって，生きていることの目的ではない。健康というのは身体的能力であると同時に，社会的並びに個人的な資源であることを強調する積極的な概念なのである」（WHO 1986）。これはヘルスプロモーションのための世界規模での前提条件・戦略を掲げたものだが，社会的要因の視点を中軸にしている。社会的な要因として，所得や社会階層，家族をはじめとする社会的ネットワーク，教育，雇用，地域社会などがあげられ，医療は健康を決定する要因のうちの一つとされている。

　健康とは反対に，心身の不調，痛みや不快感といった，いわゆる「病気」についても，多様な捉え方がある。これについては，医療人類学や文化人類学といった人類学における研究が非常に参考になる。医療人類学では，「疾病 disease」「病 illness」「病気 sickness」の三つの概念を以下のように区別している（マッケロイ/タウンゼント 1995）。

　まず「疾病」は，医療専門家によって，生物医学的な観点から，専門的な医療知識に基づいて定義されたもので，前出のとおり，生物学的機能が異常をきたした状態のことである。次に「病」とは，日常生活のなかで個人が感じる身体の不調や痛み，不快や不安，社会からの疎外感など，個人が自分自身の経験を受容・説明するものである。そして「病気」は，それぞれの社会の制度（広義の意味で，法律や規則をはじめ，社会の価値・規範といったものを含む）として位置づけられるもので，上の「疾病」と「病」の双方の意味合いを包含する言葉として用いられる。

　このように，健康と同じく，心身の不調の状態についても，その意味内容は一様ではなく，多様性を持つものなのである。

社会的逸脱と統制

　社会学の観点から見ると，健康や病気というのは，社会的に意味づけられた心身の状態であるといえる。このことをいち早く概念化したのがアメリカの社会学者タルコット・パーソンズで，彼が提唱したのが「病人役割 sick role」概念である（パーソンズ 1974）。

　パーソンズによれば，病気とは，社会的に与えられた課業（task）ないしは役割（role）を遂行できない状態であり，反対に健康は，通常の社会的役割を遂行できている状態，もしくは遂行するための条件・能力となる（パーソンズ 1973）。私たちは，社会生活を営むなかで，それぞれの社会的役割（たとえば学生なら学生の，教師なら教師の役割）を全うすることが期待されている。だとすれば，社会的に見れば，病気は通常の社会的役割から離脱して，一時的に「病人」という役割につくことであり，パーソンズはそれを「病人役割」と表現した。

　「病人役割」の具体的な意味内容は，二つの権利と二つの義務である。第一の権利が，病人は通常の役割および義務を免除されるというものである。第二の権利は，病気になったことの責任を咎められないことで，ここには「なりたくて病気になる者はいない」という前提がある。

　義務について見ると，その第一は，病人は，病気を望ましくないものと考え，速やかに回復しようと努めなければならない。そして第二は，病人は，医療専門家に援助を求め，その指示に従って治療に専心しなければならない。

　病人役割という考え方にもメリットとデメリットがある。まずメリットを考えると，病人にとっては，通常の役割が免除されるかわりに，回復に専念することが義務となるので，社会全体としては，病人を速やかな回復へと動機づけ，通常の役割に復帰させることができる。これにより，社会における活動力低下を最小限に抑え，人々の健康維持（通常の役割遂行能力の維持）を促進できる。

　反対にデメリットについて，典型的な批判をあげると，病気の多様性に当てはめることができないという指摘がある（Cockerham 2010）。病人役割は，一時的な病気には適用可能かもしれないが，たとえば慢性疾患のような，長期間にわたって病気を抱えて生活しなければならないような状態には適合しない。なぜなら，そうした場合，通常の役割を遂行することと，そこから逸脱した状態

とを切り離して考えることができないからである。

　パーソンズの考えの根底には，社会的逸脱としての病気をいかに統制（コントロール）するか，という発想がある。その意味で，医療は「社会統制のための装置」ということになる（進藤 1990）。病気は，患者本人にとって望まない災いであるが，周囲の家族，ひいては社会全体にとっても望ましいものではない。病気の蔓延は，社会の安定・秩序を阻害する。そのため，病気をいかにコントロールするかは，個人だけではなく，社会の課題でもある。こうしたパーソンズの考え方に対する批判も少なくないが，初期の医療社会学に理論的基盤を与えた彼の功績は，けっして小さいものではない。

3 | 現代医療の現状と課題

...

疾病構造の変容

　医療技術の発達，公衆衛生の向上はもとより，近代社会の発展による生活水準の高まりもあって，社会の疾病構造は大きく変化した。いわゆる急性疾患から慢性疾患への転換であり，治療中心の医学から予防・リハビリテーションに重きを置くものへの移行である。そうした医療，および社会全体の状況の変化に応じて，医療社会学においてもさまざまな研究がなされてきた。

　1980年代以降に目立って見られるようになったのが，患者本人の「病の経験」や「語り」に着目した研究である。治癒・完治までに多くの時間を要する慢性疾患では，一時的な治療だけでなく，医師から指示された治療法の継続（定期的な服薬），厳しい自己管理（食事制限，禁煙・禁酒など），病の悪化・再発防止のための生活規制が必要となる。そうしたなかで，それまであまり目を向けられてこなかった患者本人の個人的経験や主観的意味に光を当てる試みが多くなされるようになった。

　その代表格の一人が医療人類学のアーサー・クラインマンである（クラインマン 1996）。クラインマンは，患者本人が自分自身の病気をどのように受け止め，どのように感じ，そしてどのように意味づけるかという「病の経験」に注目した。病の経験についての個人的な意味は，それまでの人生に照らして首尾一貫した形に整理・再構築され，「病の語り illness narrative」となる。近年では，医

療現場においても，こうした患者の「語り」を重視したナラティブ・アプローチが取り入れられるようになっている。

- - -

グローバル化する医療現場

　最後に現代的な課題として，医療のグローバリゼーションに触れておきたい。人口減少時代に突入した日本において，若年労働力人口が減少する一方で高齢者は増加を続けている。医療福祉人材の不足が指摘されて久しいが，そうしたなか看護と介護の分野において外国人人材を受け入れる動きが拡大しつつある。

　日本では2008年より，経済連携協定（EPA）に基づき，経済協力あるいは人材交流，技術移転という名目で，外国人看護師・介護福祉士の候補者受入を実施しており，現在，インドネシア，フィリピン，ベトナムの三ヵ国と協定を結んでいる。細かな条件は国ごとで異なるが，原則として，候補者は国内の受入施設（病院や介護施設）で，看護助手や介護職として就労しながら，看護師国家試験あるいは介護福祉士国家試験の合格を目指す。在留期間には上限があり，看護師候補者が3年，介護福祉士候補者が4年である。期間内に国家資格を取得すれば，そのまま正規の看護師・介護福祉士として滞在を延長することができる。1年に限って在留延長が可能となることもあるが，それで国家試験に合格できなければ帰国を余儀なくされる。

　これまでに，看護師と介護福祉士あわせて約5600人が日本に入国している（2018年度現在）。国家資格を取得すれば，日本での長期就労が可能になるわけだが，毎日，長時間の業務をこなしながら国家試験の勉強をするのは容易ではない。日本語も，日常会話は身につけることができても，各分野の専門用語や法令を理解するのは，きわめて難しい。これまでの国家試験の合格率は，看護師で約31％，介護福祉士で約57％である。外国人人材の受け入れの推進に向けては，候補者たちの日本語能力の向上といった課題のほか，受入国である日本の「文化対応力」（言語や文化的背景が異なるスタッフと，共に働くために現場で必要とされるスキル）を高める必要性も指摘されている（濱野 2016）。とはいえ日本国内の保健医療・福祉の質の低下を招いては本末転倒である。何よりこうした取り組みが，単なる労働力の確保のためなのかを問い直す必要があるだろう。いずれにせよ，今までにない医療のあり方を考えていく時代が到来している。

参考文献

イリッチ，I　1979『脱病院化社会——医療の限界』金子郁郎訳，晶文社。

クラインマン，A　1996『病の語り——慢性の病をめぐる臨床人類学』江口重幸他訳，誠信書房。

コンラッド，P／J・W・シュナイダー　2003『逸脱と医療化——悪から病いへ』進藤雄三監訳，杉田聡・近藤正英訳，ミネルヴァ書房。

佐藤哲彦　1999「医療化と医療化論」進藤雄三・黒田浩一郎編『医療社会学を学ぶ人のために』世界思想社，122-138頁。

進藤雄三　1990『医療の社会学』世界思想社。

パーソンズ，T　1973『社会構造とパーソナリティ』武田良三監訳，新泉社。

——　1974『社会体系論』佐藤勉訳，青木書店。

濱野健　2016「グローバリゼーションの時代の看護と介護——経済連携協定（EPA）に基づく外国人看護師・介護福祉士候補者の受け入れを事例として」濱野健・須藤廣編『看護と介護のための社会学』明石書店，183-211頁。

マッケロイ，A／P・K・タウンゼント　1995『医療人類学』丸井英二監訳，杉田聡他訳，大修館書店。

Cockerham, W. 2010. *Medical Sociology*, 11th edition. Prentice Hall.

World Health Organization 1986. Ottawa Charter for Health Promotion, https://www.who.int/healthpromotion/conferences/previous/ottawa/en/（最終閲覧2019年5月5日）

Case Study │ ケーススタディ 8

「神様委員会」
先端医療技術と生命倫理

　医療の進歩には目覚ましいものがある。以前であれば治療不可能であった病気も，いまでは治療を施して，痛みを緩和し，また延命が期待できるようになったものも少なくない。とりわけ1970年代以降，医療技術の大きな躍進があった。ガン治療，生殖補助技術，臓器移植，万能細胞をはじめとする先端医療の発達である。そうした先端医療は，知識・技術の点で最先端というだけでなく，社会に生命倫理をめぐる議論を投げかけた点でも，新しい医療である。医療社会学では，生命倫理に関わる研究も数多く行われている。

　生命倫理を考えるうえで有名な話に「神様委員会」というものがある。1960年代のアメリカで実際にあった事例で，生命倫理の授業でもよく取り上げられるエピソードである。

　アメリカのシアトルの病院で，世界で初めて慢性腎臓病患者のための人工透析器が開発された。しかしながら，治療開始当初，用意できた透析器は三台のみで，治療を必要とする患者の数から見れば，開発されたばかりの最新医療機器はあまりにも不足していた。

　多くの腎不全患者のなかから透析を受ける患者を誰にするか。委員会が組織され，そこで患者を選別してもらうことになった。委員は幅広く市民から選ばれ，弁護士，牧師，銀行家，主婦，公務員，労働者代表，外科医で構成された。委員会ではさまざまな選別基準が検討された。州立病院であったため，シアトルのあるワシントン州民であることが基準の一つになった。そのほか，年齢，人種，既婚・未婚，扶養家族の数，収入，資産といったことも考慮された。誰が生き，誰が死ぬのかを決定するものとして注目を集め，神の役割を演じるがごときものとして「神様委員会」とも呼ばれた（香川 2009）。

　医療資源は無限ではない。医療機器はもとより，医療費予算にも限りがある。また医療人材も資源の一つであり，本文でも触れたとおり，その不足は大きな

課題である。生命倫理の問題には，こうした資源配分の問題も含まれる。

　「神様委員会」の事例について，アメリカの生命倫理学者であるハワード・ブロディは次のように述べている。

　　「医師は実際に意思決定をする点では良い委員ではない傾向があったという。医師は自分が受けた教育のせいか，……『否』というのがほとんど不可能なようであった。その結果最終決定の重荷を医師にかけないようにするため，素人の委員が乗り出さなければならなかった」（ブロディ 1985：205，傍点は引用者による）。

　先端医療をはじめ，今後の医療のあり方について，すべてを医師に委ねるのではなく，広く社会に開かれた議論が求められるということに異論の余地はないだろう。

　もしあなたが「神様委員会」のメンバーだったとしたら，どのような判断をするだろうか。

参考文献
—

香川知晶　2009『命は誰のものか』ディスカヴァー・トゥエンティワン。
ブロディ，H　1985『医の倫理』舘野之男・榎本勝之訳，東京大学出版会。

Active Learning │ アクティブラーニング 8

Q.1

あなたの健康観──どのようなときに「健康」を感じるか考えてみよう

健康や病気の捉え方は一様ではない。病気や怪我であれば，心身の不調や不快を痛感するものだが，他方で，日々の生活のなかで「健康」を実感することはそれほどないのではないだろうか。どのようなときに健康だと感じるか考えてみよう。

Q.2

病の経験──病気や怪我の経験について，いま思うことを言葉にしてみよう

病の経験，その受け止め方は人それぞれである。これまで大きな病気や怪我はしたことがないという人もいれば，日常的に通院や治療が必要だという人もいる。病の経験を思い出してみて，いま感じることを書き出してみよう。

Q.3

医療アクセス──地域の医療機関について調べてみよう

自分が暮らしている地域の医療機関について，どれほど知っているだろうか。都会であれば大小さまざまな病院や医院があるだろうし，地方であれば最寄りの病院へ行くにも時間がかかるということもある。学生であれば，日常的に病院を利用する機会はさほど多くないかもしれない。地域の医療機関について調べてみよう。

Q.4

これからの社会と医療──将来どのような医療が求められるか考えてみよう

社会は時代とともに変化していくものである。医療もまた同様である。社会人となり，いずれ高齢者となったとき，どのような社会になっているだろうか。そのうえで，将来どのような医療が社会のなかで必要とされるか考えてみよう。

サブカルチャー・観光・非日常の社会学

第9章

サブカルチャーは世界を旅する
サブカルチャーとグローバリゼーションの社会学

油井清光・小島奈名子・平井太規

旅するサブカルチャー

　おそらくこの瞬間にも，世界のどこかで，コスプレの集まりやその準備の会が行われているであろう。サブカルチャーがグローバル化している。日本のサブカルチャーが世界を，世界のサブカルチャーが日本を含めた世界中を旅している。もともとサブカルチャーの社会学とグローバリゼーションの社会学とは別の領域であったが，本章は，サブカルの旅の背後にはグローバル化に象徴される現代社会の基本的変容があると見ている。この点で両者は結びつく。印象として，あるいはたまたま見聞したこととして，サブカルの存在感（プレゼンス）についての「証言」は数々ある。しかし，サブカルの受容のされ方，個々の聴衆が実際にどのようにそれとつきあっているのか，その具体的な姿を経験的調査研究の手法によって実態分析したものは意外に少ない。そこで本章では，前半の理論の導入を受けて，後半は「日本サブカルチャー研究会」が欧州とアジアで行った実態調査のデータを，比較しながら分析している。実態をふまえて，サブカルの世界と，世界を旅するサブカルの姿を学ぼう。

KEYWORDS | #サブカルチャー | #グローバリゼーション | #現代社会 | #視覚論的転回

1│社会学にとってサブカルチャー研究とは何か

・

日本サブカルチャー研究会

社会学は,「ふところの深い」研究分野である。少なくともテーマに関しては
柔軟で,ほぼ何でもよい。というのも,ふつう一つの学問領域は,長年そこで
蓄積されてきた方法(独自の概念や考え方)と,それが専門的に扱う対象とで成
り立っているが,社会学の場合は,その対象は「社会」ということになり,そ
こには事実上,何でも入る。むしろ問題は,社会学の独自の方法なのである。
サブカルチャーは,対象としてむしろ理想的である。それは明らかに「社会」
現象だからである。

「日本サブカルチャー研究会(Japan Subculture Studies Project Office)」(以下
JSSP)というものがあった。2010年10月にこの研究会は設置された(神戸大学社
会学研究室内)。当初は文部科学省,ついで日本学術振興会によって大学に委託
された事業であった。この委託を受けて,海外での現地調査や国内での国際シン
ポジウムなどの事業・研究活動を行った。本章はこのJSSPの研究活動の成果
を共同研究者らの連名によって,国内外での報告などに基づき書き下ろしたも
のである。

・

現代社会分析とサブカルチャー研究

社会学にとって,そもそもサブカルチャーを取り上げて研究することの意味
は何か。まず第一には,現代社会分析との関連がある。

ポスト近代や「高度化された近代」(ギデンズ 1993)ということを,日本につ
いて考える場合,そこには一定の前提的な社会的条件がある。これについては,
いろいろな論者がさまざまな表現をしてきたが,本章では「似非シンクレティ
ズム(pseudo-syncretism)」とか「棲み分けの論理」とか呼びたい。

丸山真男は,日本社会文化の古層という議論において,「原」神道とそのまた
起源としてのアニミスティックな心性に,「バッソ・オスティナート(持続低
音)」を観た(丸山 1984)。これは,その後に日本に「渡来」したすべての宗教
(世界宗教)がその上に層として積み重なった基底であるが,その特徴は「タブ

ラ・ラサ（白紙）」としての特性，何でも柔軟に受け入れる融通無碍な性質にある。それは，固有信仰として，外来宗教と対立するのではなく，むしろ果てしなく受容する。固有信仰と切り結んで壮絶な正統と異端の闘争を繰り広げるというより，あっさり「それはそれとして」適当な「場所」に受け入れておく。それが流行っているうちは，それに熱中する。流行りが廃ると，忘れる。こうして単に「層」として積み重なるだけで，西欧的・キリスト教的な基本的意味での「歴史的展開」やそのダイナミクスとして発展してきたわけではない。だから時折，この忘れられていたものは，逆に突然「想い出されて」その折々の社会文化を席捲したりする。

　こうした論理機制は「棲み分け」（生態学者・今西錦司の用語）の論理としても表現できる（今西 1980）。神道，道教，仏教，儒教，キリスト教などは，こうして社会内の適切な場所（適当な TPO。時間や季節，場所，機会）に割り振られて存在し，保存される。もちろんシンクレティズム（習合）ということは起こっているように見える。しかし，シンクレティズムは定義上，「異なる宗教，文化，思想学派の混交や融合」を意味し（Oxford Dictionary of English），融合の結果としての第三の異なる性質の出現を多分に含意し前提している。しかし日本で起こったこと，起こっていることは，そもそも「融合」なのか，それとも単なる「棲み分け」なのか，またこの第三の性質を伴うのかどうか，疑わしく，したがって厳密にはシンクレティズムとはいえないのではないか。それはむしろ，かなりプラグマティックなものである。かくて，それは「似非シンクレティズム」であり，「棲み分け」の論理機制の産物であると考えられる。

　さて他方で，ポスト近代や高度化した近代における社会的特徴とされてきたものには，基本的な共通項がある。それらは以下のようなものである。

　①時空間の断片化，②自己の脱中心化と主体の脱構築，③境界性の脱分化，④日常生活の美学化，など。これらの諸特徴は，ある程度，上述の日本社会の「棲み分け」の論理機制や「似非シンクレティズム」から導出できる（通底する）のではないだろうか。もちろん，「欧米」の場合（と一口には本当はいえないが，ここでは便宜上こんなふうにいっておく），このようなポスト近代の諸特徴は，近代との鋭い対比のなかから際立たされたものである。ウルリッヒ・ベックにおける「第一の近代」と「第二の近代」との対比もそうである（ベック 1998）。

ところが日本の場合，それは丸山の議論のように，「古代」から現代までこの「棲み分け」の機制が基本的には同様のものとして続いてきたことになる。しかし現在，それが「第二の近代」に至って，いわば世界社会の基本的趨勢とシンクロしてきたということになるかもしれない。

さて，こうした議論は，日本サブカルチャーが世界を旅している，旅し得ている，ということの説明にもつながるだろう。それが世界で大成功しているのか，それともじつは文化ナショナリズム的幻想で，本当はニッチ産業にすぎない（大塚 2005）のかは別にして。本章の主題は，グローバル化のなかのサブカルチャーなのだが，それは日本と世界のグローバル化とは何か，というテーマに直結する。日本のサブカルが，なぜいま世界中を旅し，世界中の文化生産物とヨリ直接的な影響関係，というより相互触媒的で爆発的なインター・テクスチュアリティが流れ続けることになっているのか，日本サブカルの生産物が，世界の文化的生産物と，相互触媒的で強度のある影響関係にあるのか，ということを説明しているように見えるのである。

2 │ 現代社会と社会学における視覚論的転回

視覚論的転回

現代社会論との関連における第二の論点は，現代社会と社会学における視覚論的転回（visual turn）の議論である。この場合のvisualなものにはアニメや動画，音声や音楽などを含み，静止した画像のみを意味するのではない。近年，社会学ではJ・アレクサンダーや，D・バルトマンスキー，F・クラサワなどがこの議論を発展させており，彼らが依拠する美学評論分野での重要な研究者としてW・J・T・ミッチェルがいる。理論的淵源として，エミール・デュルケームの『宗教生活の原初形態』が重要である（デュルケーム 2014）。

この議論の要点は，外的でマテリアルなものに表現（物質化）された文化的生産物と，それを解釈する社会的な文脈は相互依存関係にあって，どちらか一方に還元されるものではない，という発想にある。そんなことは当たり前ではないか，と思われるかもしれない。しかし社会学は，そもそも現実や文化の物質的表現物に対する意味づけや社会的解釈に焦点を置くディシプリンであり，

その意味では，逆に物質的表現物それ自体の持つ人間社会に対する駆動力に，どのようにアプローチしうるのかということは，社会学の更新のための課題たりえるのである。

ミッチェルに『絵は何を望んでいるのか？（*What Do Pictures Want?*）』という，それ自体おもしろいタイトルの本がある（Mitchell 2005）。ふつう私たちは，私たち自身が絵に何を望んでいるのか，と考える。ミッチェルはこの問いを逆転させる。絵（ヴィジュアルなもの一般）の方が，私たちに何を望んでいるのか，何をしてほしいと思っているのだろうか，と。もちろんこれは，いいかえればヴィジュアリティと人間との関係の問題であり，しかもヴィジュアリティの側から見た関係である。ミッチェルはこの関係に三種類あるという。フェティッシュ，アイドル，トーテムである

フェティッシュは，私たちが特別のイメージやモノに魅せられ，憑りつかれることがある，そういう対象と人間との関係を指す。この場合のモノ（マテリアル）は，それ自体が問題ではなく，そのマテリアルなモノに張りついている，あるいはその質感に浸透しているイメージが問題なのである。イメージの方からいえば，私をあなたの身に着けてほしい，身体の一部になりたい（たとえば入れ墨，衣服，ハイヒール！），といっているのであり，人間はこの誘惑に抗しえない，ということになる。

アイドルの場合，その語源はもちろん偶像であり，「偶像崇拝」の「偶像」である。ここでヴィジュアリティは，私を神として崇拝しなさい，といっている。この偶像＝アイドルは帰依者を自分のまわりに従える。人々はこのアイドルに個人としての特別な愛を抱く。アイドルという偶像＝ヴィジュアルなモノが，諸個人にそうすることを命じ，欲しているのである。

トーテムの場合，あるマテリアル（たとえば彫像）に具現されたこのヴィジュアルなモノは，人々をして，自分のまわりに集まって一つの「部族」としての連帯を示しなさい，という。私はあなた方の共同体（仲間）としての連帯の象徴であり，私のまわりに集まり，その仲間としての一体感を確かめ合い，高揚する縁としなさい，と。

フェティッシュが個人の精神的な内奥の問題，アイドルも多分に個人に焦点のある特別の愛（崇拝）の問題であるのに対して，トーテムは直接的に社会学

的な主題である。これはまさにデュルケーム的な議論である。

　いずれにせよ，この議論では，主体（ヴィジュアリティと人間との関係における起点）はヴィジュアルなモノの方で，人間ではない。ヴィジュアルなモノにはそれ自体としての主体的な力があり，人間はそれによって動かされる。ミッチェルがいいたいのは，つまりそういうことである。

　ところが一方で，言語だけが本当に人間の思考を分節でき，モノゴトを批判する能力を持つとするスタンスは根強い。考えてみると，西欧の学問や哲学的伝統において，絵（イメージやヴィジュアルなモノ）は第一次的な重要性を持つものとはされてこなかった。プラトンは，洞窟の比喩を使って，その奥の壁に映（移）ろう映像（影）にごまかされる人間のおろかさを諭したし，ユダヤ教は，偶像崇拝を厳しく排斥することでつとに知られている。近代の入口でF・ベーコンはプラトンを発展させて「洞窟のイドラ」を含む四つのイドラ（幻影としての偶像）をいい，現代ではT・アドルノが，理性喪失の最悪の形態として，映像に惑溺するハリウッド的人間をまさに批判した。

　しかし，また一方で，ごくふつうの人間たちは，そんなことなどおかまいなしに，重要な表現手段やメディアとして絵を使ってきた。ラスコーの壁画から，中世のイコンやステンドグラス，そして現代のサブカルまで。これを批判するのは勝手だが，こうした事態がふつうの人々にとっての真実であり，社会的事実であることに変わりはない。社会学におけるvisual turnもこうした認識に根差している。

・・

社会的つながりと視覚論的転回

　アレクサンダーは，こうしたヴィジュアルなモノ自体が起点として持つパワーを「アイコン的経験」と名づけて社会学理論に持ち込もうとしている。有名なスポーツ選手（の顔や写真），売れっ子芸能人，誰もが知っている名画，家族にとっての大事な家族写真などは，アイコンなのである。彼は次のようにいう。

　　「社会的アイコンは，情緒，知識，そして価値づけに満ちたものである。我々はそれらを『崇拝し』，それらに『焦がれ』，そのためには『死んで』もよいと思うほどだ。物質以上のものとして，それらは，社会的に聖化されたものであり，ま

たときには同時に俗なるものである。……我々はそれらに触れ，飲み乾したいと思い，指をその肌に這わせたいと欲し，それらの内側で眼に見える形で喜びを味わいたい。我々は彼らで『ありたい』のである」（Alexander 2008a: 9）。

ヴィジュアルなモノとしての「アイコン」の持つ力についての，おそらくこれ以上に雄弁な記述はないであろう。彼はまた社会学者らしく，それが社会的なものである点を強調することを忘れない。

「アイコン的映像の経験は，我々がいかに社会的・物理的な環境の一部であり，我々を知る人々や知らない人々とつながっているのか，その紐帯の現実をいかに経験するのか，を説明するのである」（Alexander 2008a: 7）。

上述の相互触媒的な影響関係／構築関係のなかにあって，これらの主張は，物質化された文化としてのヴィジュアリティの側から，事態を描いているわけである。

・・

ヴィジュアリティとグローバル化

さて次のポイントは，こうしたヴィジュアリティというメディアによるコミュニケーションが，この現代社会，IT，スマホ，ソーシャルメディア，インスタグラムの時代に，ますます前景化し全面化しているということであった。社会学者の丸山哲央は次のように述べたことがある。

「情緒的なカセクシスを基盤とする表出的文化要素は，必要性を超えた欲望の対象として視覚的な記号とイメージの世界で絶えず再生産され，消費文化の中核を形成するようになる。デジタル方式による精巧な複製技術を伴ったシミュレーションは，写実的で視覚的であるため『説得力』をもって情緒的満足を充たすものを生み出す。つまり内面のリアリティと共鳴する。この説得力を維持しつつ仮想のシミュラークルは自律的に無限拡大し増殖する」（丸山 2010：175）。

このような主張は，タルコット・パーソンズの文化システム論の批判的乗り

越えという文脈においても行われており，表出的文化要素の現代における理論的発展という方向に向けられている。端的にいえば，文化的記号の分野で，行為の三つの志向性（認知的，感情的，評価的）の裡，どの志向性がグローバル化しやすいか，という議論である。認知的記号が，たとえば 1 + 1 = 2 のように閉じた内的論理（形式合理性）を有しており，グローバル化というより当初からの（ルール内的）普遍性を有していることは自明である。感情的（情緒的/カセクシス的）側面は，表出的文化要素の見直し/理論的発展と連関しており，その増大する理論的重要性がいわれているわけである。それは，評価的（道徳的）志向性（端的には宗教的信念など）よりも容易に共同体の境界を越えて横断する，つまりグローバル化しやすいであろうという論点である。

　ここでいわれていることは，アレクサンダーのいうヴィジュアリティ（アイコン的経験）は，今日ではデジタル化された文化的記号としていっそう強力に人々の内面に食い込む力を持ち，かつ瞬時にグローバル化する特性を持つということである。こうして，ヴィジュアリティの議論は，グローバル化との親和性という論点と内的に結合する。世界のサブカルチャーが日本において，日本のサブカルチャーが世界において，ある強度を持ったプレゼンスを有し，それはヨリ直接的な相互触媒的インター・テクスチュアリティの流れとしてある，ということの意味はここにある。ヴィジュアルな訴求力を第一次的な基盤とするサブカルチャーと，そのグローバル化の背景には，こうした「第二の近代」に共通する社会的諸条件がよこたわっている。

3 │ サブカル受容の実態研究

...

「日本サブカルチャー研究会」における経験的調査研究の設計

　これまで書いてきたことは，サブカルの世界展開を考えるときの，現代社会としての社会的諸条件や，グローバル化との関連の論点であった。こうした理論的検討それ自体も重要ではあるが，それは実態分析との連関や往復運動を伴って初めてその意義を確かめたり，修正し更新したりすることができるものである。冒頭で触れた「日本サブカルチャー研究会（JSSP）」は，これまでさまざまな調査研究を行ってきた。本節は，平井のデータ分析や，それをふまえた小島

による理論的検討や解釈に基づく国内外での学会報告の内容に依拠して論述するものである。

　JSSPは，海外機関との研究連携を図ってきた。パリの国立政治学院（Sciences Po.）のマンガ研究グループとの連携であり，彼らはすでに欧州各国からのメンバーによる研究グループを作り，そのグループを「ヨーロッパ・マンガ・ネットワーク（EMN; European Manga Network)」と称していた。彼らは2006年から欧州各地で調査を始めていた。イタリア（420件の調査票回収），フランス（370），ドイツ（340），スイス（76）の四ヵ国である（計1206件）。65項目15頁の質問紙調査票を作成し，インターネットでの配信・回収と，イベント会場での配布・回収を組み合せた方法を使った。項目は，一般の読者を含みながらも基本的にはコアなファンによる日本マンガの受容をめぐるものであり，受容者のライフスタイルや，メディアとの関わり方などにわたるものであった。

　JSSPは，このEMNによる先行調査との比較研究というプロジェクトをまず念頭に置いた。欧州のデータに対して，アジアにおいて同様の調査を行い，両者を比較しようと考えたのである。そのためにはまずEMNのデータ，それも生のデータの共有が必要であった。そして，アジアでの実態調査の設計段階から，このEMNの調査票との設計上のすりあわせを行い，有効に比較可能であるようにしたのである。これについては，当時EMNのメンバーでもあり，その後神戸大学社会学研究室に研究員として長く滞在することになったマルコ・ペリテッリを神戸に招聘し，彼と共同で開発することになった。しかしその場合にも，アジアでの調査のためには，JSSPとして独自にいくつかの再構成が必要であったことはいうまでもない。

　JSSPによるアジア調査は，次のように進んだ。2011年4月に中国・杭州，同年8月に香港，2012年2月に台北で行った。これらは主に各地でのサブカル関連イベントの会場において質問紙を配布し，その場で回収するという方法で実施された。したがって，対象はEMNと同様にコアのファンであり，基本的にはEMN調査との比較可能性を考慮した類似の質問項目を組み込んだものであった。杭州で100枚，その他の地域で200枚ずつ配布し回収した。

　また，この比較調査研究の一つの焦点は，マンガを読むという経験を通した「日本イメージ」の構成やその変容にあった。こうした日本イメージの構成に関

して，日本と欧州の場合でどのような異同があるのかというテーマである。そこには一つの興味深い仮説の検証という意図もあった。特にアジアでの実態調査においては，岩渕の「無臭性」の議論があり，その検討という問題があった（岩渕 2001）。しかし「無臭性」テーゼについては，じつはその議論そのものが重層的であり，その解釈もかなりの幅があり，一義的に定義することが難しい。この調査では操作的な仮説として，日本サブカルのコンテンツは「日本性／日本製という臭気が脱臭されているので，アジア諸国で広く受入れられやすかった」と，とりあえず端的に定義し，これを検証するという手続きをとることにした。以下でその概略を述べる。

・・・

東アジアにおける日本サブカルの受容分析

　JSSPが東アジア地域で実施した質問紙調査においては，日本イメージに関するいくつかの回答例を用意していた。自分たちの文化と「距離がある」，逆に「近い」，あるいは「伝統的である」「近代的である」「調和的である」「平和的である」「楽しく陽気である」「クレージーである」「すばらしい」などである。これらに対して回答者から千差万別の反応があった。こうした千差万別の回答から，いったい何が，主な，際立った，特徴的な傾向なのか，これを知りたいわけである。

　関連する先行研究として平井・小島（2019）があるが，単純集計など簡単な分析にとどまっていたので，本章ではもう少し踏み込んで検討するべく，数量化Ⅲ類を用いて分析する。図9-1はその結果であり，類似したイメージをプロットし，さらに回答者との関連性を分析した。図の左下部分では，「近い」「近代的である」「調和的である」「平和的である」「楽しく陽気である」「すばらしい」など類似した日本イメージが近接している。これらは，どちらかといえばボジティブ・イメージである。対して，それらとは離れているところに「暴力的である」「暗い」「クレージーである」「自己中心的である」などのネガティブ・イメージが近接している。加えて「伝統的である」と「遠い」がそれぞれ単体で位置している。

　これらの日本イメージと回答者との関連性を見ると，一見すればポジティブ・イメージの周辺に回答者が集中しているといえるかもしれない。しかし，ネガ

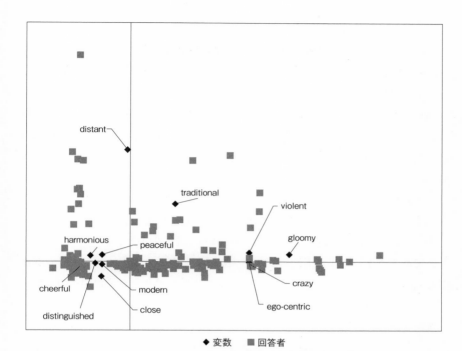

◆ 変数　■ 回答者

図9-1　東アジアにおける日本イメージに関する数量化Ⅲ類・プロット図

ティブ・イメージの周辺にも少なからず回答者が散らばっており，同時にポジティブ・イメージとネガティブ・イメージの間においてもかなり多くの回答者が位置している。つまり「平和的」「すばらしい」といったようなイメージを持ちつつも，他方では「暗い」「クレージーである」といったような相反するイメージを同時に持っているといえるかもしれない。こういった傾向は，たとえば「遠い」と「近い」の関係にも当てはまりそうである。そうであるならば，「遠い」＝自分たちと距離があると感じつつも，逆に「近く」親密に感じるといった双極のうえでの日本イメージがマンガを通して反映されている，つまり，「無臭」である（「日本くささ」はなく），漠然とアジア的であり自分たちと「近い」と感じる層と，「距離がある」と感じる層の二つのタイプがあることを意味しているともとれよう。

　しかし，これらを全体としてどう解釈するかは，次の問題である。まずはその前に，これと比較すべき欧州での結果の分析を見ておきたい。

・・・
欧州における日本サブカルの受容分析

　図9-2は欧州におけるマンガを通した日本イメージと回答者との関連性を示している。EMNの調査は東アジアでの調査よりもサンプルが多いので，より多くの回答者がプロットされている。また，東アジアにおける日本イメージ（図9-1）のようにはっきりした傾向が読み取れるわけではないため，ここではやや強引に近接し合っている日本イメージをまとめると，次のようになるだろう。すなわち，

　①「調和している」「若い」「ロマンティック」「クレージー」

　②「ダイナミック」「近代的」「精神的」「自由」「道徳的」

　③「奇妙な」「矛盾に満ちた」「感情のない」「問題のある」

などであろうか。いずれも，ポジティブなイメージとネガティブなイメージが混在しているイメージ群といえる。そしてこれらのイメージ群の周辺のみならず，イメージ群間においても多くの回答者が位置している。

　例をあげると，「調和の見られる一方でクレージーな」日本イメージを持ちつつ，一方で「近代的で精神的な」イメージを持つというように，①と②を架橋するような形で日本イメージを作り上げている様相が多く見られ，この他には「ダイナミックかつ感情の乏しい」や「ロマンティックで奇妙な」など，同類と相反のイメージが多く形成されているのかもしれない。

　これらをどう考えればよいだろうか。アジアの場合と同じく，ここでも双極への分離と結合が同時に見られるのである。また，これも一つの解釈にすぎないが，欧州ではイメージとしての「日本」に対する，ある種のエキゾティックな，踏み込んでいえば「ステレオタイプ」の受け取り方があるのだろうか。

　こうして，東アジアの場合と欧州の場合とを比較しつつ，全体としては，次のような所見を，もとよりあくまで一つの解釈として，暫定的にまとめておくことができるかもしれない。

　東アジアの場合も欧州の場合も，もちろん内容は異なるのだが，ある種の双極的な日本イメージのパターンがあり，その同時存在がある。東アジアの場合には，自分たちの文化と「距離がある（遠い）」と「近い」との双極であり，欧州の場合には，「精神的」「ロマンティック」というグループと，その次の強度

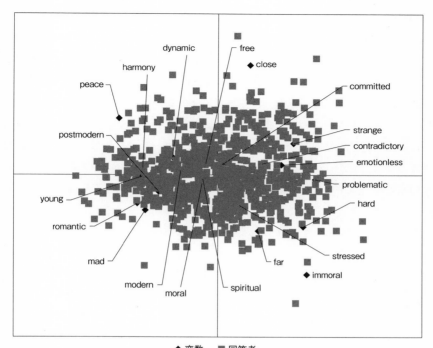

図9-2　欧州における日本イメージに関する数量化Ⅲ類・プロット図

のグループではあるが,「奇妙」「若い」「クレージー」といったグループへの分
離とその同居である。岩渕仮説に関して,東アジアの場合にいえることは,「無
臭性」が日本ポピュラーカルチャーのポピュラリティの要因であるかどうかと
いうことは,おそらく同地域における同じコアな受容者のなかでの,異なる層
やグループの違いに相関するであろうということである。つまり,あるグルー
プや層は,日本のサブカルを,同じアジアの文化であるにもかかわらず自分た
ちとは違うので面白いと感じているらしく,他の層やグループは逆に,同じア
ジアとしての親しみやすさを感じるファンであるということになる。これに対
して欧州の場合はどうか。「遠い」と「近い」という要素からいうならば,欧州
はまず全体としてアジアの場合より,日本から「遠い」。いわば「遠さ」が基本
としてまずそこにある。ポジティブなイメージの側にもネガティブなそれの側
にも,基本としてこの「遠さ」(アジアと比較しての話である)がある。それは,

「精神的」「ロマンティック」という側にも，「奇妙」「若い」「クレージー」といった側にもあろう。この場合，おそらくはポジティブなイメージの側にさえ，ノスタルジアの要素（「ロマンティシズム」と関連していよう）やエキゾティシズムの要素（オリエンタリズムと関連していよう）がないとはいえないであろう。

　さて以上は，何度もいうが，あくまで暫定的な一つの解釈である。異なる解釈はいくらでも可能だろう。また，JSSPが持っている生データのうち今回使用したのは一部であり，しかも解析の一つのアプローチであって，これ以外にもさまざまな角度からの再検討が可能であろう。さらには，本章の前半の理論編での論述と，後半の実態調査分析編とが，ぴったりかみあっているとは言い難いことも確かである。したがって，理論編をさらにリサーチ・プログラムとしてブレイクダウンし，データを見るさまざまな角度をもっと開発することもできそうである。たとえば，少しありふれているかもしれないが，メディアとの接触のあり方を通して，日常生活の断片化やヴィジュアリティの影響を，もっと直接的に尋ねる項目を立てたりすることである。今後やるべきことや，やれそうなことがまだまだありそうだということに触れて，本章を閉じたい。

追記
―

　日本サブカルチャー研究会の当時のメンバーは，小島奈名子，雑賀忠宏，大久保元正，田村周一，ガン・ショウホイであった。また，平井太規，アルバロ・エルナンデスらは，当時大学院生であったが，本研究会に専門的知識の提供を行い，組織の活動に貢献した。本章のもととなった研究の内実は，小島と平井による国内外での学会報告や分析成果，雑賀やエルナンデスの研究業績によるものであることを断っておく。

　本章の分担としては，理論編にあたる分析枠組やモデル構築については油井が担当し，アジア各地での現地実態調査によって収集したデータと，それに基づく分析結果の提示については，小島と平井が主に担当している。社会学として本体にあたる実態分析を小島と平井が担当し，油井が統括したので，著者名の順番は油井・小島・平井となっている。

参考文献
―

今西錦司　1980『主体性の進化論』中公新書。
岩渕功一　2001『トランスナショナル・ジャパン──アジアをつなぐポピュラー文化』

岩波書店。

梅村麦生　2017「文化社会学の視覚論的転回と社会的世界の視覚的構築——画像と図像
　　の議論から」『金城学院大学論集　社会科学編』14（1）：67-83。

大塚英司　2005『ジャパニメーションはなぜ敗れるか』角川出版。

ギデンズ，A　1993『近代とはいかなる時代か？——モダニティの帰結』松尾精文・小
　　幡正敏訳，而立書房。

デュルケーム，É　2014『宗教生活の基本形態——オーストラリアにおけるトーテム体
　　系』上下巻，山崎亮訳，ちくま学芸文庫。

平井太規・小島奈名子　2019「日本マンガの受容と対日イメージの構築——『サブカル
　　プロジェクト調査inアジア』の分析から」『社会学雑誌』35・36：201-210。

ベック，U　1998『危険社会——新しい近代への道』東廉・伊藤美登里訳，法政大学出
　　版局。

丸山哲央　2010『文化のグローバル化』ミネルヴァ書房。

丸山真男　1984「原型・古層・執拗低音」『丸山真男集　第12巻』岩波書店。

油井清光　2014「現代社会のヴィジュアル・ターンと東アジアの文化変容——ポピュラー
　　カルチャーが相互浸透する時代の東アジア像」田中紀行・吉田純編『モダニティの
　　変容と公共圏』京都大学学術出版会，243-268頁。

Alexander, J. 2008a. Iconic Experience in Art and Life: Surface / Depth Beginning with
　　Giacommetti's Standing Woman. *Theory, Culture and Society* 25(5): 1-19.

　　—— 2008b. Iconic Consciousness: The Material Feeling of Meaning. *Environment and
　　Planning D: Society and Space* 26: 782-794.

Beck, U. 2000. *What is Globalization?* Translated by P. Camiller, Cambridge: Polity Press.

　　—— 2006. *The Cosmopolitan Vision.* Translated by C. Cronin, Cambridge: Polity Press.

Beck, U. and E. Grande 2010. Varieties of Second Modernity: The Cosmopolitan Turn in
　　Social and Political Theory and Research. *British Journal of Sociology* 61(3): 409-443.

Kurasawa, F. 2007. *The Work of Global Justice: Human Rights as Practice.* Cambridge Univer-
　　sity Press.

　　—— 2012. Of Fields, Networks, and Structures: A Conceptual Apparatus for Visual
　　Analysis, paper presented at Conference 'Manga Worlds; Sub culture, 日本, Japanolo-
　　gy'.

Mitchell, W. J. T. 2005. *What Do Pictures Want?* The University of Chicago Press.

Yui, K. 2010. Japanese Animation and Glocalization of Sociology. *Sociologisl Forskning* 47
　　(4): 44-50.

旅するサブカルのネットワーク

　2005年ごろのこと，当時パリに12ヵ所ほどあったマンガショップ（MANGA SHOP）の一つでインタヴューを行った。インタヴューの前後を通して，子ども連れの客が途切れることなく訪れていた。子どもの一人は「忍者グッズ」を探して買っていった。マンガショップには，マンガ，アニメ，そのフィギュアだけでなく，この忍者グッズや東洋的なモノ全般も置いてあった。もちろんフィギュアなどにはハリウッドやディズニー関連のグッズもあった。大きなショーケースにフィギュアがところ狭しと並んでいた。

　店長は30代の東洋系の男性で，自分の店であった。彼はベトナムで生まれ，10歳ごろ家族とともにパリに移住した。彼はベトナムの少年時代にヤマハのバイクに出会った，という。こんなかっこいい乗り物がある！「日本」の製品らしい。いったい「日本」とは何なのだろう，というわけである。

　「日本のモノを扱うことが，爾来自分の夢になった。パリにはマンガショップがいくつもあるし，仕入れるルートもある。この店はまだ二年目だ。それほど高くなく手に入った。順調にいっている。見てのとおりだ」。

　その後，ある学位論文を読む機会があって，ここにはエスニック・ビジネスという観点がありうる，と気づいた。エスニック・ビジネスは，主に世界の大都市で，エスニシティのネットワークを活用して仕入れや製造，販売，顧客の開拓を図る小規模ビジネスである。世界における日本サブカルの存在については，オタク向けのニッチ産業のレベル（規模）であると一方でいわれてきたが，そうであるならば，そこには広義のエスニック・ビジネス研究の方法を援用できるのではないか，ということである。海外のサブカルはエスニック・ビジネスである，といっているのではない。その「分析方法」が使えそうだということである。旅するサブカルに対しては，こうしたネットワークが幾重にも張り巡らされており，それについて研究することも面白い。

Active Learning ｜ *アクティブラーニング* 9

（もしも日本のマンガ・アニメを海外で広める〔宣伝したり販売促進したりを含めて〕立場だったら？　と考えてみよう）

Q.1

どの作品を広めたいか考えてみよう

数ある日本のマンガやアニメのなかで，あなたならどれを選ぶだろうか？　まずマンガか，それともアニメか。そのなかのどのタイトルか。それを選んだ理由を書き出してみよう。

Q.2

どこで広めたいか考えてみよう

そのマンガまたはアニメを，どこの国で宣伝し広めたいと考えるだろうか？　アジアか，欧米か？　国や地域を特定してみよう。その理由は何だろうか。

Q.3

どのように広めるか考えてみよう

どのように広めようか。その方法について考えてみよう。どのような人や組織と接触するか，どのようなメディアや機会を利用するか，ターゲットとする社会層（老若男女，中産階層，オタク，エリート層など）は？

Q.4

なぜその戦略なのか説明してみよう

あなたが採用した戦略がなぜ有効なのか，全体として説明してみよう。

第10章

マンガが生み出す読者たちの共同体
メディア受容の社会学

雑賀忠宏

メディアを介した社会的なつながり

　今日，私たちはさまざまなメディアに取り囲まれて生きている。雑誌や新聞といった古典的な印刷出版メディアから，ラジオ・テレビのような放送メディア，そしてスマートフォンの画面からアクセスするインターネットまで——。私たちの日常生活における諸経験は，もはやメディアを介した経験と分かちがたい。イギリスのメディア研究者ロジャー・シルバーストーンが指摘するように，メディアは私たちの「日常的経験のテクスチュア」（テクスチュア＝織り目，表面的な質感や手触り）を構成しているのである（シルバーストーン 2003）。

　だからこそ，社会的なコミュニケーションの様態へと社会学的な関心を持って接近する際，メディアを介して構成されるコミュニケーションは重要な焦点として浮かび上がる。とりわけ，メディア上にあふれるさまざまな表現の「受け手（オーディエンス）」による営為と，そのなかで彼ら/彼女らが作り出す多様な社会的つながりのありようは，これまで多くの研究の対象となってきた。本章では，日本におけるマンガという表現－メディアを事例としながら，メディアを介したコミュニケーションにおいて，その受け手を社会学的にどう捉えるかを検討していく。

KEYWORDS　#メディア　#オーディエンス　#マンガ　#サブカルチャー

1│メディア研究における「受け手」像の変遷

メディアの受け手をどう捉えるか

　さまざまな形で私たちの日常生活を取り巻いているメディア。そこでは言葉や図像や音など，人々が生み出し，なんらかの意味を伝えるもの（「表象 representation」）が送り手と受け手の間でひっきりなしにやりとりされている。

　しかし，歴史的にその存在感を増してきたマス・メディアとそれを介したマス・コミュニケーションとに代表されるように，メディアを介したコミュニケーションにおける送り手と受け手はシンプルな一対一の関係だけではない。新聞や雑誌といった印刷出版メディア，そしてラジオやテレビのような放送メディアが社会全般へと浸透していくにしたがい，その受け手は具体的な個人や社会階層・社会集団として捉えがたい，不特定多数の人々の集合——「大衆（マス）」——として立ち現れてくることとなる。

　この顔の見えない匿名的な「塊（マス）」としてある受け手＝「オーディエンス」にどのような顔を描き込むかは（マス・）メディア研究の出発点の一つであり，議論の大きな焦点でもあった。

受動的で均質的な存在から能動的で多様な存在へ

　それでは，こうした捉えどころのない受け手に対して，どのようなイメージが理論上で思い描かれてきたのだろうか。その変遷を端的に述べると，「受動的かつ均質的な存在」から「能動的かつ多様な存在」へ，ということになるだろう。

　20世紀前半に立ち上がった大衆社会論における「大衆」への批判的イメージは，「受動的かつ均質的な存在」としての受け手像と強いつながりを持つ。アドルノとホルクハイマーが展開した「文化産業」をめぐる議論（アドルノ／ホルクハイマー 2007）などは，その連続性をよく示すものだといえよう。彼らの議論においては，「文化産業」によって広く提供される商品としての音楽や映画を享受する人々は，お決まりの表現やストーリーなど「規格化」された仕掛けを通じて送り手が想定したままに反応をコントロールされる，主体性を喪失した「退行的」存在として描かれる。人々は「文化産業」が押しつける予定調和的な心地

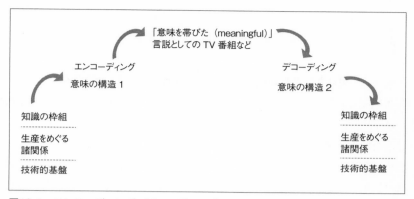

図10-1　エンコーディング／デコーディング
出所）Hall 1980: 120（引用者による翻訳）

よさへと囲い込まれていく，御しやすい一群としての「大衆」となるのである。

　送り手側が「受動的かつ均質的な存在」としての受け手＝大衆を一方的にコントロールするという非対称的な関係のイメージは，「強力効果説」や「弾丸効果説」と呼ばれるマス・コミュニケーション論の古典的モデルのなかにも見出すことができる。この議論においては，マス・メディアの発したメッセージは，弾丸を撃ち込むように人々へと直接的かつ強力に影響を与えるものとして想定されていた。

　しかし，こうした受け手側の受動性・均質性というイメージはその後の議論のなかで次第に再検討され，修正されるようになっていく。そして，従来の「受け手」像を大きく転換し，今日の研究でさかんに参照されるようになったのが，イギリスの文化研究者スチュアート・ホールの提唱した「エンコーディング／デコーディング」モデル（Hall 1980）である（図10-1）。

　このモデルにおいては，送り手側がテクストに意味を書き込む過程（エンコーディング）と，受け手側がテクストから意味を読み取る過程（デコーディング）は，それぞれが身を置く社会的・文化的背景からくる約束事（「コード」）に基づいて遂行される，どちらも相対的に自律したものだと想定される。受け手は常に送り手の想定通りに意味を受け取るわけではなく，むしろ自分たちの利害関心や社会における立ち位置のバリエーションにしたがって，送り手側の想定し

た意味をずらしたり，推し量ったり，ひっくり返したりしながら，自らの解釈をさまざまに創り出していく可能性が示されるのである。

・

受け手が生み出すもの――解釈・真正性・アイデンティティ

ホールのモデルは，メディア上の意味が社会を循環（circulate）していく過程において，受け手を能動的にふるまう存在として位置づけ直したという点で，のちの受け手研究に対して大きな意味を持っていた。

とりわけ重要なのは，「解釈の生産者」としての受け手の活動において，送り手側が想定していたのとは異なる意味解釈が生み出される可能性を明示したことにある。この論点は，「カルチュラル・スタディーズ」と呼ばれるイギリス発の研究潮流のなかで，ニュース番組や人気ドラマに対する受け手側の解釈がいかに多様かを調査する研究や，受け手側が送り手側の意図しない形で新しい意味を上書きし，自分たちの流儀へと換骨奪胎してしまう営みを指す「奪用（appropriation）」という概念を生み出していった（ターナー 1999）。

また，受け手が生み出す解釈＝意味は，受け手が「サブカルチャー」の共同体を形作る際の核ともなる。同じような解釈とそのための約束事（コード）を共有する人々が共同体を構成し，またそうした共同体はその流儀に則った解釈の仕方を新たな参加者にも共有させていく。このようなサブカルチャー的な共同体にとっては，送り手の意図や共同体の外部，主流派の解釈といかに異なっていても，彼らの共有する「ものの見方」こそがリアルで真正なものなのであり，そしてそれを共有しているということが，彼ら自身の「我々は何者なのか」という認識＝アイデンティティにとっての重要な身分証明としても働く。こうした共同体の典型的な形がポピュラー文化をめぐる「ファン」たちの共同体であり，そこでは外部とは違ったファン独自の価値観や規範，アイデンティティが構成されることとなる（Lewis eds. 1992）。

ホールのモデルをもとに議論を進めたイギリスの研究者たちは，しばしば特定のサブカルチャー的な解釈の仕方を提供する大元の基盤として，先立って社会のなかに存在する「階級」などを説明変数として持ち込んだ。一方で文芸評論家のスタンリー・フィッシュは，「解釈戦略」を制度的・慣習的に共有する「解釈共同体」という概念を提示したが，その共同体の境界線は客観的な要素へ

と還元できるものではないとしている（フィッシュ 1992）。メディアの受容とは，主体の社会における立ち位置の主観的な認識と，階級や人種や世代といった既存の客観的な社会的諸条件とのあわいに生起する社会学的な現象なのだ。

2 │ マンガ・メディアと読者たちの共同体

メディア文化としての〈マンガ〉

　今日の日本社会において，マンガはありふれた，日常的な娯楽メディアである。また，マンガはアニメやゲーム，テレビドラマ，映画，広告などとも結びついた総合的なメディア文化産業の領域を形成し，そのビジュアルイメージの循環は私たちの「日常的経験のテクスチュア」を構成する大きな要素となっている。

　しかし，マンガというメディアが日本社会のなかで常に今日のような形であったわけではない。メディアの受け手について考えようとするならば，さまざまな社会集団としての受け手たちの共時的な布置状況を捉える社会的視点とともに，その通時的な変遷へと注意を払う歴史的視点も不可欠だ。

　手塚治虫のように広い世代にその名を知られた作家の作品も，1950年代前後からリアルタイムでその作品に触れていった世代と，1989年の手塚の死以降に文庫版や全集などを入り口として個人的に出会っていった世代，そしてさらにのちのさまざまなパロディやお約束のルーツとしてその作品を見ることとなる世代とでは，やはりその受容＝解釈の経験は異なってくるのである。

〈子どもの読み物〉から〈若者たちの表現〉へ

　それでは，マンガ・メディアにおける受け手たちのありようはどのように移り変わってきたのだろうか。

　19世紀後半に西洋から日本へ流入してきた風刺画（カリカチュア，カートゥーン）という表現様式は，まず「ポンチ絵」として，次いで近代の「漫画」としてローカライズされていき，同じく西洋から入ってきた近代的メディアである雑誌・新聞と結びつきながら，大人を主な読者として明治期日本のなかで展開していった（清水 2001）。

　次いで，20世紀初頭に欧米圏で登場してくるコミック・ストリップ（新聞などの連載コマ割りマンガ）の影響を受けながら，日本でも1910年代には，コマや吹き出しを用いて展開する，物語とキャラクターたちを楽しむタイプのマンガ作品が登場してくる（織田小星・樺島勝一「正チャンの冒険」など）。政治や社会的な事件を取り扱うような風刺マンガに対し，これらの物語マンガは子ども向け雑誌や赤本などをその媒体としながら，主として〈子ども〉をその読者対象として差異化していった。

　そして戦後，物語マンガは〈子ども〉をその受け手とする読み物文化として爆発的に拡がっていく。手塚治虫の「鉄腕アトム」や「ジャングル大帝」は，まさにそうした時代の作品だ。一方，1955年の「悪書追放運動」のように，受け手たる子どもたちへの「悪影響」を危惧する親世代によるマンガへの批判も巻き起こった（竹内 1995）。

　この物語マンガと〈子ども〉との結びつきに大きな変化が起こったのが，学生運動をはじめ，日本に若者文化・対抗文化の波が大きくうねっていた1960年代である。

　1959年に創刊され，60年代を通じて100万部，150万部と急速にその部数を伸ばしていった『週刊少年マガジン』（講談社）の1969年9月7日号の巻末には，「早稲田大学学生の流行語」として「手には（朝日）ジャーナル，心に（少年）マガジン」という言葉が掲載されている。それは，本来は子どもたちのものだった週刊少年誌が，いまや大学生たちまでもその受け手となっているということを示すものであった。

　このように週刊少年誌メディアが従来の〈子ども〉から〈若者〉へと新たに受容層を拡大していった傍らでは，1967年の『ヤングコミック』（少年画報社）や『週刊漫画アクション』（双葉社），68年の『ビッグコミック』（小学館）に『プレイコミック』（秋田書店）など，青年向けの「コミック」誌が60年代後半に相次いで創刊されていく。

　マンガ・メディアの受け手が若者たちへと拡大していくという現象は，個別のマンガ作品で描かれるもののありようと，それに対する読者による意味解釈との変容にもつながっていった。たとえば，当時の若者に支持されたマンガ家の一人，佐々木マキが1968年に発表した代表作「うみべのまち」は，断片的な

イメージがコマごとに羅列された，従来の物語マンガからは大きく逸脱した作品だ（図10-2）。佐々木のこうしたスタイルは，手塚のような，子どもをその読者層として想定したマンガを発表してきた先行する世代の作家からは激しい批判を浴びた（佐々木 2011）。

一方で，『月刊漫画ガロ』（青林堂）1970年5月号に掲載された佐々木の初単行本の広告文は次のように，その読み手がある特定の受容集団＝「若い世代」であること，その受容集団にしか分からない意味があることを強調する。

図10-2　佐々木マキ「うみべのまち」より
出所）佐々木 2011：66。

「かつて，これほど非難・中傷・攻撃をあびたマンガがあったか！　戦後25年，1970年の"いま"佐々木マキは己が感情をストレートにぶちまける。"いま"にこだわる人々に佐々木のマンガは，何かを感受させずにおかないはずだ!!　模索し続ける若い世代とともに佐々木のマンガは在る」（『月刊漫画ガロ』1970年5月号：231）。

佐々木ほど極端な形でなくとも，若いカップルの物語を抒情的に描き「同棲」という言葉を流行語にした上村一夫「同棲時代」（上村 2005）や，政治や社会に対する若者の自意識を饒舌なモノローグによって前面へと押し出して支持を得た宮谷一彦「ライク ア ローリング ストーン」（宮谷 2018）といった1970年前後の作品群に窺えるように，〈若者〉という受容集団との結びつきは，マンガをその物語やキャラクターを楽しむ読み物としてだけでなく，若者たちの自意識や生活や青春，あるいは鬱屈や怒り，悩みが描き込まれ読み取られる，従来のタブーを打破する表現－メディアへと拡大していったのである。

‥
分化するマンガ読者共同体

　このように1960年代から70年代にかけて，青年向け「コミック」誌をはじめとする各種マンガ・メディアの拡大や作品＝表象の変容とともに立ち現れてきた〈若者〉という受け手集団からは，さらに自分にとってマンガの受容経験がどのような意味を持つものであったのかを能動的に位置づけようとする動きが起こった。主として10代半ばから20代前半の彼らは，大学のサークルの部室や喫茶店での友人同士の会話に留まらず，マンガ雑誌や自分たち自身で発行するミニコミ誌，そして70年代以降に登場してくる情報誌といったメディアを通じて，マンガについての語り＝意味解釈を共有しながら，従来の子ども読者層から差異化した読者共同体を形成していく。それは，互いに顔を合わせる対面的なコミュニケーションだけでなく，メディアを介して自分と同じような不特定多数の「仲間」の存在を感知することで支えられるものでもあった。

　文化社会学者の瓜生吉則は，こうした1960年代末から70年代にかけて形成されていった〈若者〉たちのマンガ読者共同体のありようを，『週刊少年マガジン』（講談社）と『月刊漫画ガロ』（青林堂），『COM』（虫プロ商事）という同時期の三つのマンガ雑誌メディアに即して検討している（瓜生 2005）。この三つの雑誌が媒介した読者共同体のあり方をここで端的にまとめるならば，①週刊誌上で連載される物語と週刻みで併走していくという，ライヴ感を伴うメディア受容経験の共有がもたらす『マガジン』の読者共同体，②同世代の描き手と読み手が作品を介して，そこに描き込まれ読み取られる「生活感覚」を共有していく『ガロ』の読者共同体，そして③既存の主流派的マンガの読者に対するマイナー的存在と自らを位置づけ，そうした自分たちのための表現としてマンガを追求・開拓していこうとする意識や情熱を共有していく『COM』の読者共同体，ということができるだろう。

　このようにメディアの受容態度とともに分化していった〈若者〉たちの読者共同体のありようは，その後マンガが日本社会における日常的なメディアとして浸透・拡散していくなかでもその多様性を引き継いでいるといえる。①のような読者共同体は，今日でも『週刊少年ジャンプ』（集英社）作品に代表されるような，その時々の話題作や人気作をめぐる広範な読者たちの受容経験の発信・

共有を基盤として存続している（また，その受容経験の即時的な共有はSNSなどの
ネットメディアによって促進されてもいる）。②のようなありようは，同質的な解
釈慣習に基づく「分かる」者同士によるコミュニケーションへ重きを置く，「サ
ブカル好き」や「おたく」的な読者集団へとスライドしていった。そして③の
ようなありようは，マンガ同人誌というメディアやコミックマーケットのよう
な同人誌即売会という場を基盤として，マンガを読み描くことを通じてマンガ
という表現あるいは特定作品への情熱を共有していこうという，アマチュアの
描き手＝読み手によるコミュニティという形でその命脈をつないでいるのであ
る（こうした読者集団のなかで生じる，特定のマンガ作品に対する解釈を表現様式と
してのマンガのなかで再生産＝「奪用」していく営みである「二次創作」については，
第11章を参照）。

3 ｜「受け手」をめぐるカルチュラル・ポリティクス
…
「国民的文化」としてのマンガ?

　以上見てきたように，日本においてマンガというメディアの受け手たちは，
1960年代以降の〈若者〉という読者層への拡大を契機として，マンガをめぐる
メディア経験をそれぞれに意味づけようとする多様な読者共同体へと分化して
いった。
　一方で1990年代頃から，マンガの受容はある大きな社会集団と結びつけて語
られるようにもなった。すなわち，「日本（人）」という国民国家的な枠組であ
る。手塚治虫の死の翌日，1989年2月10日に朝日新聞へ掲載された社説「鉄腕
アトムのメッセージ」の次のような書き出しは，その結びつき方をよく示して
いる。

　　「日本人は，なぜこんなにも漫画が好きなのか。電車のなかで漫画週刊誌を読み
　　ふける姿は，外国人の目には異様に映るらしい」（朝日新聞1989年2月10日付朝刊）。

　ここでは「外国人」という（大雑把な）カテゴリと対比される形で，「電車の
なかで漫画週刊誌を読みふける」マンガ読者の姿がそのまま「日本人」全体へ

と敷衍されている。

　このような「マンガは日本のユニークな国民的文化だ」「日本人はマンガが好きだ」という認識の枠組は，2000年代からの「クール・ジャパン」と呼ばれるような，文化ナショナリズムの色合いが濃い海外向けの公的文化政策の先触れでもあった。だがそこでは，マンガの受容や意味づけをめぐる読者たちの多様性は，のっぺりした「国民文化」のイメージによって覆い隠されることにもなっていく。

•••

「有害コミック」問題における受け手のポリティクス

　マンガをめぐる多様な読者集団の存在と，1990年代から浮上してくる一枚岩的な「国民文化」のイメージとの食い違いは，その一元化された「立派な文化」の受容者イメージからは逸脱するような，「おたく」たちをはじめとする特殊なマンガ受容のあり方に対する社会的な抑圧と衝突をも生み出した(Kinsella 2000)。

　そうしたマンガの受け手集団をめぐる「カルチュラル・ポリティクス」（文化や意味の領域をめぐって展開される社会的な衝突や交渉）の事例として，「有害コミック」問題を取り上げてみよう。この問題は，まさに「国民文化」としてのマンガについての語りがマス・メディア上で増殖しつつあった1990年代前半に起こった。これは1990年から93年ごろにかけて，マンガにおける性描写とその表現規制の是非とが社会問題化していった出来事であった（中河 1999）。「性」を「商品化」し，読者へ悪影響を与える女性蔑視的な「貧しい漫画」（朝日新聞1990年9月4日朝刊社説「貧しい漫画が多すぎる」）が氾濫しているとの批判が，マス・メディアや市民団体から起こっていった。

　この出来事のなかで批判の焦点となった作品の一つが，遊人「ANGEL」である。高校生から大学生を主な読者層とする「ヤング誌」である『ヤングサンデー』（小学館）に連載されていた本作は，1980年代から少年マンガにおいてブームとなった「ラブコメ」の様式を引き継ぎつつ，スケベな主人公がさまざまな女性と肉体関係を持つなど，そこに一歩進んだ「お色気」「H」要素を盛り込んだものであった。だが，本作は市民団体による批判の高まりとともに和歌山県などの自治体から有害図書指定を受け，連載も一時休載する。

　一方，「ANGEL」休載中の『ヤングサンデー』は1990年12月14日号と12月28

日号の二号にわたり，「有害コミックってなんなんだよ〜!?　『ANGEL』問題を考える」という特集を組んだ。特に後者の号では，識者による賛否両論だけでなく，「ボクらは黙っていられない!!　現役高校生白熱座談会」として，7名の高校生男女による「ANGEL」についての発言を掲載している（『ヤングサンデー』1990年12月28日号：91-93）。

　注目したいのは，この座談会において「ヤラシイんだけど，なんか笑える」「けっこうオチがあって，笑えたな」「『ANGEL』はみんな笑いながら読んでますよ」というように，「笑える」という作品解釈が参加者から多用されている点である。それは，「性の商品化」「女性蔑視」「少年少女向けの性（セックス）コミック雑誌」といった形で批判側＝読者共同体の外部から「性描写」を中核に定義され押し付けられていったマンガの受容経験を，「笑える」という異なる意味解釈の生産と共有とを通じて受け手の側からずらしていこうという，抵抗の身振りであった。

　その解釈＝意味生産をめぐる身振りには，保護者団体など親世代を中心とした作品批判側による，「保護」の対象として主体性を持たない〈子ども〉というカテゴリへと「ANGEL」読者を囲い込もうという動きに対する，〈若者〉という起源から派生していった読者共同体としての「ボクら」の主体性や自律性を守りたいという座談会参加者たちの反発が窺える。それは一見ささやかな反発であるが，こうした日常のささやかさのなかに，受け手たちのサブカルチャー的共同体をめぐるポリティクスが埋め込まれてもいる。そうした手がかりを丹念に読み解くこと――それが，いかに社会のなかで人々がメディアを受容し，そこからどのような社会的なつながりが生じているのかを捉えるためには求められるのだ。

――――――――――――

参考文献

―

アドルノ，T／M・ホルクハイマー　2007『啓蒙の弁証法――哲学的断想』徳永恂訳，岩波書店。
上村一夫　2005『同棲時代』復刊ドットコム。
瓜生吉則　2005「読者共同体の想像／創造　あるいは，『ぼくらのマンガ』の起源につい

て」北田暁大・野上元・水溜真由美編『カルチュラル・ポリティクス1960/70』せ
　りか書房，114-134頁。

佐々木マキ　2011『うみべのまち──佐々木マキのまんが1967-81』太田出版。

清水勲　2001『日本近代漫画の誕生』山川出版社。

シルバーストーン，R　2003『なぜメディア研究か──経験・テクスト・他者』吉見俊
　哉・土橋臣吾・伊藤守訳，せりか書房。

ターナー，G　1999『カルチュラル・スタディーズ入門──理論と英国での発展』溝上
　由紀他訳，作品社。

竹内オサム　1995『戦後マンガ50年史』筑摩書房。

中河伸俊　1999『社会問題の社会学──構築主義的アプローチの新展開』世界思想社。

フィッシュ，S　1992『このクラスにテクストはありますか──解釈共同体の権威3』
　小林昌夫訳，みすず書房。

宮谷一彦　2018『ライク ア ローリング ストーン』フリースタイル。

Hall, S. 1980. Encoding, Decoding. In S. Hall, D. Hobson, A. Lowe and P. Willis (eds.),
　Culture, Media, Language: Working Papers in Cultural Studies, 1972-79. Routledge,
　pp.117-127.

Kinsella, S. 2000. *Adult Manga: Culture & Power in Contemporary Japanese Society*. Curzon
　Press.

Lewis, L. A. eds. 1992. *The Adoring Audience: Fan Culture and Popular Media*. Routledge.

マンガの展示を作る
メディア・テクストをめぐる経験をどのように扱うか

　近年，マンガが美術館などにおける展覧会として取り上げられることも多い。一方で展示会場という場は，雑誌や単行本で作品を読むという私たちの日常的なマンガ受容の経験とは，まったく異なる状況や文脈へとマンガというメディアを置くことにもなる。それゆえに，マンガに関する展示を作るという作業は，そのマンガがいかに読まれているのかということを意識したうえで，そうした人々の日常的な受容経験をどう扱うのかという問題と切り離すことはできない。

　筆者は2014年から京都国際マンガミュージアム（京都市中京区）において研究員として，いくつかのマンガに関する展示の企画制作へと他の研究員やスタッフとともに携わってきた。ここでは，そうした展示のなかでも「マンガと戦争展──六つの視点と三人の原画から」（2015年5月6日〜9月6日）を事例として取り上げてみたい。

　マンガと戦争とをめぐっては，すでにステレオタイプ的なその受容のイメージが社会のなかにある。すなわち，「反戦マンガ」である。たとえば中沢啓治『はだしのゲン』については，これを「原爆の悲劇」の物語として読み，そして「平和の大切さ」について思いを新たにする，という典型的な受容のイメージがあげられるだろう。

　しかしながら『「はだしのゲン」がいた風景──マンガ・戦争・記憶』（吉村・福間編 2006）でも触れられているように，『はだしのゲン』は学校の図書室や教室文庫のなかで，「原爆の悲劇」としてだけではなく「怖いマンガ」としても読者に興味を持たれ，あたかもホラー作品であるかのように読まれていた。「マンガと戦争」展は，「反戦マンガ」のような固定化されたイメージに覆い隠されてしまいがちな，受容のこうした多様性を観覧者へと提示することを企図した。またそのために，一つの定型句や紋切り型，そして一つの「傑作」のイメージへとマンガと戦争との関わりを押し込めてしまわない，ということを心がけた。

　結果として，キュレーションに携わった筆者を含む３人の研究員は，「原爆」「特攻」「満州」「沖縄」「戦中派の声」「マンガの役割」というように分けられたテーマのなかで，さらに異なるアプローチ，異なるジャンル，異なる文脈から描かれているものをそれぞれ四作品ずつ集めて展示する，という手法をとった（筆者はこのうち「満州」と「沖縄」のキュレーションを担当した）。また，従来とは違ったアプローチで戦争を描き注目を集めている３人の作家（今日マチ子，こうの史代，おざわゆき）の原画を併せて展示した。

　こうして制作された「マンガと戦争」展は，戦後日本における「戦争を描いたマンガ」の多様性を提示するとともに，観覧者へ向けては日常性のなかに埋没してしまいがちなマンガ受容経験について，異なる文脈や異なるアプローチの作品同士を展示会場という特殊な場で同時に目にすることによって，あらためて振り返ってもらうものとなった。

　一方で，会場に設置したアンケートには，海外からの来館者による「なぜこれらの作品に描かれているのは，戦争の〈被害者〉としての日本人の姿ばかりなのか」という指摘もあった（京都国際マンガミュージアムは海外からの来館者も多い）。そうした指摘からは，マンガにおける「戦争」のイメージの表出－受容をめぐる多様な経験が，しかし根底のところでは「日本人」のような，より大きな社会的集団の枠組へも紐付けられ，方向づけられていることが浮かび上がりもした。

参考文献
—
吉村和真・福間良明編　2006『「はだしのゲン」がいた風景——マンガ・戦争・記憶』梓出版社。

Active Learning ｜ アクティブラーニング 10

Q.1

メディア・テクストの多義性──複雑なマンガ表現を読んでみよう

マンガ家・こうの史代の短編「古い女」（『平凡倶楽部』所収，平凡社，2010年）を誰かと読んで，その内容についての解釈を話し合ってみよう。また，その解釈が，マンガとしての表現技法とどう関係しているかを考えてみよう。

Q.2

メディア受容経験の日常性──自分の経験を意識してみよう

自分が日常生活のなかで，どんなメディアに，いつ・どのように・誰と（あるいはひとりで）接しているかについてノートを作ってみよう。また，そうして意識した現在の自分のメディア受容のあり方が，自分の生活環境や社会的地位の変化（進学など）によってどう変化してきたのかを考えてみよう。

Q.3

メディア受容とジャンル──ジャンルによる差異を考えてみよう

少年マンガ誌・青年マンガ誌・少女マンガ誌・女性マンガ誌をそれぞれ一冊ずつ買ってきて，内容を比較してみよう。掲載作品の設定や傾向だけでなく，広告や読者ページについても比較してみた場合，どのような違いがあるだろうか。

Q.4

受け手たちの共同体──受容経験を共有できる範囲を考えてみよう

あなたは自分が好きなマンガやアニメ（あるいは映画や音楽など）について，家族や友人とその経験を共有する＝話題にすることができるだろうか。もしためらいを感じるなら，それはなぜだろうか。その違いの理由について考えてみよう。

第11章

情報，趣味と表現活動
情報プラットフォームの社会学

———

エルナンデス　アルバロ

情報から社会を見る

　コミュニケーションの手段であるメディアや情報技術は私たちの日常生活の隅々に浸透して空間を形成し，私たちのコミュニケーションに形を与えている。現在「プラットフォーム」と呼ばれるようになったものは，アーキテクチャー，つまり建築と例えられることもある（Lessig 2006）。建物を想像してみよう。家族生活や一人暮らし用に作られた建物があり，勉強や仕事のために建てられた建物もある。どんな建物にもその使用目的に適した特定の建築があり，またその建築は建物での人々の活動を円滑にしたり，場合によっては妨害することもある。つまり，建物は私たちの活動に密かに形を与える一つの構造である。

　通常，部屋から出ようと思ったら，意識することなく扉から出る。ところがもしトイレへ行きたいのに扉が開かなければ，扉を意識するだろう。建築は当たり前過ぎるものであるため，その存在自体が忘れられることが多い。ところが何か問題があるとき，その建築が持つ強力な強制力が見えてくる。情報社会と呼ばれている現在の社会においても，情報というものが私たちのコミュニケーションに形を与える透明な構造をなしている。そのなかで，伝達とつながりの技術の進歩は，そういった構造が私たちに提起する問題をますます緊急なものとしている。この章においては特に趣味と表現活動に着目しながら，情報社会が私たちに提起するいくつかの問題への導入を提案する。

KEYWORDS　#情報社会　#趣味　#表現活動　#プラットフォーム

1 ｜ メディア環境と情報の特徴から社会を見る

情報社会が提起する問題

　情報社会というのは，情報そのものが社会において中心的な役割を果たすようになっている社会のあり方を意味している。マニュエル・カステルによれば，情報社会においては情報の生産と処理，伝達が社会における生産力と権力の源泉になるという（Castells 2010）。グーグルやアップル，アマゾンなどの巨大IT企業はそうした権力の例である。私たちは今，そのような技術や企業が作り上げるメディア環境のなかで生きている。特に趣味とコミュニケーションの領域では，情報技術の影響が強い。

　そうすると，まず「情報とは何か？」という質問がやってくる。情報がなければコミュニケーションが不可能というのは感覚では分かりやすいが，情報とコミュニケーションは同じものではないということを意識する必要がある。コミュニケーション行為においては，情報は伝達されるメッセージの「中身」であると考えることができる。社会を見るときに，情報とコミュニケーションはそれぞれ異なる問題を提起する。コミュニケーションの場合，それは特定のメッセージの意味が理解されるか誤解されるかという問題であり，またはメッセージの解釈を一つの特定の解釈のみにするという制限などのような問題である。このような意味解釈の問題は，メディア・プロパガンダやイデオロギー闘争，文化産業における広告や表現の技法，価値観の共有や異文化の理解や誤解，それに個人，集団やナショナル・アイデンティティなどのような領域の問題である。

　それに対して情報が提起する問題は意味解釈のレベルではなく，その前の段階である。これはつまり伝達とつながりの問題である。情報は発信側から受信側に正しくかつ効率よく伝達できるか否かという，いわば「ノイズ回避」というシンプルな問題である（Terranova 2004）。いいかえれば，発信側と受信側をうまくつなげることが，情報にとって中心的な問題である。なぜ，現在，このような工学や技術的な問題が社会科学において注目を浴びているのだろうか。伝達とつながりの技術はコミュニケーションの基盤を提供することによって，イデオロギーの由来や価値観の問題を問わない形で，私たちの社会を制御し，

形を与える「透明」な勢力であるからだと考えられる。

・
文化の民主化の理想と透明な情報空間

　「伝達とつながりの技術」の社会科学的な意義を見る際に，よい例がある。米国の雑誌『タイムズ』は毎年，雑誌の編集者の判断でその年に一番活躍した人物や団体などの写真を表紙にする習慣がある。これを「パーソン・オブ・ザ・イヤー」と呼んでいる。2006年号の表紙はパソコン画面の写真であり，その画面には「You」と書かれている。2006年はユーチューブという新しい動画投稿サイトがグーグルに買収された年であり，ウィキペディアやマイスペースというインターネットサイトが「新たな民主主義」の一例として注目された年でもあった。「ネットでは，カメラがあれば誰でも歴史を変える力がある」(McGuigan 2009: 84) という内容の記事も掲載され，「情報時代をあなたは支配する。あなたの世界へようこそ」と『タイムズ』の表紙は主張した。インターネットによる伝達とつながりの技術の進歩を取り上げ，2006年のパーソン・オブ・ザ・イヤーは「あなた自身」であると『タイムズ』が判断したのである。

　『タイムズ』の表紙が指摘する「メディアの民主化」とは，個人の表現の自由と公的な場と見なされるネット空間における情報発信への「参加」の大衆化のことであり，その大衆化を可能にする情報技術の政治的な側面を強調するものである。遡ってみれば，文字の発明や印刷革命などに対しても似たようなことがいえる。そうすると，今注目される情報技術への関心はどこから来るのだろうか？　その一つの理由は，インターネットで作られた情報空間がますます，単なる情報交換の手段ではなく，「活動の透明な空間」と見なされるようになったからであるといえる。特定のイデオロギーや価値観などを埋め込まない，単に情報の伝達とつながりを支えることで，社会運動やあらゆる活動の場を作り上げるという役割が今，情報技術が作るメディア環境に求められるようになっている。

　ユーチューブの例を見てみよう。2007年にバイアコムという米国の巨大メディア・コングロマリットが，著作権侵害を訴えユーチューブとグーグルに対して裁判を起こした。ユーチューブは米国のデジタルミレニアム著作権法において責任を逃れられると主張して勝利した (VerSteeg 2007)。興味深いのはユー

チューブが人々にプラットフォームを提供しているだけであり，アップされる動画の「中身」に対する責任はない，と主張していることである。この訴訟においては「プラットフォーム」という言葉に「文化の民主化」という政治的な理念がたくましく使用されていることが分かる（Gillespie 2010）。コミュニケーションを支える民主的なツールは「単なる透明な土台である」という論理である。

・

代替的事実と切断を生み出すつながり

　ネットで広がる地球平面説，排他主義やあらゆる陰謀論，またはヘイトスピーチを呟く AI も，特定のイデオロギーに染まっていない透明な情報技術に支えられている。2017年に米国の政治家が「明らかな虚偽」であると主張した情報に対して，別の政治家は「代替的事実（alternative facts）」であると反論した（Swaine 2017）。広く批判された「代替的事実」というこの表現は，情報技術が提供してくれる「私たちが見たい現実」を表すものになった。情報技術が生み出した情報氾濫という現在の状況においては，最もインパクトのある情報，分かりやすい情報，受信者にとって都合のいい情報や聞きたい情報だけが目立ち，拡散される。「メディアの民主化」が評価された約10年後，プラットフォームに明確なポリシーや価値観の宣言が求められ，「伝達とつながりの技術」の中立性や透明性こそが問題視されるようになってきた。

　インターネット上のプラットフォームと呼ばれているサービスのおかげで，情報通信のみならず，不特定多数の他者との相互作用の可能性が拡大されている。異なる価値観や世界観を持つ人同士のコミュニケーションが活発になるにつれて，異文化理解やコスモポリタン社会を促進する可能性が広がった反面，閉鎖的な空間の拡大も見られる。たとえば，グーグルのアルゴリズムによって情報伝達の効率が上昇し，ユーザーの検索履歴などに合わせてカスタマイズした情報提供ができるようになっている。これにより，ユーザーの趣味や志向に合わせた情報の個人のバブル，いわゆる「代替的事実」が作られているといえる。人間のネットワークを作るプラットフォームも同じように，私たちを中心にした類似性の高い人間のネットワークを作るようになっている。

　現在私たちが直面している「情報化するコミュニケーション」の問題を「プラットフォーム」の例から見ると「信頼性」の問題が見えてくる。社会には共

通の価値観，世界観，または政治的な共同体など，他者同士の信頼性を担保する共有の基盤が必要とされている。インターネットの場合，多数の他者同士の相互作用は「プラットフォーム」と呼ばれているものによって担保されている。プラットフォームを信頼すれば，他者を信頼しなくても，相互作用が可能になる。プラットフォームは便利な反面，コミュニケーションにおける「理解」を必要としない「つながり」は，閉鎖空間のような「自分だけの現実」という「切断」を促進する側面もある。

2 ｜ 趣味でつながる

個人のバブルとコミュニケーションの背景

　趣味というものは個人的な志向を中心にするので，その研究は公的（パブリック）な生活と区別して扱われることが多い。ゲームやマンガ，アニメ，音楽などのような文化商品の愛好家を含むファンに関わる研究はその一つの例である。ファンというものは個人の趣味に極端に没入する傾向もあるため，個人主義の典型例になりがちであり，その社交性が否定されることも少なくない。しかし，趣味に目を向けることなく情報社会が提起する公的生活の問題や社会生活の問題などを理解することはできない。上述した「個人のバブル」を趣味の一つの例として扱って，情報社会における趣味とつながりについて考えてみよう。

　ここで個人のバブルと呼んでいるものは，個人の特定の趣味や志向を中心にして形成される，一定の閉鎖的な人間ネットワークやそういったネットワークで共有される一連の文化商品や情報などである。特定の趣味や志向を中心にして形成されるため，ある程度一貫性を保っており，また均等的な性質もある。こういった「バブル」には注目したい三つの役割がある。それは情報伝達の効率を上げるという役割，所属意識を与えることができる役割，そして活動を円滑にすることができる役割である。

　まず情報伝達の効率の上昇について述べる。個人の「バブル」はコミュニケーション行為における一つの背景を形成するので，その背景には相手とのコミュニケーション行為を正しく「解読」できるような重要な情報がある。同じ背景を共有するとコミュニケーションが円滑になる。友達同士の場合は話が早いが，

他人同士の場合は話が通じないこともある。こういうごく当たり前なことにあえて注目すると興味深いことが分かる。友達同士におけるコミュニケーションの場合は必要な情報量が少なく，他者同士の場合は必要となる情報量が比較的多くなる。これを情報伝達の遂行性から見れば，他者同士のコミュニケーションを避ける「個人のバブル」の増加傾向が分かる。さらに，友達同士のコミュニケーションは情報交換をもはやほとんど必要としない場合もあり，共有の感覚を生み出すこともある。共有の感覚に基づくコミュニケーションをレトリックと見なすことができる。

ファンの再評価と居場所を作るコミュニティ

　趣味を基準にして同じ感覚を共有する人々の集団は，1980年代後半ごろから「ファンコミュニティ」または「趣味のコミュニティ」と呼ばれるようになった（Jenkins 1992）。テレビのSFドラマのファン，ロックスターなどアーティストのファン，またはスポーツのファンなどは，コミュニティを作る，またはコミュニティになりうる基盤であるという自覚がなくても形成されているという主張である。この主張の背景に「消費」と「大衆」という二つの言葉への批判がある。

　20世紀冒頭においては，新聞に続き，映画やテレビ，ラジオなどの大衆コミュニケーション技術が発展した。そうした大衆コミュニケーションは20世紀前半の戦争や社会運動などにおいて，マス・プロパガンダとして著しく発展した。また，戦争や政治的な動員という目的がない場合においても，大衆メディアや動員の技法は商業文化を支える広告手法として発展したのである。こういった歴史的な経験を踏まえ，「大衆」は個人の判断力を失い集団の意向に流される〈非合理的〉な群として描かれ，また文化商品の消費者は市場や企業によって疎外され，個人や社会とのつながりを失った孤立したものとして描かれた（Adorno 1938, Macdonald 1960）。この視点から見れば，消費文化や大衆社会において最もそれに飲み込まれているように見える「ファン」というものに，何らかの固定的な側面を指摘する研究者はほぼ存在しなかった。

　ところが1960年代や70年代における反権威主義的なカウンターカルチャー運動の経験を踏まえ，大衆文化における革命的，また革新的，少なくとも批判的な側面も指摘されるようになった。ファン集団に一種のコミュニティを見出す

という観点はカウンターカルチャーの延長線上にあるものだった。

　1980年代から注目されるファンのコミュニティには基本的に二つの特徴が指摘されている。一つはそのメンバーに一種の帰属意識を与えることである。これは仲間意識と見てもいいし，または「居場所」として記述されることも多い。肝心なことは，「個人」により広い「何か」に帰属するという気持ちを与える点である。その「何か」は趣味の世界や人的ネットワーク，あるいは想像上の仲間であってもいい。もう一つの特徴は「活動」と見なされる，コミュニティメンバーの能動的な振る舞いである。

趣味を中心にする参加型文化

　ファンやそのコミュニティの研究において一つのトレンドを形成した米国の研究者ヘンリー・ジェンキンス（Jenkins 1992）は，ファン文化を「参加型文化」と名づけた。なぜなら，ファンというものは趣味の対象である文化商品を素材にしてさまざまな遊びや活動を行い，最終的にその活動を基盤にコミュニティ意識を築いていくと主張したからである。この「参加」という言葉にはむろん，表現の民主化運動の理想が込められている。

　ジェンキンスは1980年代末のSFのテレビドラマ・ファンが，番組のキャラクターやストーリー要素を借りて，遊びでサイドストーリーを作り，またそうしたストーリーを絵本やマンガ，または小説の形にして，自費で出版し，他のファンと共有する活動を分析した。70年代から日本でさかんになってきた，特定の作品をもとにしたアマチュア・マンガにおける二次創作も同様である。

　マンガやテレビドラマなどのような20世紀の文化産業は生産者と消費者のはっきりした区別を生み出した。ところが，ファンという熱心な消費者はその区別を突破し，文化生産と文化消費を一つのプロセスとして扱っているとジェンキンスなどは主張している（Jenkins 1992, Hills 2003）。

　この非常に貢献的なファン像に対してはさまざまな批判もある。たとえば，ファンの活動は自己を中心にしているため，ナルシシズムの一種であり，文化表現の民主化に貢献できないという批判（Sandvoss 2005）や，ファンの参加は消費システムによって促され管理されているため疎外であることに変わりはない（Fuchs 2017），という批判もある。開放的または疎外的な性質があるにせよ，

情報の特徴から見れば，比較的閉鎖的な「コミュニティ」は「活動への参加」のハードルを下げることが分かる。単純化していうと，狭い世界である「個人のバブル」は，コミュニケーションの面で世界を分かりやすくするだけでなく，そのなかで私たちに居場所を与えてくれる。似たような趣味や価値観を持つ集団に囲まれるということは，ローカル・コミュニティと似たような形で，一種の安全装置のような働きがあり，表現を含めさまざまな活動が起こりやすくなる。逆に，集団の境界線や価値観が不明確になると表現しづらくなる。無限に広がりそうなネットワークでつながる現在の情報社会において，ローカル・コミュニティのような性質を持つ趣味のつながりが公的生活の重大な課題になっていることは不思議ではない。

3｜表現活動とプラットフォームの経済

…

集合知識とメディア表現の手段と資源

「参加型文化」とともに「集合知」，つまり集合的に作られる知識という表現が人気になっている。その典型例がネット上の百科事典ウィキペディアである。無数の人が協力し，共同で知識を作り拡大させるという現象を記述する表現である（Lévy 2013）。ところが少し考えると，これは奇妙な表現であることが分かる。たとえば「文化」という言葉の意味を考えてみよう。文化人類学が広い意味で考える文化の概念は，自然界と人間の世界を区別する概念である。文化は，本能と対立し，学習によって人間集団が過去の世代から学んで次の世代に伝達する知識や行動様式などのことである（Harris 1968）。つまり，あらゆる知識には集合的な性質がある。

現在において「参加型文化」や「集合知」という二つの表現が持つ人気度を考えると，一つの皮肉が明確になる。それは電子情報伝達のこの時代に生きる私たちにとって，文化への参加や知識の集合的な生産は，もはや当然なことではなく，むしろ強調する必要のある文化の特徴になっている。正確にいえば，「参加型文化」と「集合知」の表現は「文化」や「知識」ではなく，「メディア」を意味している。メディアは文化や知識と違って，独占可能な資源と手段であるからこそ，その大衆化は重要な課題である。

　小説や詩の執筆，マンガまたはアニメーション，動画や音楽などは表現活動の例であり，表現能力や適切なメディア環境へのアクセスを必要とする。ユーチューブやツイッターはメディアへのアクセスを提供するサービスであるが，表現能力は練習によって学習するしかない。他の表現を真似てコピーするうちに，その技法や方法論を身につけ，ときには個人が斬新な表現を発見することもある。趣味の領域で見られるアマチュアリズムも表現形成のプロセスの一環であり，いわゆる作者性やオリジナル性も集団創作の連鎖における一環である。文化産業においても注目されるアマチュアとプロフェッショナルの連続性（Abercrombie and Longhurst 1998）から見ると，「集合知」を考える際にはメディア手段へのアクセスだけではなく，メディア表現という資源へのアクセスも考える必要があることが分かる。

•••

文化商品の氾濫とユーザーの商品化

　インターネットで趣味の表現活動を行う人々の間では，自己表現という目的より，相手とつながるという目的の方が目立つことがある。メディア表現は自己表現でもあり，社会的なつながりを作る手段と資源でもある。このプロセスをユーザーとプラットフォームが作る仕組みからアプローチしてみよう。

　情報社会の一つの特徴は情報の氾濫である。蓄積し続ける文化商品はその情報の大きな部分を占めている。文化商品は他の商品と違って，消費によってなくなることがない。たとえばパンを食べるとそのパンはなくなるが，映画を見ても，本を読んでも，その映画やその本がなくなることはない。さらに，現在のデジタル技術は文化商品の再生産と流通コストを圧倒的に下げてきた。この状況は一種の「豊かさ」を生み出す反面，無限に見える供給状況が商品の価値を下げている。これは経済が「豊かさ」ではなく「欠乏」や「不足」を基準にするからである。そう考えると文化商品の氾濫という状況は一つ重要なことを教えてくれる。それは，情報社会においては「供給不足な商品」は情報など文化商品ではなく，文化商品と接触する消費者の時間だということである（Citton 2017）。

　文化商品へのアクセスを制限することで，疑似的な「供給不足」が作られ，コンテンツの販売が行われるが，ネット上で拡散する無料サービスは，人々が

プラットフォームに費やす時間，つまり人々の「注目」から利益を上げる仕組みをとっている。ユーザーの注目から広告ビジネスが展開され，またユーザーの活動から得られる情報がビッグデータとして売られ，広告目的に使われるということもよく知られている。ユーザー活動やその管理から利益を作ることを「ユーザーの商品化」と呼ぶこともある（Fuchs 2017）。

　企業側からこのプロセスの全体像を見ると，これは「人・コンテンツ・サービス」をつなぐ，市場経済的なシステムにおける情報交換である。このシステムを成立させる文化商品に宿るつながりの力は欠かせない。少し前の人気ワード「メディアミックス」や，今はやりのプラットフォームビジネスにおいて「ユーザー生成型メディア」（英語でUGM）は，この理論に基づいて動いている。

・・・

ローカルをつなぐ力──市場経済とコミュニティ経済の合流

　ユーザーがネットで行う活動を見ると，その活動は市場経済の枠組みのなかで行われる情報交換であるが，その交換の性質には「コミュニティ経済」とでも呼べる志向が内包されていることが分かる。このコミュニティ経済とは明確な価値観という背景のもと，人間関係の生産と再生産をする働きを持つ交換行為の一種である（Gudeman 2001）。上述したファンコミュニティはその例としてあげられる。

　趣味と表現活動に見られる市場経済とコミュニティ経済という二つの側面の共存に注目してみると，まず「交換行為」という共通の要素が見られる。この交換行為に二つの条件を見て取ることができる。まず，交換されるものの価値が評価されない限り，交換の成立は難しいという条件がある。そして，交換の対象となるもの同士は「違うもの」または「異質なもの」でなければ，交換行為に意味がない，という条件も指摘できる。価値の評価からみれば，コミュニティのような機能を果たすものの必要性が分かる。つまり，価値観の共有を可能にする枠組みがないと，価値の評価ができないのである。また，市場はコミュニティの境界線を突破する公開的な交換システムであるので，交換に必要な「異質なもの」を提供する機能がある。趣味を中心に広がるネットワークを見ると，複数の比較的閉じられたローカルコミュニティのような形を持つ「クラスター」が，開かれた広いネットワークでつながれているという形が見られる。

　ここで見られる市場経済とコミュニティ経済の融合は，この章で注目してき
た伝達とつながりの技術が提起する問題の別の側面を表している。伝達とつな
がりの技術にはあらゆるつながりを可能にする普遍的・公開的な性質がある一
方，切断を促す閉鎖的な性質もあることを見てきた。この二つの相反する性質
は，公開的な性質を持つ市場と閉鎖的な性質を持つコミュニティにおいても確
認できる。現在の情報社会においては異質性に対しコミュニケーションを開く
か，同質同士で閉じ込もるか，という偽の二者択一が提起されているように見
える。伝達とつながりの技術を意識すると，この偽の二者択一から逃れる方法
を知ることができるかもしれない。

参考文献

Abercrombie, N. and B. Longhurst 1998. *Audiences: A Sociological Theory of Performance and Imagination*. London and Thousand Oaks, New Delhi: SAGE.

Adorno, T. 1938(1991). On the Fetish Character in Music and the Regression of Listening. In J. M. Bernstein (ed.), *The Culture Industry: Selected Essays on Mass Culture*. New York and London: Routledge, pp.29-60.

Castells, M. 2010. *The Rise of the Network Society -2nd ed*. Oxford: Wiley-Blackwell.

Citton, Y. 2017. *The Ecology of Attention*. Cambridge: Polity Press.

Fuchs, C. 2017. *Social Media: A Critical Introduction -2nd ed*. Los Angeles and London, New Delhi, Singapore, Washington DC, Melbourne: SAGE.

Gillespie, T. 2010. The politics of 'platforms'. *New Media and Society* 12(3): 347-364.

Gudeman, S. 2001. *The Anthropology of Economy: Community, Market, and Culture*. Massachusetts: Blackwell Publishers.

Harris, M. 1968(1979). *El desarrollo de la teoría antropológica: Una historia de las teorías de la cultura*. México and Madrid: Siglo XXI.

Hills, M. 2003. *Fan Cultures*. New York and London: Routledge.

Jenkins, H. 1992. *Textual Poachers: Television Fans and Participatory Culture*. New York and London: Routledge.

Lessig, L. 2006. *Code, version 2.0*. NewYork: Basic Books.

Lévy, P. 2013. The Creative Conversation of Collective Intelligence. In A. Delwiche and J. J. Henderson (eds.), *The Participatory Cultures Handbook*. New York and London: Routledge, pp.99-108.

Macdonald, D. 1960 (1983). Masscult and Midcult. In D. Macdonald, *Against the American Grain*. New York: A Da Capo Paperback, pp.3-75.

McGuigan, J. 2009. *Cool Capitalism*. London: Pluto Press.

Sandvoss, C. 2005. *Fans: The Mirror of Consumption*. Cambridge: Polity Press.

Swaine, J. 2017. Donald Trump's Team Defends 'Alternative Facts' after Widespread Protests. *The Guardian*. 2017. 1. 23. https://www.theguardian.com/us-news/2017/jan/22/donald-trump-kellyanne-conway-inauguration-alternative-facts (最終閲覧2020年2月29日)

Terranova, T. 2004. *Network Culture: Politics for the Information Age*. London: Pluto Press.

VerSteeg, R. 2007. Viacom V. YouTube: Preliminary Observations. *North Carolina Journal of Law and Technology* 9 (1): 43-68.

Case Study │ ケーススタディ 11

情報空間でムーブメントを起こした初音ミク

　日本の趣味の世界には情報の伝達とつながりの技術が表現活動に与える影響力を見るうえで良い例がある。それは，2007年以降，「初音ミク」というキャラクターを代表として，インターネットで盛り上がったアマチュア創作の「ボーカロイドムーブメント」である。

　ボーカロイドムーブメントは日本の文化産業とキャラクター文化におけるきわめて興味深い現象である。ボーカロイドとはヤマハが開発した音声合成ソフトウェアである。その技術を使って，歌声のデーターベースを作る複数の会社から電子楽器として〈歌うキャラクター〉というコンセプトを持ったソフトがユーザーに提供されている。そのキャラクターの有名な例がクリプトン・フューチャー・メディアという電子音楽会社が開発した「初音ミク」である。ボーカロイドムーブメントとは，そのキャラクターや他の複数のキャラクターを使って，パロディやオリジナル楽曲をニコニコ動画という動画投稿共有サイトに熱狂的に投稿し，その作品から多数の異なる二次創作が生まれた現象などを指す。これはジェンキンスが述べた「参加型文化」のきわめて典型的な例である。

　趣味の領域で行われたこの表現活動のムーブメントには，情報が提起する問題の例が多数存在している。ここでは，初音ミクというキャラクターが提供する一つの代表的な例を取り上げるに留めておく。声やキャラクターデザインなどから見ると，初音ミクは確かに魅力的な文化商品である。ところが，ムーブメントの代表となる初音ミクが持つ「つながりの力」には，文化商品としてより，その「プラットフォーム」としての性質に宿る力の働きがあるといえる。

　初音ミクはキャラクターという意味で文化商品であり創作活動の素材であるが，その前に歌が作れる表現の手段でもある。手段として，ユーザーの多種多様な表現に声と形を与える機能がある。そしてキャラクターとして，初音ミクを通して作られるすべての表現に一定の同一性，つまりアイデンティティを与

える特徴がある。どんな多様な表現であっても，初音ミクの声やキャラクター
デザインが使用されると初音ミクの声になる。この二重的な性質には異質性を
同一性に変える働きがあるといえる。換言すれば，初音ミクによる表現におい
て，お互いに接点がない多数の他者の表現活動が合流するのである。電子音楽
クリエイター，作曲家，作詞家，イラストレーターや動画師，コスプレイヤー
やダンサー，技術者やいうまでもなくキャラクターファンなどの活動はすべて
初音ミクというアウトプットに集合する。このように初音ミクは切断されてい
た複数の表現活動をつなげたのである。

Active Learning │ アクティブラーニング 11

Q.1

メディアのつなぐ技術を分析してみよう

インターネットだけではなく，本，ラジオ，テレビなど，すべてのメディアには情報伝達とつながりの技術がある。好きなメディアを選んで，そのメディアが持つ特徴をリストアップしてみよう。リストができたら，その特徴が，選んだメディアにあるメッセージにどんな影響を与えるのかを考えてみよう。

Q.2

みんなが使うプラットフォームを調べてみよう

情報交換や遊び目的で，他人とつないでくれるインターネット上のプラットフォームを日常的に使っている人は多い。身近な人がどんなプラットフォームを使っているのか調べてみよう。いくつかのプラットフォームの例があがったら，それぞれのサービスでどんなつながりが可能になるか，どんなつながりが難しくなるのかを考えてみよう。

Q.3

趣味を共有する人々の表現活動を見てみよう

映画，アニメや漫画などを素材に行う二次創作という表現活動が最も典型的なものであるが，スポーツやアーティストなどを中心にする表現活動もある。関心のある趣味を中心に表現活動を行っている人々を調べて，どんなメディアをどのように使っているのかを調べてみよう。そして，調べた例において何が活動の手段であり，何が活動の資源になっているのかを考えてみると面白いだろう。

第12章

観光現象から考える
「社会」と「私たち」のすがた
観光の社会学

今井信雄

観光現象の今

　グローバルな人の移動がますます盛んとなる現代社会において，観光現象は
きわめて大きなテーマとなってきた。人の移動だけが観光を取り巻く状況に大
きな影響を与えているわけではない。インターネットによるメディア環境の変
化は，人の移動を伴わない形で，観光に大きな影響を与えている。友人が観光
地で何をしているのか，即座にインターネット上のSNS(Social Networking Service)
で共有される。友人のみならず有名人や他人の観光地での行動も私たちは即座
に共有する。SNS上の，文字で，映像で，音声で。そして共有された体験に，
ほかの人がどのように反応したのか，それに対し観光地にいる者はどう反応し
たのか。それさえも即座に共有される。はたして，観光地にいる人は，観光地
で，誰と何を見て，何を体験しているといえるのだろうか。
　いまや観光は日常生活のなかに常に存在している。私たちが日常生活で何気
なく行っている行動にどのような意味があるのか。この章では観光を社会学的
に捉えることで私たちと社会との関係について解説する。

KEYWORDS **#シミュラークル** **#オリエンタリズム** **#再帰性**

1 │ 観光社会学の考え方

・

本当か嘘か──「疑似イベント」としての観光

　本当と嘘，真実と虚構，本物と偽物……。これは私たちが物事を捉える際に
よく用いる二分法である。「あの人の本当の気持ちは……」「あのとき起きた事
件の真実は……」というように，何かの経験や出来事を，本当か嘘かの二分法
で捉え，「本当」の方を拠り所にしていろいろなことを決めていく。

　ダニエル・ブーアスティンはその著書『幻影の時代』において，旅と観光を
対置させ，観光を偽の経験と捉え批判した。旅は能動的であり観光は受身であ
る。旅の語源はtravail，つまり労働（＝苦難）であり，苦難の伴わない観光は本
当の経験ではないとした（ブーアスティン 1964：96-97）。

　当時，ブーアスティンは新聞というメディアが人々に広まったことを問題と
した。メディア上の経験を偽物つまり「疑似イベント」（偽の出来事）であると
し，観光現象への批判もその延長線上にあった。このブーアスティンの主張に
対してさまざまな批判がなされてきたが（たとえば吉見 2007），観光社会学とい
うジャンルはブーアスティンの疑似イベント論に対して批判的に展開されるこ
とで発展してきたといえるだろう。

・

観光の「本当らしさ」──表舞台から舞台裏まで

　この「本物」「偽物」という二分法を超えようとしたのが，ディーン・マキャー
ネルである。マキャーネルは，アーヴィング・ゴッフマンの「表舞台」「舞台
裏」という概念を援用し，観光現象を捉えようとした。ゴッフマンの考え方の
要点は，現実を演劇にたとえて社会のあり方を理解しようとしたことにある。
演劇には，観客に向けて上演される「表舞台」と，観客からは見えないはずの
「舞台裏」がある。社会のなかにも演劇と同じように，他者に向けられ演出され
る「表舞台」と他者に向けられず演出されない「舞台裏」によって構成されて
いる場所がある。たとえば，レストランではゲストとホストが出会う場所が「表
舞台」であるのに対し，キッチンやボイラールームが舞台裏である（マキャー
ネル 2012：111）。同じく，観光者に見せられるために演出された文化や伝統が

披露される場所は「表舞台」であり，観光者から隠れたところでさまざまな人々が文化や伝統に働きかけ作り上げる場所が「舞台裏」ということになる。

　マキャーネルは観光を「表舞台から始まり舞台裏に終わる連続体」として捉え，「舞台裏」まで見ようとする観光者もいれば，「表舞台」だけを見ようとする観光者もいるとした。観光者は何も偽物を経験しているとは考えていない。観光者は観光者なりに本当の経験をしているのだ。それは観光者にとっての真実，つまり「真正性 authenticity」（本当らしさ）なのである（マキャーネル 2012：122）。

　たしかに，観光者が旅行で経験した出来事は，どのようなことであれ（たとえば，観光客向けに演出された伝統を見たとしても），その人が「本当に経験した」ことである。マキャーネルのいう観光者は観光者なりの本当を経験しているのだという主張は，私たちが陥りがちな「本当」「嘘」の二分法を超えようとしたものであった。しかし，ここで別の疑問が湧いてくる。あれも本当，これも本当，というのであれば，じゃあ本当って何？ということだ。真正性という概念は「観光者にとっての本当」というところまでを説明できるが，その「本当」の内実までも説明するものではなかった。さらに，時代状況の変化は，次に紹介するボードリヤールが指摘したように，「本当」「嘘」そのものが無効となる状況も生み出したのである。

・

本当でも嘘でもない場所──シミュラークルの空間

　消費社会の到来とともに，本当と嘘の二分法が無効となっている状況を論じだのが，ジャン・ボードリヤールである。ボードリヤールはキー概念である「シミュラークル」によって，「本当」「嘘」の二分法がもはや無効であると論じた。シミュラークルとは「現実を模してつくられた像や記号全般」（鈴木 2010：186）である。この概念について，ディズニーランドを例に説明しよう。ボードリヤールは「ディズニーランドは錯綜したシミュラークルのあらゆる次元を表す完璧なモデルだ」（ボードリヤール 1984：16）といった。どういうことか。

　ディズニーランドで登場するキャラクターたちは，もともとアニメーションの世界のキャラクターである。アニメーションは，現実には存在しない空想の世界である。ディズニーランドはその空想の世界を現実化したものである。すると，ディズニーランドでミッキーマウスに会ったとき，たしかにディズニー

ランド内ではそのミッキーマウスは「本物」だろう。しかし，ミッキーマウスは現実の世界では実在しないアニメーションのなかでのみ「実在する」存在である。だから，実際にはミッキーマウスは「実在しない」のである。にもかかわらず，たしかに本物のミッキーマウスに出会った。これはどういうことなのだろうか……。このように考えていくと，ディズニーランドでの経験は「本当」「嘘」によって経験の意味を考えていくことができなくなる。「シミュラークル」とは，そのような状況のことである。

　日本でディズニーランドが開園したのは1983年である。消費社会の到来は「本当」「嘘」の二分法を無効とする空間を日本国内に生み出した。次節では，高度経済成長以降の日本の観光形態の変遷を概説しながら，観光と私たちの社会のあり方について考える。

2│観光と私たちの社会──変わる観光形態

マス・ツーリズムと「ディスカバー・ジャパン」──1960年代以降

　高度経済成長期は「新中間層」いわゆるサラリーマン世帯が一般化した時代であった。各家庭にテレビが普及し，旅番組が人気となっていった。とはいえ，一般的には海外旅行はまだ手の届かない娯楽であり，人々は国内でさまざまな観光地へ向かっていった。『避暑の断面』（1962年8月11日）というNHKのドキュメンタリー番組には，日本を代表する自動車企業で働くサラリーマンが，休日に社員旅行に行く様子が映し出されている。働き方の均一化と休日の過ごし方の均一化がマス・ツーリズムの広がりの背景にあった。この時期，東京オリンピック（1964年）や大阪万博（1970年）開催に伴う交通インフラの整備も含め，日本の観光を形作る社会的な状況が整えられていった。

　1970年から始まった国鉄（のちに民営化されJRとなる）の観光キャンペーン「ディスカバー・ジャパン」は，空前の観光旅行ブームを導き出した。このキャンペーンから50年ほど経過した現在でもなお，JRは「ディスカバー〇〇」というキャッチフレーズで，観光キャンペーンを続けている。このキャンペーンの企画者によれば，キャンペーンの意図は「ディスカバー・マイセルフ」であり，「旅で真に発見するものは風景や事物ではなく『自分自身』であるというのが私

の基本コンセプトだったし，その辺を感覚的に分かってくれる18歳から24歳までの若い女性をターゲットにしよう」と考えたという（藤岡 2000: 74）。「ディスカバー・マイセルフ」は，今でいうところの「自分探し」と捉えられるだろう。

　なぜ，若い女性が自分探しをする必要があったのか。この時代，新中間層の広がりとともに「多くの女性たちは24歳で結婚し，専業主婦に」（落合 1997: 76）なることが求められていた。高校を卒業し結婚するまでの間，女性は自分の存在を自分で探さなければならなかったということだ。男性の方は，就職した会社に居続け自分を見つけることができたので，自分探しの必然性は女性の方に先に訪れた。このような時代の背景と旅行企画とが組み合わさったのが「ディスカバー・ジャパン」キャンペーンであった。

　別の角度からもう一つ，このキャンペーンが示している状況がある。まず「ディスカバー」も「ジャパン」も英語表現の言葉である，ということ。英語圏の世界から見た日本のイメージを，日本の側が積極的に取り込もうとしたのである。

　ここには，エドワード・サイードのいう「オリエンタリズム」（サイード 1986）が深く関与しているといえる。オリエンタリズムとは，簡単にいえば「西洋が東洋に代わって東洋を表す」（有田 2009: 115）ための，さまざまな仕掛けや仕組みのことである。西洋が東洋に向けて「東洋ってこんなところ（であってほしい・あるべきだ）」と決めつけ，それを東洋ではない西洋がさまざまな表現形態（小説や絵画などあらゆる方法）で表すことである。オリエンタリズムは，西洋が進んでいて東洋は遅れている，西洋が文明で東洋は自然である，西洋が知的であり東洋は野蛮である……などの思想を孕みつつ，政治的歴史的な力関係によって世界中に仕組まれた。そして「ディスカバー・ジャパン」キャンペーンは，日本社会にいる人たちが西洋から見た東洋の姿（ジャパン）のなかに自分を見つけようとしたことを意味し，東洋である日本社会がオリエンタリズムを自ら取り込もうとしたことを示している。

・・
オルタナティブ・ツーリズムと消費社会──1980年代以降

　マス・ツーリズムが広がったあとで，さまざまな観光の形態が登場してくる。画一的な大衆化された観光ではない，自由な旅行。1979年に全国の書店で販売

された『地球の歩き方』は，バックパッカーの旅を経験してきた若者が「自由旅行」つまり「自分で決めて，安い費用で旅をする」「予約なしの旅」のためのガイドブックとして企画されたものであり（山口・山口 2009：39），個人の自由な旅を念頭に置いた，マス・ツーリズムから離れた旅のガイドブックであった。

　また，スタディツアーも登場した。スタディツアーとは「途上国のスラムであったり，児童施設，難民キャンプ，環境破壊の現場」など「一般の観光では観ることのできない社会の現実の姿を観ようとする」ものである（玉置 2007：55）。日本国内で最も有名なスタディツアーの一つとして「ピースボート」があげられる。ピースボートは反戦という政治性を持ったツアー企画であり，第1回目の「ピースボート83」は硫黄島やグアム，サイパン，テニアンなどをめぐる二週間の旅であったという（古市 2010：81-82）。

　この時代，消費社会の到来とともに前節で紹介したディズニーランドも日本で開園した。この時代には，他にもさまざまな観光の形態が登場し，さらなる観光の広がりを見せていった。

多様な観光──2000年代以降

　2000年代に入るとオルタナティブ・ツーリズムの発展系として，エコツーリズムやグリーンツーリズムなど多様な観光形態が広がっていく。国内的には2007年に「エコツーリズム推進法」が成立，1994年に制定されていた農山漁村余暇法（いわゆるグリーンツーリズム法）は，2005年に改正された。それは，マス・ツーリズムに対するオルタナティブという側面を弱めつつ，それ自体が観光の一つの形態として社会に受容されていった。

　この時期，注目すべき現象の一つは，世界遺産の社会的な広がりである。ユネスコの世界遺産条約を日本は1992年に批准しているが，2000年代に入ってますます社会的な受容が進み，朝日新聞の記事数は2007年に第一のピークを迎える（雪村 2016：95）。2006年と2007年には，世界文化遺産の候補となる国内のリスト（暫定リスト）に向けて国内の地方公共団体から推薦を受け付けた。これは各地で，世界遺産に登録されるためのグローバルな基準に沿って自分たちのローカルな歴史を再編する力学として働いた。こうして過去の歴史や文化を「遺産」として再評価していく動きが活発化していく。たとえば「産業遺産」や「近代

化遺産」に伴う諸施策が経産省や文化庁により主導され，「2000年代後半には文化遺産，観光，まちづくりなどに関わる重要なトピック」（木村 2014：4）となっていったのである。以上のような潮流を受け継ぎながら，次節で解説するように，新たなメディアの登場が観光と日常を地続きの現象としていったのが現代社会である。

3 ｜ 新たな観光現象
・・・
SNSと観光

今となってはあまり見られないが，旅行先から友人や家族や恋人に絵はがきを出す，という慣習があった。「お元気ですか？　私は今，○○にいます」で始まる絵はがきは，はがきが到着したときに自分が帰宅していれば，妙なことになる。そこで，旅行先ではがきを出す者は，いつ郵便物が着くか考慮したものである。

また，観光地で写真を撮る行為は一般的に見られたものであるが，その場合の写真とはフィルムカメラを念頭に置いたものであった。映される写真の数は持参したフィルムの枚数に限定され，その映された映像は帰宅後に現像され確認される。それを友人や家族と共有するためには一緒に見たり，写真そのものを送ったりしなければならなかった。はがきであれ写真であれ，自分の旅の経験を他人と共有してもらうためには，時間がかかったのである。

現在では，デジタルカメラの登場，カメラ付き携帯電話の登場，スマートフォンの登場，ツイッターやフェイスブックなどSNSの普及により，旅の経験は即座に共有される。それが意味するのは，アンソニー・ギデンズのいう「再帰性（reflexivity）」（ギデンズ 2005）をますます速めるということだ。

・・・
再帰的な社会

再帰性とは，reflect，つまり何かに言及したり関連づけたり反映させたりして物事が決まっていくことである。ギデンズによれば，近代以前から「再帰性」そのものは存在した。たとえば伝統的社会において，「自分は何者か」という問いは「家系や身分といった外的な基準に準拠して」（浜 2007：72）答えられるも

のであった。ポイントは，この外的基準そのものの根拠は問われなかったことである。しかし，近代はその再帰的な営みを加速度的に速め，外的基準そのものも問われることになった。家系や身分があったとして，それは本当に自分なのか，と。そこで，我々はつねに何かに関連づけ，「絶えず修正される」物語によって（ギデンズ 2005：5），自分を確認し続けなければならないのである。

　たとえば，旅の思い出を写真というメディアに関連づける（reflect）ことで，思い出したり，語り合ったりする行為がある。それは，自分の経験を写真に「関連」づけて思い出すことである。

　以前は，写真を見てその経験を思い出すためには，フィルムを持ち帰って現像したり，プリントされた写真を友人の目の前に持って行ったり，いくつかの段階を踏まなければならなかった。写真に関連づけ自分の経験を思い出すためにも，時間がかかった。現代では，旅行先で撮った写真を即座に自分で確認しSNSで共有し，それに関連づけながら自分の状況を友人と共有する。さらにSNSでの反応に関連づけながら，旅先での旅の思い出や意味づけも変わる。現代においては，何かに関連づけて自分の経験を確認するという再帰的な営みが即座に行われ，さまざまな領域に浸透していく状況を指摘することができるのだ。

•••

経験の分かち合いとしての観光

　インターネット空間の発展により再帰的な営みが隅々まで浸透し，観光のあり方を変えてきたとして，観光そのものはどのように捉えることができるのだろうか。このことを観光旅行での行動につきものの「おみやげ」という行為から考えてみよう。おみやげとは，そもそも「信仰を共にする者同士のつながりの確認という意味を起源の一つに持つ」ものであり「おみやげのやりとりは，同じ世界を共有していることの確認」であったという（藤吉 2010：610）。

　信仰を共にする共同体ではなかったとしても，「おみやげ」のやりとりは観光につきものであり続けてきた。今や，おみやげ以外にもさまざまなものを，友人や家族に送っている。おみやげを渡す前に，写真や動画やコメントをSNSによって送っている。それは，同じ世界を共有していることの確認でありながら，観光地での経験の共有でもある。

　このことを踏まえ，観光そのものを次のように定義してみることができる。

　観光とは，日常生活の範囲の外側に赴き，その経験を同じ世界にいる他者と共有しようとすることである，と。これまで広がってきたさまざまな観光の形態，そのいずれもが「経験の分かち合い」として捉えることができる。旅行先からの手紙も，カメラで撮った写真も，観光地での出来事や感想をSNSに上げる行為も，さらに，旅行の後に友人や知人と旅行の話をすることも，いずれも，観光地での経験を分かち合おうとする行為である。

　では，なぜ観光の経験を分かち合うのか。分かち合うのは観光でなければいけないのか。観光を切り口に次々と「問い」が生まれてくる。その意味で，観光現象は現代において私たちと社会のあり方を考える非常に重要なテーマなのである。

参考文献

有田亘　2009「オリエンタリズム」井上俊・伊藤公雄編『社会学ベーシックス3　文化の社会学』世界思想社，115-124頁。

落合恵美子　1997『21世紀家族へ』新版，有斐閣。

ギデンズ，A　2005『モダニティと自己アイデンティティ――後期近代における自己と社会』秋吉美都他訳，ハーベスト社。

木村至聖　2014『産業遺産の記憶と表象――「軍艦島」をめぐるポリティクス』京都大学学術出版会。

サイード，E　1986『オリエンタリズム』今沢紀子訳，平凡社。

鈴木智之　2010「シミュレーション/シミュラークル―ボードリヤール」日本社会学会社会学事典刊行委員会編『社会学事典』丸善，186-187頁。

玉置泰明　2007「観光は持続可能か――リゾート開発から常在観光へ」山下晋司編『観光文化学』新曜社，53-58頁。

浜日出夫　2007「相互行為と自己」長谷川公一・浜日出夫・藤村正之・町村敬志編『社会学』有斐閣，47-74頁。

ブーアスティン，D　1964『幻影の時代――マスコミが製造する事実』星野郁美他訳，東京創元社。

藤岡和賀夫　2000『ふっプロデューサー――風の仕事30年』求龍堂。

藤吉圭二　2010「スーブニール論」日本社会学会社会学事典刊行委員会編『社会学事典』丸善，610-611頁。

古市憲寿　2010『希望難民ご一行様——ピースボートと「承認の共同体」幻想』光文社。

ボードリヤール，J　1984『シミュラークルとシミュレーション』竹原あき子訳，法政大学出版局。

マキャーネル，D　2012『ザ・ツーリスト——高度近代社会の構造分析』安村克己他訳，学文社。

山口さやか・山口誠　2009『「地球の歩き方」の歩き方』新潮社。

雪村まゆみ　2016「世界遺産登録運動と文化資産の認定制度の創設——『認定の連鎖』をめぐって」『関西大学社会学部紀要』48(1)：91-112。

吉見俊哉　2007「観光の誕生」山下晋司編『観光文化学』新曜社，8-13頁。

Case Study │ ケーススタディ 12

ダークツーリズム
観光のまなざしと迂回する装置

　2011年に起きた東日本大震災のあと，「ダークツーリズム」という言葉が知られるようになった。それは「人類の悲劇を巡る旅」（井出 2018：4）である。その悲劇を後世まで伝えるために，ダークツーリズムには意味があるとされた。

　一見，「人類の悲劇を巡る旅」によって後世までに伝えようとするのは無条件に良いことのように思えるが，次のような問題を指摘することもできる。まず，何が「悲劇」なのか線引きするのは簡単ではない。たとえば「戦国時代において空前の規模の戦いが行われた関ヶ原」を訪れることは，ダークツーリズムといえそうにない（岡本 2016：65-66）。また，その対象が持つ，それぞれ固有の意味を見えなくすることもありうる。ダークツーリズムの対象が「遺構」のような場合には，そこで生活していた人々にとってその場所は，「悲劇」以前から生活のなかで生まれてきた固有の意味がある。その場所を一概に「悲劇」とだけ捉えることに対して拒否感を持つのは，むしろ自然な感情である。東日本大震災の被災地で巻き起こった「震災遺構」保存をめぐる賛否両論の議論は，その場所を悲劇と捉え保存することに対して人々が抱くあらゆる感情を示している。

　ここには，観光の持つ暴力性がある。それをジョン・アーリの「観光のまなざし」という概念から考察してみよう。アーリによれば，観光者はあらかじめ場所に持っているイメージを，現地で確認するために観光に行くことになるという。そのとき，観光者は「観光のまなざし」を投げかける。たとえば，ツーリストが，パリでキスをしている人を見たとき，そのまなざしは「永遠のロマンチックなパリ」であり，イギリスの小さな村を見たときのまなざしは「本物の古きイギリス」である（アーリ 1995：6）。日本国内では，京都は日本文化を代表する場所というイメージだろう。それもまた，私たちが観光のまなざしを京都に投げかけているがゆえに，京都が観光対象となっているということだ。

　ダークツーリズムもまた，「人類の悲劇」というまなざしを対象に投げかけ

る。「悲劇」という言葉のニュアンスが，どこか当事者ではない出来事を指している意味合いを含んでいることも関係していると思うが，そのまなざしを受け入れがたいとする感情が起きることは，自然なことでもあるだろう。

　この暴力性を迂回する装置が日本国内では整備されている。文化財保護法である。たとえば，東日本大震災後のダークツーリズムをめぐる議論でよく事例となった「原爆ドーム」は，世界文化遺産登録を目指す過程で文化財保護法に基づく「史跡」指定を受けている（濱田 2013）。また，1995年に起きた阪神・淡路大震災の傷跡を巡る旅もダークツーリズムと考えられるが，地震によって隆起した断層と被災した民家が保存されている北淡町震災記念公園の断層は，文化財保護法の「天然記念物」指定を受けている（今井 2002）。このとき，文化財であることで「悲劇」というまなざしは緩和されることになる。「文化財」はまなざしの暴力性を緩和する社会的装置として存在しているのである。東日本大震災で起きた各地の議論は，そのような社会的装置もなく，悲劇というまなざしを投げかけることについて，私たちに問いかけているのである。

参考文献
─
アーリ，J　1995『観光のまなざし』加太宏邦訳，法政大学出版局。
井出明　2018『ダークツーリズム──悲しみの記憶を巡る旅』幻冬舎。
今井信雄　2002「災害の記憶と被災跡──その『永遠』と『うつろいやすさ』について」
　　　現代社会理論研究会編『現代社会理論研究』12：69-78。
岡本亮輔　2016「ダークツーリズムから見る聖地巡礼──カトリックの聖遺物と主観的真
　　　正性」『立命館大学人文科学研究所紀要』110：61-84。
濱田武士　2013「戦争遺産の保存──原爆ドームを事例として」『関西学院大学社会学部
　　　紀要』116：101-113。

Active Learning | アクティブラーニング 12

Q.1

さまざまな観光の形態を調べてみよう

本章で紹介した観光の形態のほかに，どのようなものがあるのか調べてみよう。また，国内法がどのようにその観光を推進しようとしているのか，社会のあり方と関連づけて調べてみよう。

Q.2

「もし〜だったら」と考えて，観光行動の意味を考えよう

現代の観光を成り立たせるさまざまな条件を「もし〜がなかったら」と仮定してみよう。「もし飛行機や電車がなかったら」「もしインターネットがなかったら」……と考えたとき，どんな観光になるのか考えてみよう。

Q.3

自分や親の世代の人がどのような観光旅行をしてきたかを考えよう

家族旅行や友達との旅行を思い出して，どのような観光をしてきたのか，その経験はどんなときに思い出されるのか，ということを考えてみよう。また，親の世代の人たちや，それより年齢の高い人たちに，昔どのような観光旅行をしたのか聞き，自分たちの観光旅行と何が同じで何が違うのかを考えよう。

Q.4

インターネット検索サイトを使って観光に関する社会学的な論文を読んでみよう

観光とは何なのだろうか。論文検索サイトを使い，観光に関する論文を読んでみよう。国内外の各地の事例を通して，観光がどのように分析され，何が明らかになったのかを調べてみよう。

第13章

日常のなかの非日常
消費の社会学

———

藤岡達磨

社会的な消費活動

　あなたは今，自分の持っているスマートフォンを買ったときのことを覚えているだろうか。当時，そのスマートフォンを選んだ理由とは何だったろうか。「ブランド」だろうか，「価格」「性能」あるいは「デザイン」だろうか。仮に性能で選んだ場合，どんなCPUが使われていて，メモリーは何ギガで……といったことに，あなたは答えられるだろうか。消費社会論の著名な研究者であるジャン・ボードリヤールは，現代社会の消費について次のように述べる。

> 「この意味で，物を買うという行為はクイズ番組によく似ていて，今日ではある欲求を具体的な形で満足させるための個人の独特な行動というよりはむしろ，まず第一にある質問に対する解答──個人を消費という集団儀式に引きずりこむための解答──なのである。したがって，購買行為は，モノが常に一連の似かよったモノと一緒に提供され，個人がコンピューター・ゲームで正解を選ぶのとまったく同じやり方でモノを選択する──購買行為とは選択であり好みの決定である──よう催促されるという意味では一種のゲームだということができる」（ボードリヤール 2015：166）。

　彼にしたがえば，私たちが何を選択するかということは，単純で個人的な人とモノの関係ではなく人とモノを重層的に取り巻く社会的関係によって決定されている。本章では，私たちが日常的に行っている消費について消費の社会学から読み解いてみよう。

KEYWORDS #消費 #記号価値 #疑似現実

1│私たちは何を消費するのか?

・

社会学における消費

　現代社会における消費の重要性から見ると意外に思われるかもしれないが，消費という領域は，20世紀初頭の初期の社会学において中心的な領域ではなかった。それは，冒頭であげたような「モノの選択」が，それ以前の社会では大規模に行われにくかったことに原因がある。つまり，消費が中心的な題材になるための条件として，消費者がモノを選べる状況でなければならない，いいかえると，人々の需要に対して，十分以上にモノが供給されなければならないということである。人々の基本的な欲求や必要に対してモノが不足している社会では，生産が社会の中心的な領域であり，活動であった。20世紀の半ばまで人類の大部分は，自身の生存に必要なモノを手に入れることで精いっぱいであり，必要最低限以上のモノを消費するような余裕を持っていなかった。また，これは今日でも，いわゆる先進国以外の社会では，ある程度当てはまっている。

　しかし，たとえば現代の日本のように，生産力の増大によって，人々が生きていくのに必要最低限以上のモノが生産されるようになると，人は自分のより欲しいモノを選択するようになる。モノが十分以上に存在する社会において，それ以前の社会と比較して，消費活動が変質すること，また，消費活動が社会生活のなかで重要性を増すこと，さらに消費の重要性の増大が，社会のあり方にすら影響を与えることに注目した社会学の議論に，「消費社会論」がある。

　1970年代にこの「消費社会論」を提唱したジャン・ボードリヤール（1984, 2008, 2015）は，私たちがモノを選択する理由について，モノを機能や効用で選ぶ場合と，何らかの自己表現のために選ぶ場合とに大別して，前者を使用価値の消費，後者を記号価値の消費と呼んだ。冒頭のスマートフォンの選択の場合では，「画面の大きさ」や「演算速度」など，電子機器の機能や効用に注目する場合が使用価値の消費であり，「ブランド」や「デザイン」などの所有を通じた自己表現に注目する場合が記号価値の消費である。以降では，大筋ではボードリヤールの消費の区別に依拠しながら，より具体的に現代の消費を読み解いていこう。

使用価値の消費

　矢部謙太郎（2009）の整理によれば，ボードリヤールの，使用価値の消費とは「モノの機能・効用を消費すること」（矢部 2009：9）である。そもそも「消費」という言葉は「生産」の対義語であり，生産が何らかの価値を作り出すことだとすると，消費はその価値を消耗させることだといえる。この点で，使用価値の消費とはモノの機能や効用を消耗させていくことであると，とりあえずいえるだろう。たとえば服であれば，長く着続けることで生地が擦り切れたり穴が開いたりする。破れたり穴が開いたりした服は，本来持っていた身体を保護する機能や防寒の機能を果たせなくなってしまう。このとき，この服は消費されたことになる。

　使用価値の消費は次の四つの特徴を持つ（矢部 2009：11-12）。①使用価値の消費は「衣食住の基本欲求」に従う。②使用価値の消費には欲求が満たされる「限度」がある。③使用価値の消費は「計量化」が容易である。④使用価値の消費は「自己完結的」である。

　順を追って確認すると，たとえば喉が渇いてミネラルウォーターを買うとしよう。この場合，「渇きを癒す」という私の基本的な欲求に対応して，この水は選択された（①）。しかし，一定量の水を摂取し，喉の渇きが癒えれば，それ以上の水は必要なくなる（②）。したがって，たとえば，一週間生きるのにどれくらいの水が必要かということは計算することができ（③），自分一人で水を飲んだとしても欲求は満たされる（④）。このように，使用価値の消費は，人々に共通の欲求を，一定量の財を使って満たすという特徴がある。そのため使用価値の消費は，単一の商品を大量に生産する，単一品種大量生産と相性がよく，大規模で組織的な生産方法によって，欲求を満たしやすい消費の方法であるといえるだろう。

マクドナルド化

　使用価値の消費の特性が，消費の組織化，大規模化，効率化に結びつきやすいことから，現代の消費が危機的な状態にあるという認識を示す研究者もいる。アメリカの社会学者，G・リッツァもその一人で，彼は消費の現場で起こって

いる「組織化・大規模化・効率化」を，社会学に馴染みの深い言葉である「合理化」という言葉でまとめ，消費の合理化について「マクドナルド化」という概念を生み出した（リッツア 1999）。

　マクドナルド化とは，現代社会において進行している合理化の一形態，特に消費領域における合理化のことを指し，マクドナルドに代表されるようなファストフードレストランの原理が，社会の隅々まで浸透していく過程を指している。「効率性・予測可能性・計算可能性・制御」という特徴を備えたマクドナルド化は，官僚制（ヴェーバー）と科学的管理法（テイラー），フォーディズム（フォード）の三つの要素を兼ね備えたものだとリッツアは考えた。この合理的なシステムによって，生産と消費の合理性が飛躍的に高まり，人々の享受できる商品やサービスの品質が向上し，またその商品を享受できる人々の層が拡大したことを，リッツアは一方で肯定的に評価する。ただし彼は他方で，この消費の合理化について，本来は生産者とは異なる利害関係を持つはずの消費者が，消費の組織化と効率化に伴う変化のなかで，生産システムの一部として取り込まれることによって，消費者自身にとって不利益を被るようになることを懸念した。これを彼は「合理性の非合理性」と呼んでいる（リッツア 1999: 195-229）。

　この合理性の非合理性には，客を店舗側の都合のために動員するという小さなレベルから，世界の均質化という大きなレベルまでの悪影響が含まれている。たとえば，ファストフードレストランでの食事では，私たちは店に入り，注文カウンターに並び，商品を受け取り，座席まで運び，そこで食事をして，後片付けをして，店を出る。じつは，これらの一連の動作は，マクドナルド化された消費システムが，客を働かせていることを表している。旧来のマクドナルド化されていないレストランにおいては店員が担っていた作業（注文を取る，商品を運ぶ，片付けをするなど）を，客が代行しているわけだ。近年はセルフレジの導入も始まっており，消費者が代行する部分は，さらに大きくなりつつあるかもしれない。

　マクドナルド化された合理的システムは，いつも高い効率性を誇るが，「それは誰にとって効率的なのか」という点を明らかにしない。通常それは，この合理化を推し進める側にとって効率的であるにもかかわらず。世界の均質化においても同様に，大量に販売するために，商品の生産工程を簡素化しなければな

らず，万人の趣味に適合する商品にしなければならないという二つの生産側の都合によって，このシステムで提供される商品の多様性が失われていく傾向が指摘されている。GAPとユニクロで売られている商品がよく似ているように，私たちは多様な選択肢を与えられているように見えながら，提供されている商品がどれも非常に似通っており，そのなかから選択せざるをえないことを，リッツアは指摘しているのだと考えられる。もちろん実際には，消費者は，置かれた環境のなかで，生産者の意図とは異なった振る舞いをするものだから，彼の指摘は一面的ではあるが，それでも現代消費の一側面を捉えているといえるだろう。それは，使用価値の消費の最大化を目指して生産と消費の効率化を進展させるマス（大量・大衆）消費社会では，消費は量的に拡大している一方で，提供されている商品は均質化しつつあり，消費行為そのものも効率化させられている，ということである。

2 ｜ コミュニケーションとしての消費

記号価値の消費

　使用価値の消費が全世界で共通に見られるのと対照的に，記号価値の消費はモノが十分以上に存在する「豊かな社会」のなかのみで見られる現象である。使用価値の消費と対比させながら，この消費の特徴について考えてみよう。再び矢部の整理によると，まずボードリヤールの記号価値の消費とは，「自己表現（他者から自分を区別すること）のための記号としてモノを操作すること」（矢部2009: 10）であるとされる。記号消費では用いられるモノが，そのモノに付随している，他者との関係における社会的な意味（記号）に対する注目によって選択される。この点で，記号価値の消費を行う際の消費行為は，効用に注目した経済的な行為というよりも，文化的な行為へと変化するといえる。

　記号価値の消費は，次の四つの特徴を持つ（矢部2009: 13-14）。①記号価値の消費は「自己表現の欲求」に従う。②「自己表現の欲求」は満たされる「限度」がない。③記号的価値の消費は「計量化」しにくい。④記号価値の消費は「他者」の存在を前提とする。

　たとえば，春らしいイメージを纏った自分を表現するために消費を行うとし

よう。この場合，パステルカラーの衣服は，自分を春らしく見せたいという欲求に対応して選択された（①）。しかし，パステルカラーの服を着ることで「春らしさ」を表現できたとしても，「春らしさ」を意味するモノは他にも存在する（②）。そして，何点のアイテムを用いれば自分が春らしいことを表現できたかということは，あらかじめ決まっているわけではない（③）。なぜなら，結局は，私の表現を解釈する他者が「春らしい」と見なしてくれなければ，自己表現は成功したとはいえないからである（④）。このように記号価値の消費は，モノの消費を通じて何らかのメッセージを相手に伝えることを求める，という特徴がある。他者に何らかの意味を伝えるためにこの消費は行われ，消費活動がある種，コミュニケーションの要素を備えるようになる。

人と同じになりながら目立つ

　クローゼットのなかに溢れる，流行おくれの服。新型が出るたびに買い替えられていく，スマートフォン。これらの事例では，モノは，使えないわけではないにもかかわらず，価値を失っていると感じられている。このように高度に消費社会化した社会において，消費者は使用価値よりも，そのモノが人に伝えるメッセージを重視して，モノの選択を行っている。

　しかし，私たちが何かのモノを選択し用いる際に，そのメッセージはどのような原理で人々に伝わっているのだろうか。ボードリヤールは，この記号消費における意味の発信は，モノそのものではなく，モノの組み合わせから生じると考えた。彼はこれを「パノプリ」と呼んでいる（ボードリヤール 2015: 16-18；矢部 2009: 18-28）。たとえば，洋服屋で商品を見る際，同じ商品でも，棚に平積みにされているモノよりも，ハンガーやマネキンに他のモノと組み合わせられてディスプレイされているモノの方に魅力を感じた経験はないだろうか。これは単品で配置されたときには生じなかったメッセージが，他の商品と組み合わせられることで発信されるようになった事例である。つまり記号消費では，消費者はモノとモノを組み合わせることによって，自分の望む自己表現を成し遂げようとする。

　このようなモノの組み合わせによって，たとえばファッションでは，モード系やストリート系，ゴシック系や青文字系，赤文字系など，何らかの系列の一

部としての自己イメージを発信することが可能になる。この際，メッセージは，モノの組み合わせそのものから生じているので，誰がその組み合わせをしても，同じようにメッセージが発信されるという点が重要である。さらにいえば，顔のついていないマネキンでも，部屋のインテリアでも，つまり，そこに人間が含まれていなくとも，モノの組み合わせを特定の配置で置くだけでメッセージは発生する。

　しかし，このモノの組み合わせに一つでも不似合いなものが含まれると，そのメッセージはうまく発信されなくなる。極端な例だが，完璧なゴシック系のファッションをしたマネキンのヒールをビーチサンダルに置き換えてみると，全体としてモノの組み合わせが攪乱されて，いったい何のメッセージを発信しているのか読み取れなくなってしまう（図13-1の左下の消費者）。つまり，モノの組み合わせ方には典型例（モデル）があり，この典型例から隔たりすぎると，うまく他者にメッセージが読み取ってもらえなくなるということだ。ちなみに，それぞれの系列の場における記号の読み解きの法則性を，ボードリヤールは「コード」と呼んでいる（ボードリヤール 2015：140-144；矢部 2009：35-38）。

　メッセージをうまく他者に読み取らせるためには，そのモノの組み合わせの典型例（モデル）から一定の範囲のなかで組み合わせを行う必要がある。ただし記号消費では，このモノの組み合わせは，自己表現のために行われるものであった。典型例とまったく同じ組み合わせをする人は，自己の個性を表現しているとは見なされない。たとえば，ファッション雑誌や洋服屋のディスプレイそのままの組み合わせを採用するのは何となく格好悪いという意識が働くだろう。それは，自分なりの選択・表現（個性）が，そのメッセージに含まれていないからである。したがって，記号消費における自己表現とは，モデルから離れすぎず，しかし同時にモデルとまったく同じではいけないという二律背反から，

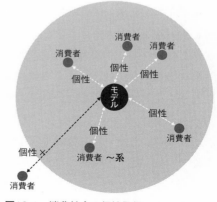

図13-1　消費社会の個性発信

「モデルだと読み取れる範囲内で，極小な差違を追加すること」だといえるだろう（図13-1）。

　ここから，消費社会において消費者が何らかのメッセージを発するために何かを選択をすることは，どこかの系列に入ることである，つまり「個性」とは「特異性をなくすこと」であることが分かる。消費社会における消費者の「個性」は，何らかのモデルに従うことで，もともと持っていた個々人の特異性が抑圧されることによって成立しているといえるだろう（ボードリヤール 2015：128-136；矢部 2009：3-35）。

疑似現実を生きる

　では，このモノの組み合わせの典型例としてのモデルは，どこからやってくるのだろうか。基本的には，広告代理店とメーカーが，消費社会における，それぞれの系統のモデルを日々更新していく（稀に，生協運動など消費者側からの変化が生じることもある）。新商品の追加や新しい流行（モード）の発生，広告や情報誌などによる解釈の普及（コードの変更）によって，周期的にこのモデルは変化していく。

　ここで興味深いことは，このモデルの変化に伴って，以前には重要だと思われていた点がそうでなくなったり，注目されていなかった点が意味を持ち始めたりすることである。つまり，記号消費におけるコミュニケーションは，あるモデルがその場で通用している間のみ，有効である。この点で，記号消費のなかで私たちが認識している現実は，マス・メディアや広告を経由した現実であり，疑似現実的である，といえるだろう（ボードリヤール 1984；2015：206-215；矢部 2009：71-73）。何十年も前の服装が現在から見ると奇抜に見えるのも，この当時の認識の仕方を，つまり当時の流行（モード）を私たちが共有していないことから生じている。また，時間的隔たり以外の場合でも，その場での読み取り方（コード）を共有していない場合，特定の読み取り方を持った場における記号消費のやりとりは，認識できない場合が多い。

　記号消費が盛んな社会では，このように，特殊化され限定された疑似現実性が出現していく。ただし，疑似現実的であることは，このコミュニケーションが無内容なものであるということを意味するのではない。状況が成立し続けて

いる限り，この疑似現実は現実と等価に機能し続けるし，消費に参加している人間にとって，消費の意味に対する真正さが損なわれるわけでもない。むしろ，マス・メディアなどを経由した，何らかの知識によって可能になる現実性が，普遍的に受け入れられている現実感と，代替可能なものとして機能するところに，記号消費社会の特徴があるといえるだろう。

3│消費実践が世界を変える

...

テーマパーク化する世界

　消費活動が生活のなかで重要な位置を占めるようになった消費社会では，分かる人だけに分かる「現実」性が，それ以前の支配的な現実性と同じように重要視されていくわけだが，この現実感の変容と，それにともなう物質的環境の変化をより端的に表した場所に，ディズニーランドに代表されるようなテーマパークがある。

　このような疑似現実性の機能に注目した社会学の議論にリッツアの『消費社会の魔術的体系』（リッツア 2009）や北田暁大の『広告都市・東京』（北田 2011）などがあげられる。これらの議論では疑似現実の論理による商業空間編成が重視されているが，本節ではより消費実践に焦点を当てながら，テーマパーク化について読み解いていきたい。

　まず，ディズニーランドで遊ぶ喜びは，どこからやってくるのだろうか。それは，乗り物に乗ることやゲームを楽しむことなどのような一般的な遊園地での経験と異なる。その体験の向こうに，ディズニーのキャラクターに会っていることや，ディズニーの世界を体験していることが認識できるからこそ，人々はこの空間での活動を楽しむことができるのだ。

　ここでは，ディズニーの世界観を採用しなければ単なる遊園地での活動と相違ない経験が，特定の見方ができる人にとっては夢の国の経験として受け取られている。ここで，その場で行われている活動が，一般的な現実性でも，特殊な「現実」性でも，どちらでも解釈可能であることに気を配っておこう。ある空間で行われている物理的には同じ消費実践には，複数の「現実」性が同時に重なっていることもある。そして，この消費者にとって意味を持っているのは，

客観的で一般的な解釈ではなく，自分が選択した特定の見方からの解釈であり，ここではより一般的な現実と疑似現実の優先順位の逆転が生じている。ディズニーランドは，この疑似現実性を前面に押し出した消費実践が行われる場であり，その非日常な現実性を体験するための場所として機能している。

　このように消費社会では，消費者は，疑似か本物かということに関係なく，選択された現実を積極的に求めるようになり，モノの供給側も，選択された疑似現実に根差した欲求を満たすためにモノの生産を行っていくようになる。ディズニーランドが最も顕著な場所であるが，この疑似現実性の優越と，疑似現実に依拠した物質的秩序の構成は，消費社会化が進展する社会のいたるところで観察される現象である。

• • •

見知ったモノの見知らぬ使い方

　このような疑似現実性を追い求めた消費実践においては，日常生活においてあまり見られないモノの使用法が出現する。たとえば，大阪のユニバーサルスタジオ・ジャパンのハリーポッター・エリアでは，作中で飲まれている「バタービール」が販売されている。このバタービールは飲み物であるが，味や喉の渇きのためではなく，本来どこにも存在したことがなかったはずの「ハリーポッターの世界」を体験するための小道具として消費されている。しかもここでは，私の飲食という身体的な日常の活動を通じて，ハリーポッターの世界という非日常が体験されている。

　ここで，「疑似現実性の優先」という言葉に引きずられないように気をつけたい。確かに，消費者たちは，もしかすると彼らにしか見えない意味秩序のなかで消費を行っているのかもしれない。しかしこのことは，疑似現実性が，現実から隔てられた，物質的環境と無関係の領域であることを意味しない。1970年代から80年代にかけて，消費社会論は，生産優位の社会から消費優位の社会への転換を強調した。そこでは，生産の論理からの消費者の解放が期待されていた。しかし，消費社会化は確かに現実の多層化を可能にしたが，この疑似現実性の発生は，純粋な記号のみの消費が可能になったことを意味しない。実際の消費活動で生じたことは，大量生産による物質的均質化と，記号消費による現実性の多層化の並存であった。

　ゲオルク・ジンメル（1999）は，人間の欲求とは対象との距離によって構成されるという卓見を残している。これに従えば，一方で，消費者がモノを求めるのは，そのモノを手に入れることによって達成される対象を，まだ保有していないからであり，他方で，その対象へと到達する方法が，具体的に用意されているからである。つまり，消費者は，確かに疑似現実的な意味を求めているのかもしれないが，その意味の達成は，具体的な生活内部での物質と関わる実践を通じて達成されるのだ。したがって，疑似現実的な意味秩序は，物質的な水準では同一に見える活動のうえに二重化された形でしか出現しない。疑似現実は，それでも日常生活の実践のなかで経験されなくてはならないわけだ。消費社会の社会学的研究において，今後問われねばならない問いは，生産側のマーケティングや，消費者の階層による傾向，文化的コードの差異など，この現実の多層性を可能にする条件についての探求であるだろう。

・・・

見知っている場所と知らないモノの交差

　物質的あるいは実践的水準では単一的でも，意味の水準で多重的である状況というのは，実際の消費の現場では頻繁に出現する。たとえば，市場やショッピングモールなどでの取引では，異なる文化的文脈によって生産された商品と，異なる解釈枠組みを持つ人々が，売買という単一の行為形式を用いることで共存している。

　先述の通り「欲求はまだ所持していないこと」から生じる。したがって，「私」の欲求が向けられる対象は「私」と同じモノしか所持していない人の商品のなかにはない。「私」の欲しいモノは，その存在を知ってはいても，日常生活であまり目にしないモノ，あるいは手に入りにくいモノである必要がある。ここから，異なる日常生活を送っている人々が所持しているモノが，私にとって欲しいモノになりやすいということが分かるだろう。

　とはいえ，異なる日常生活を送っている人々は，「私」と文化的な文脈を共有していないので，理解することやコミュニケーションすることの困難が生じやすい。しかし，市場という物質的な環境が設定され，取引という行為のフォーマットが用意されることで，異なる背景を持ったモノとの接触が容易になる。取引の現場でやりとりされるモノは，おそらく異なる解釈枠組みによって評価され

ながら，現場での物理的な実践としては，同じ行為の形式で処理されていく。

　海外旅行の際に，現地の市場を訪問することが好きな人も多いだろう。そのような商業空間では，陳列されている商品は珍しいものでありながら，それでいて手段としては慣れ親しんだやり方で，それらの珍しいモノと接触できることから市場の楽しみはきているのだろう。

参考文献

—

北田暁大　2011『増補　広告都市・東京――その誕生と死』筑摩書房。

ジンメル，G　1999『貨幣の哲学』新装版，居安正訳，白水社。

ボードリヤール，J　1984『シミュラークルとシミュレーション』竹原あき子訳，法政大学出版局。

―　2008『物の体系――記号の消費』新装版，宇波彰訳，法政大学出版局。

―　2015『消費社会の神話と構造』新装版，今村仁司・塚原史訳，紀伊國屋書店。

矢部謙太郎　2009『消費社会と現代人の生活――分析ツールとしてのボードリヤール』学文社。

リッツア，G　1999『マクドナルド化する社会』正岡寛司訳，早稲田大学出版部。

―　2009『消費社会の魔術的体系――ディズニーワールドからサイバーモールまで』山本徹夫・坂田恵美訳，明石書店。

Case Study ｜ ケーススタディ 13

台湾夜市の愉しみ方
現地諸文化の境界を遊歩行する

　台湾には夜市と呼ばれる市場がある。18時を回ったころから道路の両側に露店が立ち並び，売り子の声が聞こえ始める。行き交う人々の話し声や，店から流れる音楽，値段交渉の声などで，夜市のなかは賑やかだ。夜市の主な商品は，衣服，靴，雑貨などの流行品や，各地方の名物料理などである。500店舗を超える大規模な夜市では，一晩に数万人が散策する。

　夜市は，外国人にとっては，物珍しい庶民的な当地の社会に触れられる場所だ。悪臭のため他の場所では控えめにしか売られていない「臭豆腐」が大々的に売られ，旅行者は顔をしかめながら店の前を通り過ぎていく。海賊版DVDを売っている店の隣ではアヒルの頭と足が並んでおり，店主はお客の注文を受けると，それらを大きな中華包丁で薄切りにして持たせてくれる。お客はやや怯えた表情だったが，意外にも口に合ったのか，「ビールが欲しい」と言い始め，そのまま近くのコンビニへと消える。このように夜市は，旅行者が手軽に現地の生活文化に触れる格好の機会となっている。

　夜市は，現地の人間にとっては，自分の街の代表的な風景として記憶されている。彼らにとって夜市は，日常の礼儀や地位を忘れて振る舞える場所であり，その多くがスニーカーやサンダル履きでやってくる。この特徴を，台湾の夜市研究者である余舜徳は「平民化」と呼んだ（余1995）。実際，夜市での経験で，「人情」や「本当の台湾」を感じられると語る台湾人は多い。もちろん，一方で彼らは，夜市を，粗野で乱雑で辺縁的な場所だと認識している。しかし，だからこそ，そこは，街のあらゆる人々が訪れた経験を持つ場所である。そしてその事実は，この街のすべての住民が，この経験と記憶を共有していることを意味している。たとえば，ある50代の台湾人男性は，自身の夜市での記憶を次のように語った。

Y　　昔の夜市の店には看板もメニューもなかった。だけど，何曜日のどの
　　　　場所に出ている屋台っていうだけで，みんなその店が分かった。分か
　　　　らない奴はモグリだと思ったね。間違いなく私の街に住んでいる人間
　　　　は皆その店のことが分かっていて，少なくとも一回はその店に行った
　　　　ことがあったと思う。
筆者　　そこに行ったことがあるかないかが重要ということですか？
Y　　もしお互いにその店のことを知っていたら，「あぁ，こいつは分かっ
　　　　ている奴だ」って安心できたかな。逆に知らないと，この人はこれま
　　　　でどういう暮らしをしてきたんだろうって不思議に思った。
　　　　　　　　　　　（2015年8月14日，台北市寧夏夜市における聞き取り）

　同じ場所をめぐる経験によって，夜市は日常生活では接点がない人たちの間
での，親近感を醸成しているといえるのかもしれない。
　夜市は，形式としては市場の一種であり，モノを売買する場所である。加え
て，夜市には非公式経済の側面もあり，社会の周縁的な市場である。しかし，
百貨店やショッピングセンターではそぎ落とされてしまう特殊な在地性が保存
されている場所でもあり，生活のなかにある在地文化に触れられる場所でもあ
る。だから同じ経験を，現地人は懐かしがり，旅行者は珍しがる。それでいて，
実践の形式としてのその経験は，ひたすら夜市のなかを散策し，好きなものを
食べ，衝動買いをするだけのことなのだ。

参考文献
─
余舜徳　1995「空間，論術與樂趣　夜市在臺灣社會的定位」黄應貴主編『空間，力與社
　　　會』中央研究院民族學研究所，391-462頁。

Active Learning ｜ アクティブラーニング 13

Q.1

自分の消費の理由を振り返ってみよう──モノの選択の理由

私たちは日常生活で様々な商品を消費する。しかし自分自身にとって意味深い消費の経験は頻繁には起こらない。過去3年間で購入したモノ・コトのうち特に印象深い商品をあげ，なぜそれが自分にとって印象深いのか考えてみよう。

Q.2

自己表現戦略について考えてみよう──SNS上の「個性」発信

近年SNSにおける個性発信において，消費行為は大きな比重を占めることが多い。あなたが投稿する際の注意点を書き出し，自分が，誰に向けた，どんなメッセージを送ろうとしているのか考えてみよう。

Q.3

ジンメル『文化の哲学』所収の「流行」を読む──流行の古典研究

都市的な現象について独創的な論考を残したジンメルは，流行現象の発生についても，差異化と同一化という社会的動態から分析を行っている。そこで本書を読み，流行現象に見られる人間の欲求の二面性について考えてみよう（白水社，1976）。

Q.4

見田宗介『現代社会の理論』を読む──現代人の消費と現代社会の構造

本章の内容は，消費について，消費者側の議論が中心であったが，実際の消費社会は，消費と生産の機制が合致することで，安定的に駆動している。本書を読み，消費様式と現代社会の構造との結びつきを考えてみよう（岩波書店，1996）。

移動・家族・仕事の社会学

第14章

移民という存在
移動・移民の社会学

佐々木祐

日常風景のなかの外国人

　私たちのふだんの生活で，観光客を含めた外国人と出会うことは，もはや珍しくはない。コンビニエンスストアや飲食店などで働く人のネームプレートに外国の名前が書かれているのを目にすることもしばしばだし，また外国籍の，あるいは外国にルーツを持つ友人がいる人も多いだろう。わざわざ「グローバリゼーション」などという言葉を持ち出すまでもなく，さまざまな国の人々との日常的な交流の機会が年々増えていることは，誰しもが実感していることだ。

　また，少子高齢化が急速に進展しつつある日本において，地域社会や経済活動の担い手として，外国出身の住民の存在が欠かせないものとなりつつあることが，近年さまざまな場所で主張されている。こうした人々を，「よそもの」，あるいは単なる「労働力」として捉えるのではなく，同じ場を共有する存在として認識し，相互理解をもとにした社会を創出することは，世界共通の課題ともなっている。

　本章では，特に日本社会における「移民」の歴史的・社会的背景を踏まえたうえで，人の国際的移動をめぐる社会学的な議論や観点について触れていこう。なお，ここでは「移民」を，さしあたり「観光や商用などの短期滞在者を除く，出身国／地域以外の場所で恒常的に生活を営む者」としておく。

KEYWORDS　#移民　#多文化共生　#グローバリゼーション

1 ｜ 移民時代に生きる私たち

　国連経済社会局人口部（2017）によると，2017年時点において世界には2億5800万人の国際移民（難民を含む）が存在する。それは総人口のおよそ3.4％を占めており，2000年以来その人数は増加する一方（約50％増）である。報道においても世界各地の移民・難民の状況が日々伝えられ，またそれが「社会問題」あるいは政治的争点として構築されつつあることも知られている。ある種，人為的に画定された境界線を越え，よりよい生を求めて移動することは，それこそ「国」などというものが存在しなかった古来より，人々にとって当たり前の行動であった。だが，その規模・範囲やスピード，また社会的インパクトが今日ほど大きく，また社会のさまざまな局面に影響を与えてきたことはないだろう。

　まさに，現代世界において人類は新たな「移民時代（The Age of Migration）」の段階に入ったわけであり（カースルズ／ミラー 2011），またそうした人々やモノ・カネ・情報の移動と交錯とをいわば「常態」としてこの社会を捉える視点が不可欠となっている（アーリ 2015）。移民たちの存在により，「国民国家」やその統治性，エスニシティ・文化，あるいは人権や人間の尊厳そのものといったさまざまな概念の再検討・再編成が求められているのである。

2 ｜ 日本社会と「移民」

日本に「移民」は存在しない？

　2019年6月末時点で日本に滞在する外国人はおよそ280万人，総人口の2.2％を超えたが，これは過去最高の記録であり，この20年でおよそ3倍の増加を見せている（法務省出入国在留管理庁 2019）。また国際結婚について見ても，毎年2万件以上，割合にして3％強の多国籍カップルが誕生している。さらに，義務教育対象者のうちこれも3％強が外国籍の，あるいは外国にルーツを持つ子どもだと推定できる（「人口動態調査」より。こうした情報は政府統計ポータルサイト「e-Stat」から閲覧できる）。このように，多様なルーツや国籍を持つ人々が，地域や社会

の一員として生活していること，また今後その人数は増えていくだろうという
ことは，誰の目にも明らかのように思える。日本社会もまた，移民時代のただ
なかにあるといえる。

　この背景を受け，外国人支援NGO「移住者と連帯するネットワーク（移住
連）」は，そうした人々の権利や文化を保障する基本法制定についての姿勢を各
政党に問うた。与党・自由民主党の回答は次の通りである。

　　　「反対・理由：わが国は移民政策を採用せず，今後も採用することはありません。
　　　ゆえにご提唱の『移民基本法』の制定の必要はありません」（移住連 2019）。

「木で鼻を括ったような」という形容がこれほどふさわしい物言いもないと感
じるだろうが，これは日本政府の基本的かつ一貫した見解でもある。日本国籍
を有しない者は基本的に「出入国管理及び難民認定法（入管法）」を根拠として
出入国在留管理庁による「管理」の対象とされるが，こうした人々を，我々と
ともに社会を構成する一員としての「移民」として対応する必要も議論する必
要もない，というわけである。

　だが一方で，高度な技能や知識を有する外国人の積極的な受け入れを目的に，
2015年に新たな在留資格「高度専門職」が創設されているし，さらに2019年か
らは「特定技能」資格を付与された外国人の受け入れが始まっている。こうし
た業務に対応するためそれまでの入国管理局の権限・規模を拡大・「格上げ」す
る形で，上述の出入国在留管理庁が発足した。

　また，事実上の低賃金労働者として就労している「技能実習生」に対する人
権侵害がしばしば報道されているのを目にした人も多いだろう。さまざまな問
題にもかかわらず，その人数は増加し続け，現在では36万人を超える外国人が，
最長5年を期限に農漁業・建設業や各種生産業，また介護サービスなどの現場で
労働している。また，外国人留学生（総数約33万人強）の多くがその滞在資格に
規定された限度（定められた職種において原則週28時間）の範囲でアルバイトと
して働いているのも皆が知るところだろう。

　これらの事実を知ったとき，すでに日本には一般的な意味合いにおいて，少
なからぬ移民が暮らしているといわざるをえないし，政府がその事実と必要性

を認識していることも分かる。だが，同時にそこから透けて見えるのは，需要
に応じた「労働力」としての外国人，あるいはその知識・技術は喉から手が出
るほど欲しいが，日本社会の一員として恒常的に生活する「移民」を受け入れ
るのは回避したい，という「本音」である。以降では，こうしたねじれ，ある
いは「欺瞞」の背景についてくわしく見ていきたい。

‥

移民社会としての日本（1）——在日朝鮮・韓国人を中心に

　明治以降進展した帝国日本建設と，それに伴う植民地獲得の過程で，朝鮮半
島に住む人々は，帝国臣民として強制的に日本国籍を与えられた。植民地化の
過程で経済的に周縁化された多くの朝鮮人は，「内地」である日本本土へ移動
し，移民・労働者として生活することになる。1945年の敗戦時点で200万人以
上の朝鮮人が日本内地に居住していたが，しばらくの間，彼らは国籍の面で曖
昧な状態に置かれていた（「日本国籍を有する外国人」）。だが1952年，サンフラン
シスコ講和条約が発効すると，彼らは正式に，そして一方的に日本国籍を剥奪
された（日本国籍を選択する権利はなし）。同様に植民地とされた台湾の出身者
も，同年に中華民国と日本との平和条約が発効すると同時に，日本国籍を離脱
したものとされた。植民地主義と戦争という大きな外的要因により，彼らは恣
意的に「日本人」とされ，そしてその後また恣意的に「外国人」とされたのだ。
　さまざまな政治的経緯を経て，彼らはその後，主に「特別永住者」などの資
格において合法的に日本で生活しており，その人数は約30万人強である。この
ように，歴史的にも社会的にも日本と深い関わりを持っている在日朝鮮・韓国
人だが，彼らには現在に至るまで選挙権が付与されておらず，また日本での生
活習慣や文化・言語に習熟しているにもかかわらず，しばしば根強い差別や偏
見に晒されていることも知られている。
　また，同様のプロセスのもとで，アイヌや琉球の人々のように，独自の社会・
文化・エスニシティを有する存在が，「日本人」として一方的に国家システムの
なかに包摂され，また社会経済的な周縁化により国内／国際移民となっていっ
た事実も指摘しておかなくてはならない。
　このように，「日本人」の定義や境界は現在に至るまで常に変化し続けてき
た。しばしば均質性が高いとイメージされる日本の文化や社会は，そうした歴

史的な背景とさまざまな移民や移動の経験と存在を不可視化させたうえで成立していることが理解できるだろう。戦後の日本はその初発の段階ですでに多くの移民と多様なエスニシティを含み込んでいたわけである。

・・
移民社会としての日本（2）──「日系人」たち

　上述した人々以外にも，日本には多くの定住外国人が住んでいる。まずその一例として取り上げるのは，いわゆる「日系人」，すなわち日本人移民の子孫たちである（日本国籍保持者も存在するが，ほとんどは外国籍）。ピーク時に比べてその人数は減少したとはいえ，現在でもブラジル・ペルーなどから来日した人々，合わせておよそ25万人が労働者・市民として日本社会に生きている。

　さて，明治初期から戦後数十年までの間，日本は移民の「送り出し国」でもあったという事実を意外に思う人もいるかもしれない。だが事実として，早くも1868年，つまり明治元年にハワイ王国へ移民（契約農業労働者約150人）を送り出したことを皮切りに，1940年代までにかけておよそ20万人以上がアメリカ大陸各国へと移住している。また第二次世界大戦終了後，植民地からの引き揚げ者が増加し，農地や雇用が不足するようになった1950年以降，海外移住が再び国策として奨励され，1970年代まで，約24万人がカリブ・中南米地域へと移住していった。こうした人々とその子孫は全世界でおよそ260万人以上と見積もられている。

　一方，日本経済の好景気を背景に，1980年代後半には主に南米から，日系人たちが仕事を求めて来日するようになった。彼ら「デカセギ」は，「キツイ」「キタナイ」「キケン」のいわゆる「3K」業種の人材不足を埋める形で日本の産業界を支えてきたが，実態としてはほとんどが非合法労働者であった。ある者は日本人の親戚を頼りに，またある者はブローカーの仲介によって来日・就労した。こうした「還流」に拍車をかけたのが，さらなる好景気，いわゆるバブル経済を背景とした，1990年の入管法改正である。これにより「日系人」（三世まで，およびその配偶者・子）は主に「定住者」資格において合法的に滞在し，他の在留外国人とは異なり職種に制限なく就労することが可能となった。この改正は，本来こうした南米出身日系人だけを念頭に置いたものではないとされているが，いわば「意図せざる結果」としてその後日系人の大幅な増加を招く

ことになった。

　このように，事実上の移民として生活している日系人たちだが，もちろんその全員が日本語を母語としている，あるいは日本社会における生活習慣に習熟しているわけではない。また，幼少時に来日した，あるいは日本で生まれ育った日系人の子どもたちも，しばしば容姿や文化的振る舞いなどを理由に社会的な周縁化に晒されるケースがあることも指摘されている。このため，生活・就学・就労などにおいてさまざまな困難や差別に直面する場合が多い。事実，彼らの高等教育進学率は顕著に低いことが推定され，また就労制限がないとはいえ実際にはその非正規雇用比率も極めて高いと報告されている（移住連貧困プロジェクト 2011）。

移民社会としての日本（3）──「ニューカマー」の存在

　さて，在留外国人のうち8割がアジア地域の国籍を有しているが，そのうち中国籍所持者（約79万人）に次ぐ人口比を占める，ベトナム人とフィリピン人の事例についても簡潔に触れておこう。こうした人々は，現在の日本における，いわゆる「ニューカマー」の一部である。

　現在の在日ベトナム人の数は約37万人であり，国籍・地域別に見ると近年最も高い増加率を示している。1975年以降のインドシナ難民（いわゆる「ボートピープル」）の増加に対し，日本政府もその対応として合計1万人強の定住受け入れを決定し（そのうち76%がベトナム国籍），兵庫県および神奈川県に設置された「定住促進センター」において日本での生活を始めるための教育や職業斡旋を行った。ちなみに，現在でもこの二県には多くのベトナム人がコミュニティを形成しながら生活している。近年では留学生や技能実習生として来日するベトナム人が急増しており，およそ7割以上を占めるようになっている。

　次にフィリピンは，国策として海外移民を推奨してきたこともあり，1980年代後半から2000年代前半にかけて多くの女性たちが「興業」資格で来日している。エンターテイナーとして就労したこうした女性たちは，日本人男性と国際結婚する機会も多かったが，近年ではこうした傾向は変化し，男女ともに「技能実習」などの資格で来日するケースが年々増加しつつあり，現在約28万人が日本に在住している。なお，両国ともにそれぞれ2008年・2009年に日本と経済

連携協定（EPA）を締結しており，これまで計2500人以上が看護師・介護福祉士候補者として医療・介護施設で就労・研修を行っている。このように，彼らは地域と経済，そして福祉医療に欠かせない担い手として，この社会で生きているのである。

　東南アジア諸国からのこうした人々についても，すでに日系人の事例において示したような諸問題が指摘されている。しかし，その対応については主として各自治体や教育現場，あるいはNGOをはじめとする民間組織や個人に委ねられており，日本社会に生きる必要不可欠な存在として外国人住民を捉える統一的かつ制度的な対応は未だ不十分なままである。たとえば外国籍の子どもたちの教育について，文部科学省は2019年になってからやっと状況調査を実施し，全国でおよそ2万人もの外国人児童が義務教育にアクセスできていない事実が明らかとなったばかりである（文部科学省総合教育政策局 2019）。日本において結婚・出産，そして育児や教育を行う人々の多様性がますます増大してゆくことが予想される現在，こうした問題に適切かつ迅速に対応できないならば，それがもたらす社会的損失は将来的には莫大なものとなるだろう。

　来日しこの国で移民として生活する人々を，「労働力」として単に経済的な観点からのみまなざし，一人一人の人間として向き合うことを半ば意図的に放棄してきた日本政府の施策は，現実の諸局面においてこのように多くの問題や矛盾を生み出し続けている。人を「必要／不必要」「望まれる／望まれない」という一面的かつ二項対立的なカテゴリーに分類するこうした「選別的移民政策」（小井土 2017：9）を根本から批判し，現状に即したより「人間らしい」方策と社会を作り上げてゆくことは，日本だけでなく世界的な急務である。

3｜人の国際移動をめぐる社会学的視座
・・・

古典的な移住理論

　こうした人の国際移動と定住の過程を分析するための古典的な説明枠組みが，「プッシュ－プル理論」である。経済的に遅れた地域の否定的要因に押し出され（プッシュ），経済的に発展した地域の諸条件へと引き寄せられる（プル）ものとして移民を説明するこの理論は，それがまったく間違っているとはいえないも

のの，現在ではさまざまな側面から批判されている。経済学的な発想からなされるこの説明は，社会・文化・歴史的背景といった諸要因の影響を欠落させており，またなぜある特定の時期に「ここ」から「あそこ」へと人の移動が起きるのかを十全には解明できないからである。また，先進国間あるは発展途上国間の人的移動についても，これでは説明が難しい。また，貧困や紛争・政治的混乱，あるいは災害や環境変動といった大きな状況のもとに置かれながら，なおもそれぞれの有する資源や社会関係資本を駆使して多様な方策を模索する人々の創発性や主体性も，ここでは無視されている。そもそも，現代世界において一つのシステムとして密接に連関し相互に依存しあってもいる中心部と周縁部を，二つの断絶した存在として捉えることには無理があるといえよう。

　より適切に人の動きを考察するためには，各国・地域の移民政策や同化・統合・排除の様相，さらには労働市場の構造や歴史・社会的に構築された自己／他者イメージなどについても考慮に入れたうえで分析を行う必要がある。さらに，国家を超えて進展する新自由主義的経済体制により，地域間の格差や分断が構造的に産出され維持されつつある事実にも注意を向けなくてはならない。

・・・

移住のプロセスとネットワーク

　こうした議論を踏まえたうえで，特に社会学において近年有力な視座の一つとなっているのが「移住システム論」というアプローチである（樋口 2002）。移住を単一の事象として捉えるのではなく，移動から定住に至るプロセスに着目しながら，そこでの社会的なネットワークの役割を重視する点がその特徴である。

　否定的な状況に置かれたからといって，ただそれだけで人はランダムにどこかへ移住したりは（普通）しない。居住地を去り，ある特定の場所へと移動を続け，目的地で定住する，あるいはさらに移動を続けたり帰還を決意したりする，というそれぞれの過程において，形成され蓄積されたコミュニティやそのネットワークにアクセスしながら，人々は次第に移民と「なる」のである。こうした観点に立つことにより，移民を単なる受動的な客体ではなく，諸条件や多様な組織・人々との交渉を行いつつ能動的に行動を続ける存在として記述することが可能になる。また，その際に参入あるいは形成するコミュニティの創

造的な役割について分析することの重要性も理解することができるだろう。

　こうして，人の国際移動はきわめて社会的・集合的な性質を有していることが分かる。もちろん，その背景には古典的な理論が提示したような国家・地域間の厳然たる格差や不平等（そしてそれに伴う暴力）が存在していることは忘れてはならない。

•••

課題としての「多文化共生」

　移民たちとともに市民社会を構築してゆくために，近年「多文化共生」という概念が提唱されているのを耳にしたこともあるだろう。基本的な理念としては歓迎すべきだと考えるものの，次の諸点に留意しておく必要がある。まず，常に揺れ動き変容し，またさまざまな中間形態や変異体を生み出してゆく文化の特質を無視し，それを固定された実体（しばしば「私たち」と「それ以外」の）として措定することは不適切なだけでなく，現実にはむしろ差別や抑圧を生み出す原因にもなりかねない。次に，移民たちの抱える問題を「文化」の観点からのみ解決できると考えることは夢物語に過ぎない。すでに指摘した社会・経済・教育にわたる諸問題を制度的に解決すること，また近年顕著となりつつあるレイシズム・排外主義に決定的な否を突きつけること。こうした課題をクリアすることが，この社会に生きる我々全員に要請されている。そして，社会学的に考えることは，そのための知見と手がかりを与えてくれるはずだ。

参考文献
—

アーリ，J　2015『モビリティーズ——移動の社会学』吉原直樹・伊藤嘉高訳，法政大学出版局。

移住連貧困プロジェクト　2011『日本で暮らす移住者の貧困』現代人文社・大学図書。

カースルズ，S／M・J・ミラー　2011『国際移民の時代』第4版，関根政美・関根薫監訳，名古屋大学出版会。

小井土彰宏　2017「選別的移民政策の時代」小井土彰宏編『移民受け入れの国際社会学——選別メカニズムの比較分析』名古屋大学出版会，1-48頁。

樋口直人　2002「国際移民の組織的基盤——移住システム論の意義と課題」『ソシオロジ』47(2)：55-71。

（ウェブページ）

移住連　2019「移民政策についての政党アンケート・政党からの回答」https://migrants.jp/news/voice/20190703.html（最終閲覧2019年12月14日）。

国連経済社会局人口部　2017「Population Facts」https://www.un.org/en/development/desa/population/publications/pdf/popfacts/PopFacts_2017-5.pdf（最終閲覧2019年12月14日）。

総務省統計局「e-Stat」https://www.e-stat.go.jp/（最終閲覧2019年12月14日）。

法務省出入国在留管理庁　2019「令和元年6月末現在における在留外国人数について」http://www.moj.go.jp/nyuukokukanri/kouhou/nyuukokukanri04_00083.html（最終閲覧2019年12月14日）。

文部科学省総合教育政策局　2019「外国人の子供の就学状況など調査結果」https://www.mext.go.jp/content/1421568_001.pdf（最終閲覧2019年12月14日）。

| Case Study | ケーススタディ 14 |

「北」を目指す人々
中米移民の移住システム

　ドナルド・トランプ米大統領の政策と言動により，国境を越えて新たな生に賭けようとする移民たちの存在が今日ますます焦点化されるようになっている。

　かつては「不法移民」の代名詞とも見なされていたメキシコ人であるが，近年ではその座をメキシコ以南の中米諸国（特にグアテマラ・ホンジュラス・エルサルバドル）出身者に譲り渡しつつあり，実際2019年8月末までに米南部国境地帯で拘束された80万人強のうち，60万人弱が中米出身と報告されている。

　オバマ前政権も含め，こうした人の流れを抑制するため合衆国政府がその取締りを強化させてきたことは広く知られているが，そうした対症療法的な施策が移民たちの流れを抑制できているとは言いがたい。それどころか，自国を逃れ「北」を目指す人々の数は年々増大している。極度の貧困（上記三ヵ国の貧困率は30％超）と治安の悪化（たとえば2017年のエルサルバドルの殺人率は世界最高），さらに慢性化した統治不全。こうした否定的かつ陰鬱な諸与件は，その否定項として措定される「北」に，現実離れした輝きを与えることになる。暴力と貧困が渾然一体となった現実から離脱する限られた方策の一つが，国外への移民であることは容易に想起できよう（もう一つの方策は，暴力を行使する側へと身を置くことである）。特に80年代，グアテマラおよびエルサルバドルからは，内戦を逃れて多くの避難民がメキシコへ，そして合衆国へと移動し，そこで生活の基盤とコミュニティを作り上げていった。

　ところで，合衆国へのメキシコ人移民の一つの起源は，第二次世界大戦中の契約労働者制度にある。彼らは「必要な労働力」として「合法的」に導入されたわけであるが，そもそも現在の合衆国南西部は1848年の米墨戦争終結までメキシコ領土だったわけであり，そこにはその後も多くのメキシコ人コミュニティと人の往来が存在してきたのだ。こうした「資源」を利用しながら，その後も多くのメキシコ人が「不法」労働者として合衆国へ渡ることになる（もちろん

写真14-1　タバスコ州・テノシケ（メキシコ―グアテマラ国境付近）の支援施設にて祈りを捧げる中米移民たち（2013年8月，筆者撮影）

その背景に安価な労働力への強い需要があったことは，いうまでもない）。こうした経験をも流用する形で，中米人たちは移動を行うわけである。

　合衆国に存在するこうしたコミュニティは，そこでの就労や生活の機会を移民たちに提供するだけでなく，仕送り＝成功経験という形で母国へ資源を還流し，移動経路へのアクセスをさらに確固たるものとする。また，道中での移動や国境越えを仲介するブローカーたちの存在も，移動をより安全で効率的なものに見せる効果を果たす（実際には，それがきわめて疑わしく，また危険なものであったとしても）。

　こうしたさまざまな経験と経路，コミュニティとネットワークが複合的に組み合わされる形で，一つの「移住システム」が構築されてゆく。それはまた，国内，途中経路であるメキシコ，そして「目的地」である合衆国の情勢に応じて変化し再調整されながら，なおも多くの人々を「北」へと送り込む装置として機能しているわけである。またそれは，移動を続ける人々の個別の思いや戦略によって日々更新されてゆく。物理的な「壁」をいかに高く構築しようとも，こうしたシステムの機能を止めることはできないだろう。それは，なによりも生を希求する人々の巨大な情動によって駆動されているのだから。

Active Learning │ アクティブラーニング 14

Q.1

海外移住という経験──日本人移民の歴史や背景について調べてみよう

日本のどのような地域から，どのような人々が海外へと移住していったのか，また移住先での生活や文化などを調べてみよう。移民たちの生活の実情や多様な文化実践などについて日本語で書かれた多くの著作が手がかりになる。

Q.2

多民族国家ニッポン──外国人住民・労働者について知ろう

政府統計ポータルサイト「e-Stat」にアクセスし，日本のさまざまな地域における外国人住民の人数や年齢構成，その出身地・在留資格，またその時代的な変化などについて，実際のデータに触れながら分析・考察してみよう。

Q.3

現代世界における移民・難民──「社会問題」という視点からの脱却

移民と難民とを区別することは困難，あるいは不適切な場合がしばしばある。そうした人々が現在，日本と世界においてどのような状況にあるのか，ニュースなどを題材に個別の事例についてまとめ，報告・発表してみよう。

Q.4

多様な社会を包含する社会へ──「移民社会」の未来を構想してみよう

移民や海外移住をどこか「遠く」の事例としてではなく，私たちの生活と未来に密接に関連した事象として捉え直し，将来へ向けてどのような取り組みや制度・社会が必要なのかについて，相互に話し合い討論してみよう。

第15章

国際結婚と地域社会
移動の女性化とグローバリゼーションの社会学

平井晶子

もう一つのグローバル化の最前線

ニューヨークやロンドン，東京といったグローバルシティは，人・モノ・情報が行き交うまさにグローバル化の最前線である。しかし，今日のグローバル化は大都市だけで進んでいるわけではない。過疎化・高齢化が進む地域社会でも進んでいる。

2018年，日本に暮らす外国人は，はじめて人口の2％を超えた。数にしておよそ260万人，京都府の人口に匹敵する。外国人の割合が最も高いのは東京都，ついで愛知県であるが，それらに続くのは群馬県，三重県，大阪府，岐阜県である（2017年）。全国各地に広がっている。

地域で暮らす外国人，とりわけ国際結婚で来日した人たちの親族ネットワークは，当然グローバルな関係を構成する。国際結婚家庭の子どもは，グローバルな親族関係を持ち，多文化環境で育つ。そもそも結婚とは，異なる家族文化を持つ二人が，一つ屋根の下に暮らす深遠なプロジェクトであり，どのような結婚であれ一種の異文化体験を伴う。国際結婚ともなれば，そのインパクトは格別である。

本章では地域社会における国際結婚の背景を理解しながら，国際結婚によりグローバル化する地域社会の新たな可能性を考える。

KEYWORDS #グローバル化する地域社会 #女性の国際移動 #多文化教育

1 │ 増加する国際結婚──日本・韓国・台湾

日本の国際結婚

　厚生労働省の『人口動態統計』によると，2017年，日本では約61万組の夫婦が誕生している。そのうち，どちらか一方が外国人という，いわゆる国際結婚カップルはおよそ2万組で，結婚の3.5％を占める。海外で暮らす日本人が外国人と結婚するケースも毎年およそ1万人に上ると推計されている（山田・開内 2012：11）。国内，海外を合わせると，およそ3万人（結婚した人の2.5％）が毎年国際結婚をしていることになる。

　国内の国際結婚夫婦の居住地に注目すると（表15-1），2005年では最も多いのが山梨県，次が長野県で，大都市圏も上位にある。2015年になると大都市圏が上位に来るが，岐阜県，三重県，長野県もトップテンに残っている。やはり国際結婚は全国的な現象である。

　国際結婚が頻繁に見られるようになったのはいつからか。

　図15-1が示すように，1980年代から国際結婚は増え始めた。産業化・都市化に伴い若年人口が都市へ移動するなか，地方に居住するあとつぎ男性が結婚難に陥った。その対応として「ムラの国際結婚」が始まった。「南」（＝発展途上社会）の女性が，「北」（＝より経済的に発展した社会）に結婚移住する「南北型」国際結婚の始まりである（藤井 2013）。

　その後，経済のグローバル化に伴い不安定な周縁化される男性が増えたことで，都市部でも「南北型」国際結婚は

表15-1　都道府県別国際結婚夫婦（妻＝外国人）の割合トップテン（2005年と2015年）

	2005年		2015年	
	都道府県	妻＝外国人（%）	都道府県	妻＝外国人（%）
1位	山梨	7.59	愛知	3.82
2位	長野	7.13	千葉	3.22
3位	東京	6.93	東京	3.18
4位	千葉	6.64	岐阜	3.13
5位	福井	6.23	神奈川	3.09
6位	岐阜	6.22	三重	2.93
7位	静岡	6.05	長野	2.91
8位	山形	6.04	埼玉	2.87
9位	埼玉	6.04	山梨	2.74
10位	愛知	5.97	大阪	2.68

出所）『人口統計資料集』（2019）の「表12-38　都道府県，夫妻の国籍（日本・外国）組み合せ別婚姻割合1975〜2015年」より作成。

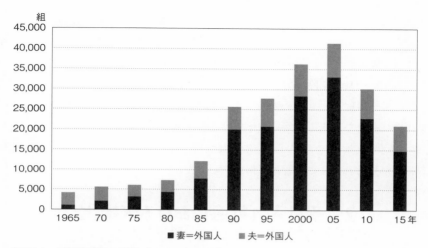

図15-1　国際結婚数の推移（1965〜2015年）
出所）『人口統計資料集』（2019）の「表6-16　夫妻の国籍別婚姻数　1965〜2017年」より作成。

広がり，90年代には倍増する。また留学や就職で来日する外国人も増え，大学や職場での出会いによる「文化交流型」国際結婚も増えた（藤井 2013）。ただし2006年をピークに国内の国際結婚は減少している。

・

台湾・韓国の国際結婚

国際結婚が増えたのは日本だけではない。台湾では，最も多かった2003年，結婚の実に31％が国際結婚であった（表15-2）。さすがに3割という高い国際結婚割合は長くは続かなかったが，現在でも13％，8組に1組は国際結婚である。韓国でも，2008年のピーク時には11％が国際結婚であった（表15-2）。一時7％まで低下したが，現在は9％と再び増えている。日本も含め，2000年代が最も国際結婚が多かった。未婚化のなかで「蓄積」してきた結婚指向の強い層が，新しい国際結婚ブームのなかでそれを実現していったからである。現代は「未婚であること」が

表15-2　日本・韓国・台湾の国際結婚割合

	ピーク以前	ピーク	現在
日本	1％（1980）	6％（2006）	4％（2017）
韓国	—	11％（2008）	9％（2018）
台湾	16％（1998）	31％（2003）	13％（2015）

出所）日本は『人口統計資料集』（2019），韓国は統計庁（2019），台湾は中華民国内政部戸政司（2016）。

常態化してきたこともあり（永田 2017），国際結婚も「落ち着いた」。

　台湾の国際結婚には「大陸出身者との結婚」が，韓国の国際結婚には「中国で暮らす朝鮮族との結婚」が含まれるように，文化や言語を同じくするケースもあるが，それらを除いても，台湾・韓国の国際結婚比率は日本より高い。

　このように日本・韓国・台湾の国際結婚には，①1980年代以降に増加し2000年代にピークを迎える，②「現地男性と外国人女性」の組み合わせが多い，③「南」の女性が結婚を機に「北」に移動する「南北型」結婚が多いなど，共通する特徴が見られる。この背景に何があるのか。

2│受け入れ社会における未婚化，送り出し社会における「移動の女性化」

受け入れ社会の未婚化

　国際結婚女性を多く受け入れている日本・韓国・台湾はいずれも未婚化が著しい。日本の場合，1970年代まで，ほとんどの人が結婚する皆婚社会であったが，徐々に未婚割合が上昇した。そして現在，50歳時点の男性の2割以上が，女性の1割以上が未婚である。急激なスピードで社会の基層構造が変わっている（図15-2）。

　厚生労働省（国立社会保障・人口問題研究所）が5年ごとに行っている『出生動向基本調査』によると，この変化は，独身主義を志向する人が増えた結果というわけではない。「いずれは結婚するつもり」と考えているが「適当な相手がいない」ことから結婚を先延ばしにした結果である。つまり，結婚を希望するが現実には未婚にとどまることから，未婚化＝結婚難と理解されてきた。

　未婚化は韓国や台湾でも起きている（表15-3）。韓国では55歳のおよそ2割（2010年）が，台湾では1割強（2018年）が未婚である。そして，この三ヵ国の未婚化は極めて低い出生率をもたらした。

　東アジアの未婚化は少子化をもたらしたが，未婚化が必

表15-3　日本・韓国・台湾の50歳時の未婚率

	男性	女性
日本（2015）	23%	14%
韓国（2010）	17%	21%
台湾（2018）	13%	12%

注）韓国は55歳時。
出所）表15-2と同じ。

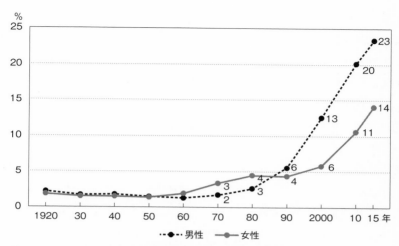

図15-2　日本における50歳時の未婚率の推移（1920〜2015年）

出所）『人口統計資料集』（2019）の「表6-23　性別，50歳時の未婚割合，有配偶割合，死別割合および離別割合　1920〜2015年」より作成。

　ずしも少子化に直結するわけではない。たとえばフランスの場合，未婚者は多いものの事実婚や同棲が増え，未婚での出産が増えたため，未婚化と少子化は連動しない。制度面でも，意識面でも，法律婚にこだわらない多様なかたちのカップル形成が可能になったからである。「カップル」になることが個人の生き方を拘束しないよう，また「生涯の伴侶」という重荷を背負わずに「カップル」になれるよう環境を整えたことで，実質的なカップル形成を可能にした（大島2017）。

　他方，東アジアでは，社会が大きく変化しているにもかかわらず，結婚のあり方（結婚制度）も，夫婦の関係性（性役割分業構造）も，意識（離婚はしたくない）も大きく変わらなかった/変えなかった。そのため，結婚のハードルが高く感じられ，カップル形成が難しくなった。

「第二の近代」における二つのケア労働の不足――家事労働者と妻

　1970年代，欧米社会は大きな変動期を迎えた。グローバル経済の進展により，マクロな社会の枠組みが変化するとともに，少子化や独身者の増加など人々のミクロな関係（ライフコースや家族関係など）も変化した。社会学ではこの変化

を従来の枠組みでは理解できない新しい社会の到来と捉え，「第二の近代」（Beck/Beck-Gernsheim 2002）や「後期近代」（ギデンズ 1995）と名づけた。そこでは，新たな社会状況に適応するため，マクロなグローバル経済（公共圏）とミクロな個人の暮らし（親密圏）の再編成が求められた（落合 2013）。性役割分業にかわる家族と社会のあり方はどのようなものか，ワークライフバランスをいかに取るか，仕事と家庭の両立をいかに実現するかなど，現代につながる問題が顕在化した。

　この社会変動は，当然，日本を含むアジアの先進国にもやってきた。しかも，アジア（日本を除く）では，工業化や人口転換（多産多死から少産少死への変化）などのスピードが速かったため，「第一の近代」が終わる前に「第二の近代」が始まる「圧縮される近代」を生きなければならなかった。アジアで社会問題が先鋭化するのはそのためである（落合 2013, 張 2013）。

　公共圏と親密圏の再編成とは，公共圏における労働形態の変化が親密圏における育児や家事といったケア労働のあり方に大きな影響をもたらし，新たな形態を求めることを意味する。「第一の近代」では男性の安定雇用や生涯続く結婚を前提に，性役割分業が確立した。しかし「第二の近代」においては，カップルがともに生産労働に従事するようになり，ケア労働の「担い手」が不足する。ワークシェアにより，カップルそれぞれが仕事とケア労働のバランスを取る方向に社会を変えていった北欧やオランダのような国もあるが，アメリカやフランス，香港やシンガポールのように，女性の社会進出が進むと家から主婦がいなくなり家事や育児の担い手が足りなくなる社会も出てきた。そこでは不足する家庭内のケア労働を「家族の外」に求めた。その調達先として注目されたのが「南」である。

　「北」の家庭の子どもの世話や食事の準備をするために，「南」の女性が雇われる。「北」の女性は生産労働に従事するにもかかわらず，ケア労働は「女性向き」の仕事とされ，「ケア労働に長けた」「南」の女性が求められた。雇用する「北」側だけでなく，その役割を引き受ける「南」でも，「私たちはケア労働に長けている」と理解し，その役割を引き受けた（Ehrenreich and Hochschield 2002）。

　他方，日本・韓国では，女性が仕事に就いても，家事や育児は従来通り「妻」が中心になって担当する。その分，（結婚難が生じ）「妻」が足りなくなった。そ

の担い手として期待を寄せられたのが、「南」の女性である（藤井 2013）。

·· 送り出し社会における移動の女性化

　「南」から「北」への国際移動は今に始まったわけではない。以前から頻繁に行われていた。しかし長らくその中心は男性であった。女性も国際移動をしていたが、「男性に同伴される家族」（家族移民）と見なされ、女性に焦点が当たることはなかった（小ヶ谷 2016: 4）。

　ところが1980年代から「単身」で国境を越える女性が増え始め、1990年代には移動主体の顕著な男女差が消失した。男性の国際移動が減ったわけではなく、かつてない規模で女性の国際移動が拡大したからである。「移動の女性化」である（カースルズ／ミラー 2011）。国際移動は未婚・既婚を問わず多くの女性を巻き込んだ。

　たとえばフィリピンでは、自国で教師をするよりも、イタリアで住み込みの子守となる方がはるかに稼げる。かつては「自国での教師」と「海外での子守」が天秤にかけられることはなかった。しかしグローバル化のなか、近所の人が出稼ぎに行き「稼げる」現実を知ると、選択肢が可視化され、海外への出稼ぎが増える。一家を支えるため、日々の暮らしのために出稼ぎをせざるをえないケースもあるが、「より良い」暮らしを求め（立派な家を建てるため、子どもにより良い教育機会を与えるためなど）出稼ぎに行くことも多くなる。国内で都市へ出稼ぎにいく、その延長上に海外への出稼ぎが位置づけられた。「南」の女性にとって海外移住は身近になった（Ehrenreich and Hochschild 2002）。

　「南」から「北」への出稼ぎの、さらにその延長上に「南北型」国際結婚がある。もちろん出稼ぎと結婚移住では人生における重みが違う。しかし移住女性が実家を経済的に支えるという「グローバルな世帯保持」機能から見ると、共通する構造を持つ。出稼ぎは職種や居住地などの制限があるが、結婚移住の場合、より自由に、より長期にわたって仕事に就くことができ、「送金」を通して実家の世帯を支えることが可能になる（藤井 2019）。

3 │ 国際結婚家庭のグローバルネットワークと 地域社会のゆくえ

…

移動の思わぬ帰結

　より多く稼げると考え「北」へ出稼ぎに出た女性たち，とりわけ子どもを置いてきた女性たちは，予想以上の困難に直面した。移動した女性自身も，残された子どもも，想像以上の孤独を味わう。「自分の子どもは人に預け，自分は他人の子の世話をする」というねじれた構造に組み込まれたからである。移住女性は，自分の子どもの世話ができないのに，いや，できないからこそ，目の前の雇い主の子どもに愛情を注ぎ，手間をかける。すると「ほっておかれた」子どもは本来自分が受けるべき愛情を奪われた気になり一層孤独になる。「家族のため」の出稼ぎが，ときに家族を危機にさらす（Ehrenreich and Hochschield 2002）。

　また，結婚移住で「北」に移動した女性たちは，必ずしも送金しているわけではなかった。アジア内部の経済格差が縮小したことや，「北」での生活（とりわけ子どもの教育費）に想像以上にお金がかかるからである。我々が行った調査でも，「定期的な送金」は，日本・韓国で3割，台湾で4割，「家の改築・新築の資金」や「親族の進学」など特別な資金を出すこともあるが，まったく経済的支援をしていないケース（日本・台湾で4割，韓国で5割）も多い（連 2019: 110）。

…

国際結婚家族の新たな可能性——同化政策から多文化家族政策へ

　外国人妻たちは，受け入れ側の「北」の社会で「ふつう」の妻（嫁）になることが期待された。早く現地の言葉や文化を覚え，「良き妻」になることが求められた。彼女たちもそうなるべく努力した。子どもには母語よりも受け入れ社会の言葉を教えるべきと考えられた。

　しかし，一層のグローバル化が進む現在，外国人妻たちの位置づけが変わってきた。「外国人」であること，「多文化家族」（＝国際結婚家族）であることの意義が高く評価されるようになったからである。

　台湾のケースで見てみよう。

　台湾では国際結婚家族が急増し，その子どもたちが学齢期を迎える2000年ご

ろから，外国人妻を「新移民」，その子どもたちを「新移民の子」として国をあげて支援した。十分に中国語を理解し，台湾社会に溶け込めるよう，手厚いサポートを始めた。ところが，手厚いサポートにもかかわらず子どもたちは学校生活になかなか適応できなかった。行政も支援者たちも，十分なサポートをしてきたという自負があるだけに，同化政策を中心とするサポートでは不十分だと早々に気づき，多文化教育に舵を切る。その象徴が「新台湾の子」というスローガンである。移民をサポートし同化を促す「新移民」ではなく，多文化を持つ「新しいタイプの台湾人」として受け入れようという政策転換である。もちろん台湾社会で生きていくためには，中国語は必須であり，そのサポートは続ける。しかし，それだけでは子どもの発達には十分ではない。子どもの発達には自尊感情が重要であり，そのためには母親の自尊感情，それを支える母親の文化への態度を改めなければならないと考えられた。そして子どもへの母語教育に力を入れる。しかも多文化・多言語教育はミクロな家庭の問題ではなく，グローバル化する世界で生き残る国家戦略となった。このような国際結婚家庭をめぐる政策・環境の変化により，国際結婚家庭の子どもは差別の対象から羨望の対象へ変化した。

・・・

グローバルな親族ネットワーク，軽やかな国際移動

　結婚期間が長くなると実家への帰国の頻度は下がる。「送金」も必ずしもしているわけではない。しかし，グローバルな親族ネットワークはさまざまな形で機能する。

　たとえば20年以上前に台湾に結婚移住してきたＡさんの場合，娘が母国の大学に進学し，Ａさんの実家で暮らしている。おそらく就職もＡさんの母国で見つけ，台湾に戻らないだろう。インドネシアから来たＢさんは，実家のあるムラに，家族のための家と自分のための家をすでに建てている。老後は台湾と半分ずつ暮らし，（年上の夫が亡くなったら）最期は母国の家で迎えたいと考えている。「ムラに帰れば親戚がたくさんいるから何の不安もない」と言う。

　また，20年以上前にベトナムから台湾に結婚移住したＣさんの場合，娘を日本に留学させたいと考えている。「子どもの希望」が理由としてあげられたが，ほかのケースでも子どもの留学希望者は少なくなかった。

　国際結婚家庭が必ずしも良好な親族関係を維持できるわけではないが，それが可能であれば，次世代にも，自分の老後にもつながっていく。また国際結婚家庭では，母国との往来だけではなく，国際移動そのものへのハードルが下がり，世代をこえてグローバルな世界が広がる。

…

日本の国際結婚と地域のグローバル化

　国際結婚，その始まりは「南」から「北」への上昇婚であり，「グローバルな世帯保持」を意図したかもしれない。異国での暮らしは苦労も多く，離婚率も高い。移住先で周縁化し，母国とのネットワークを頼りにしなければ暮らしていけない側面もあるだろう。けっしてバラ色というわけではない。

　しかし，ますますグローバル化する社会のなかで，国際結婚家庭の子どもたちは，はじめからグローバルな存在であり「新たな資源」となる。ただし日本では，台湾や韓国のような国家をあげての手厚いサポートはない。日本語教育も自治体に任され，NPOの自主的な支援に負うところが多い。国際結婚家庭だけではなく，外国人移住者への行政的サポートはこれからであり，いよいよ本格的に進めていかなければならない。課題は山積している。

　しかし，台湾の事例からも分かるように，国際結婚家庭への支援は「弱者救済」ではない。子どもが少ない地方社会で，国際結婚家庭の子どもたちは次世代を担う貴重な存在であり，しかもグローバルな「資源」も持ち合わせている。かつて地方は大都市の周辺であった。大都市を経由し，その先に世界があった。しかし今は違う。地方に暮らす国際結婚家庭の妻たちは，直接，ハルピンやマニラ，ハノイとつながっている。子どもたちは地方に居ながらにして中国語やベトナム語，タガログ語の話者となる。地方がグローバル化の最前線となっている。個人的な親族ネットワークでつながる新たなグローバル化が進んでいる。高齢化する地方社会で比較的若い外国人妻は貴重である。少子化する地域で国際結婚家庭の子どもも貴重である。彼らが，また彼らのネットワークを通して形成される活動が，地域に新たな活力をもたらしてくれるのではないだろうか。国際化は足下で着実に進んでいる。

参考文献
—

大島梨沙　2017「フランスにおけるカップル形成と法制度選択」平井晶子・床谷文雄・
　　山田昌弘編『出会いと結婚』日本経済評論社，143-165頁。
小ヶ谷千穂　2016『移動を生きる——フィリピン移住女性と複数のモビリティ』有信堂。
落合恵美子　2013「アジア近代における親密圏と公共圏の再編成——『圧縮された近代』
　　と『家族主義』」落合恵美子編『親密圏と公共圏の再編成』京都大学出版会，1-13頁。
カースルズ，S／M・J・ミラー　2011『国際移民の時代』第4版，関根政美・関根薫監
　　訳，名古屋大学出版会。
ギデンズ，A　1995『親密性の変容——近代社会におけるセクシュアリティ，愛情，エ
　　ロティシズム』松尾精文・松川昭子訳，而立書房。
張慶燮　2013「個人主義なき個人化——『圧縮された近代』と東アジアの曖昧な家族危
　　機」落合恵美子編，前掲書，39-65頁。
永田夏来　2017『生涯未婚時代』イースト・プレス。
藤井勝　2013「現代の東アジアと国際結婚」『社会学雑誌』30：37-60。
　　——　2019「東アジアの国際結婚研究に向けて」藤井勝・平井晶子編『外国人移住者
　　と「地方的世界」——東アジアにみる国際結婚の構造と機能』昭和堂，1-15頁。
連興檳　2019「日本・韓国・台湾における育児・介護の比較」藤井勝・平井晶子編，前
　　掲書，91-116頁。
山田昌弘・開内文乃　2012『絶食系男子となでしこ姫——国際結婚の現在・過去・未来』
　　東洋経済新報社。
Beck, U. and E. Beck-Gernsheim 2002. *Individualization*. London: Sage Publications.
Ehrenreich, B. and A. R. Hochschild 2002. *Global Woman: Nannies, Maids, and Sex Work-
　　ers in the New Economy*. New York: Metropolitan Books.
（ウェブページ）
日本：厚生労働省　2019『人口動態統計』http://www.ipss.go.jp/syoushika/tohkei/Popular/
　　Popular2019.asp?chap=0（最終閲覧2020年1月15日）。
日本：国立社会保障・人口問題研究所　2015『出生動向基本調査』http://www.ipss.go.jp/
　　site-ad/index_Japanese/shussho-index.html（最終閲覧2020年1月15日）。
韓国：統計庁　2019 'Marriage and Divorce Statistics in 2018', http://kostat.go.kr/portal/
　　eng/press Releases/8/11/index.board?bmode=read&bSeq=&aSeq=375536&pageNo=
　　1&rowNum=10&navCount=10&currPg=&searchInfo=&sTarget=title&sTxt=（最終閲
　　覧2020年1月12日）。
台湾：中華民国内政部戸政司　2016「統計」https://www.ris.gov.tw/app/en/3910（最終閲
　　覧2020年1月15日）。

Case Study │ ケーススタディ 15

台湾における日常化する多文化教育，その先の国際化
母語教育のボランティアをする外国人妻

　台湾のある地方社会に国際結婚の調査に出向いたとき，台湾人男性と結婚した日本人女性Dさんにお会いした。Dさんは中国語でマシンガントークができる語学力の持ち主で，地域の人やママ友からも外国人扱いされない方だった。

　そのDさんが最近，保育園で日本語教育のボランティアを始めたという。地域の子どもが通う保育園で，週に一回，日本語の歌を歌ったり挨拶を教えたり，遊びのなかで日本語に触れる機会を提供している。Dさんの話から，保育園も本人も気楽に「日本語時間」を始めた様子が伝わってきた。

　国際結婚が増え始めた当初，台湾でも同化政策が中心であった。まず外国人妻たちに中国語を覚えてもらい，彼らの子どもが中国語に不自由しないようにすることに力点が置かれた。しかし，国際結婚家庭の子どもが増えていくなか，子どもの十分な発達のためには，両方の文化，両方の言語を理解することが不可欠と考えられるようになり，小学校での母語教育が導入されるなど，外国にルーツを持つ子どもたちに積極的に多文化教育が行われるようになった。

　現在はそこからさらに進み，台湾人夫婦の子どもにも多文化教育が行われる。そのため身近にいる外国人妻たちは「先生」として招かれ，それぞれの文化や言語を教えている。Dさんの子どもが通う保育園が特殊なのではなく，さまざまな機会を利用し，保育園でも小学校でも多文化に触れる機会を増やしている。大都市でも，地方社会でも，地に足の着いた国際化が進んでいる。

Active Learning │ アクティブラーニング 15

Q.1

あなたが考える結婚とは

あなたにとって「結婚」とは何か。たとえば，婚姻届を出し法的に婚姻関係を結ぶことか，結婚式を挙げることか，家族・親族・知人に認められることか，二人で暮らすことか。複数ある場合，優先順位も付けてみよう。

Q.2

あなたが結婚で姓を変えたとして

日本では婚姻届を提出する際，「どちらか一方の姓」を選ぶ必要がある。もちろん「どちらを」選んでもよい。あなたが，男性であれ，女性であれ，姓を変える側になったケースを想像し，どの範囲で旧姓を使うか，その理由も具体的に考えよう。

Q.3

家族・親族のなかで感じた二つの文化

これまでの家族生活のなかで（祖父母・親戚の家なども含め），家族のなかに複数の文化があることを実感した経験はあるか。それはどのような場面か。また，二つの文化を「調停」するために，家族・親族が行っている工夫は何か。

Q.4

マイノリティの経験

これまでの暮らしのなかで自分が「マイノリティ」である，もしくは「ここはアウェイ」と感じたのはどのような場面か。そのとき，何を感じ，どう行動したのか。

第16章

秩序か束縛か
組織の社会学

———

竹中克久

組織を作る個人，組織に作られる個人

　現代社会では，組織に所属・関与せずに社会生活を営むことは難しい。学校・病院・企業などをはじめとして，私たちは多様な組織につねに関わっている。しかし，その組織とはいったいどのような存在なのだろうか。

　私たちは主観的な意志を有している個人である。それぞれの個人は自らの独自な目的や特有の能力，すなわち個性を有している。個性を有する個人は，何かを共有することなく他者と協働することは不可能だ。一人では成し遂げられない目的を達成するために組織は形成されることが多い。しかし，まったく共通性を持たない個人同士では共通の目的に向かって行為を遂行することが難しい。それだけでなく，単なる無秩序な集まりとなる恐れもある。すなわち，組織とは，異なる個人同士が達成すべき「組織目的」や共通の価値観である「組織文化」を共有することによって秩序を保とうとする試みであるといえる。ところが，組織は個人が作り出すものであるのにもかかわらず，いったん形作られた組織は，個人を束縛するばかりか，組織にとって都合のよいものに個人を作り替える側面も有している。それが本章で取り上げる組織文化の「力」である。

　組織文化という見えない「力」は私たちに何をもたらしているのか。本章では，組織文化の「正」と「負」の側面を取り上げる。

KEYWORDS　#組織文化　#組織秩序　#文化中毒者

1 ｜ 組織文化とは何か

・

見えない「力」としての組織文化

　組織に文化があるといわれても，戸惑うかもしれない。まず，組織が何なのか，そして文化が何なのか分かりづらいことが一つの原因だろう。

　人間は歴史的に多くの組織を作ってきた。それは一人では達成できない成果が，組織を形成することによって可能になるからである。ピラミッドは一人では作れない。カンニングという不正も一人よりは組織立って行った方が成果は大きいかもしれない。いわゆる振り込め詐欺もそうだ。一人ひとりが自分の目標である金儲けを追求し，その役割をこなすだけで，全体としては数千万円を超える利益＝損害を成立させるのである。この仕組みこそが，人間によって生み出された発明品のなかでも優れた存在である，組織というものである。

　次に取り上げる文化も，分かるようで分かりづらい。たとえば日本文化というものがあったとして，それはいったい何なのだろうか。富士山というシンボル的なものが文化を作っているのだろうか。あるいは「勤勉さ」「礼儀正しさ」「謙虚さ」といった言葉で表されるような日本人のパーソナリティとされるものが文化を作っているのだろうか。もしくは，「ゲイシャ」「特攻」「過労死」（「karoshi」はすでに英語圏で定着した単語である）といった日本文化を共有しない人々からのイメージによって日本文化は形成されるのだろうか。文化の成立プロセスを説明するのは難しいが，言葉で説明できない何かが個人を超えたレベルで共有されていることは否定できない。

　では，組織文化とは何だろうか。本章では，それを「人間が組織を形成するために作り出した価値・意味のセット／形成したことによって作り出された価値・意味のセット」としておきたい。人々は組織を作るプロセスのなかで文化を形成することによって秩序を保ち，同時にその組織のなかで文化によって束縛される。そのような両義性を組織文化の本質として据えておく。では，なぜこのようなものが生まれてきたのか，それこそが社会学的な問いとなる。

・

組織文化の発見──ホーソン実験の副産物

　1920年代，アメリカのシカゴにある工場に注目が集まった。

　現代に生きる私たちの常識は当時の工場では通用しないことを念頭においてほしい。経営者が，いわゆる「無知」（実際は無知ではないのだが）な労働者をいかにコントロールすべきかを案じていた。近代化の波のなかで，専門的な知識を持たないまま地方から都市に流入した大衆が日々生活を送っていたときであった。当時の工場では時間どおりに人が集まるとは考えられていなかった。なぜならば，時間どおりに集まることに価値が見出されていなかったからである。近代教育は，人々に「定められた時間に定められた空間に集合する」ということに価値を持たせることから始めなければならなかった（ちなみに，定められた時間の5分前に集合するという日本的な価値観は，日本における近代教育の成果であり，日本文化である）。そのような工場においては，経営者と労働者は基本的に対立していた。経営者は知識や能力を持たない労働者をいかに作業に従事させるかということにしか関心を持たず，労働者はいかに効率的に賃金を獲得できるかということにのみ関心を有していた。

　そこに，大学の研究者が立ち現れた。G・E・メイヨーとF・J・レスリスバーガー，W・J・ディクソンといった，のちに「人間関係論（Human Relations）」学派と称される研究者たちで，「明るい方が労働者の作業効率は上がる」「出来高制を導入すれば，労働者はより効率的に作業を行う」といった当時の常識を科学的に検証しようとしたのである。これこそがホーソン実験と呼ばれる研究となった（大橋・竹林 2008）。

　結果は，想定されたものではなかった。

　確かに，暗い環境よりは明るい環境の方が，労働者の作業効率は高まった。しかしながら，次に適切な明るさを測るために段階的に暗くするという実験を行ったところ，依然として作業効率は高まり続けた。労働者は実験対象として「光栄にも」選ばれた存在であると勘違い＝自己定義し，暗い環境においても熱心に作業を行い続けたのである。

　では，出来高制に関する実験はどうであったか。ここに組織文化の起源を見ることができる。私たちの常識からすれば，できるだけ多くの成果を生み出す

ことによって大きな対価を得たいと思うであろう。当時の経営者や科学者もそう思っていた。しかし，この出来高制の導入も作業効率を高めることはなかった。その原因は何か。それこそが組織文化であったのである。

　工場における労働者のインフォーマルなリーダーは，暗黙の規範を作り出し，メンバーはそれに従っていた。経営者の顔色をうかがって多くの作業をこなす人間は「スピードキング」と揶揄され，「作りすぎるな」という暗黙の規範が浸透していた。労働者は，定められたノルマを超えて作業を行うことによって，経営者からより高いノルマを設定されることを恐れていたのである。とはいえ，全体の作業の足を引っ張ることも許されない。「怠けるな」との暗黙の規範も共有されていたのである。さらには，このような文化を作っている——工場が定めたルールとは別の論理で動いている——ことを決して伝えてはならない，すなわち「告げ口するな」という規範も暗に共有されていたのであった。

　さて，これは100年近く前の工場の風景である。

　しかし，同じような出来事に直面したことはないだろうか。「出る杭は打たれる」という言葉を有する日本文化，あるいは部活動によく見られる伝統という名の理不尽で非合理的かつ暗黙のルール，クラスにおける特定の人物の排除——いわゆる「いじめ」——，これらの現象とシカゴの工場における現象に違いはあるだろうか。人々は，つねにおかれた状況下で，それぞれの社会を生き抜く処方箋を作り上げながら，その処方箋に苦しむこともあるのである。

　確かに，組織文化は人々の間で共有されることによって，一体感を生み出し，その組織での秩序を生み出す。しかし，一体感というものは個の消失でもある。個を束縛するだけでなく，果てには個を消去する，そのような「力」が組織文化には備わっているのである。

　次項からはこの複雑な組織文化の構成要素に迫る。

・

組織文化概念の理論化——四つの構成要素

　本項では，組織文化を構成する概念を紹介しておきたい。組織文化論の先駆者であるE・H・シャインは，組織文化を三つのレベルに分けて考えた。まず，一つめの基底的なレベルは，日常，組織メンバーが無意識のなかで当然視している価値観で「基本的仮定（basic assumptions）」と呼ばれる。次いで，二つめの

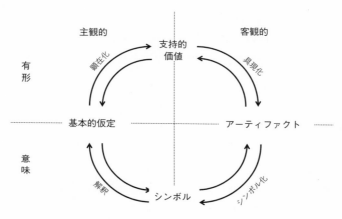

図16-1　ハッチによる文化ダイナミクスモデル
出所）ハッチ 2016：302を参考に作成。

中間的なレベルは，この価値観に基づいて組織メンバーが自発的に作り上げた組織の哲学や戦略であり，「支持的価値（espoused values）」である。さらに，三つめの表層的なレベルは，そうした哲学や戦略が，ロゴやスローガン，あるいはその組織のオフィスレイアウトや建築物といったように，目に見える形で発露したり表現されたりしたもので，「アーティファクト（artifact）」と呼ばれる（シャイン 2012）。これら三つのレベルにさらに「シンボル（symbol）」を追加して，これらの要素間の相互作用を重視したのがM・J・ハッチらである（ハッチ 2016）。

　彼女らは図16-1のように図示している。

　シャインの理論にせよハッチの図式にせよ，多くの要素が相互作用していることが理解できるであろう。人間が作り出した文化は，それ自体の動学によって人間の意図を超えて作動するのである。

2 │ 秩序を生み出す組織文化

他者と「共有」する組織文化

　第１節で見てきたように，組織文化は多くのレベルにある要素から成り立っている。では，なぜこのような組織文化が形成されるのだろうか。冒頭でも述

べたように，それは私たち個人がそれぞれ異なる存在であるために，何かを共有しなければ他者の行為が予想できず，また同時に，自己の行為が他者にどのように受け止められるかすらも予想できないからである。社会学では，このような二重の不確定性をダブル・コンティンジェンシー（double contingency）と呼ぶ。このダブル・コンティンジェンシーを乗り越え，相互の行為を予想可能にする方策の一つとして組織の形成があげられる。個性である自己を有する個人は，自分一人では達成できない目的を前にしたときに，他者と協働しようとする。しかし，自分と同様に個性を有している他者が協働してくれるかどうかは分からない。そのため異なる自己を有する個人たちは，ある種の価値観を共有することによって——すなわち組織文化を形成することによって——組織という秩序を成立させるのである（竹中 2007）。

　ここで，前節で触れた組織文化の四要素を思い返してみよう。

　たとえば，企業という組織。「我が社は家族である」とのスローガン（シンボル）を掲げている企業組織は，そのオフィスレイアウト（アーティファクト）も互いの顔が見えるように工夫しているかもしれない。そこでは，家族同士のつきあいのような他社との共存関係（支持的価値）を戦略として設定している可能性がある。さらには，新入社員を「家族で育てるべき子ども」として捉え，組織として彼らを丁重に育てていこうとするかもしれない（基本的仮定）。しかしながら，ほかの企業ではどうか。「マーケットは戦場だ」との価値観（基本的仮定）に基づく企業では，他社を蹴散らすことが正当化されるかもしれない（支持的価値）。そこでは，社員がノルマを達成できているかどうかがグラフによって可視化され（アーティファクト），「我が社は軍隊である」という標語（シンボル）が浸透しているかもしれない。

　どちらのケースにおいても組織のなかでどう振る舞うべきかということが，組織文化として自分と他者の間で共有されている。だからこそ，この組織において何をすべきかという合意がなされ，秩序が形成されるのである。

・・

羅針盤としての組織文化

　M・アルベッソンは組織文化が組織のメンバーに与える影響について重要な指摘を行っている。共有された意味の総体としての組織文化は，多くの組織メ

ンバーにとって，自らの選択肢を選ぶうえでの「羅針盤（compass）」になりうるという。また，組織の意志決定がなされたときに，なぜその決定がなされたのかメンバーが理由を知るうえで重要なものとなってくるほか，組織のなかの多様なシンボル——儀礼的な式典，組織特有の隠語，過去の英雄譚など——を読み解くうえでも必要なものとなってくると述べる（Alvesson 2013）。

　確かに，なぜこの命令・指示を受け入れなければならないのかという疑問を持った組織の新規メンバーには，このような組織文化の羅針盤としての機能が不可欠となる。ほかにも，なぜ無意味なように感じられるセレモニー（標語の暗記や表彰式など）が存在しているのかも，組織文化という文脈が理解できれば納得できるものとなる。それは自己だけではなく，他者も同様に納得していると信じ込んでいるからこそ成立するメカニズムなのである。どちらに進めばよいか，誰も示してくれないことほど不安なものはないし，誰もがどちらにでも進みうるという状況はきわめて無秩序である。その意味では，組織文化は私たちを救う存在である。ときには，この組織文化は，メンバー間での一体感（＝没個性感）を生み出すことによって，精神的な快楽すらも生み出す。その体験は個人を組織にとどまらせ，その組織文化を再生産させ，新規メンバーにこの文化に馴染むように強制させてゆくのである。

・・

秩序の再生産——組織の維持・発展

　組織文化は，多様な個性を有する個人が協働するうえで，何とか秩序を成立させるための工夫である。「羅針盤」が共有されることによって，メンバーは同じ方向に向かって協働することができ，そこには秩序が形成される。組織文化は「グループが外部への適応，さらに内部の統合化の問題に取り組む過程で，グループによって学習された，共有される基本的仮定のパターンである。このパターンはそれまで基本的に効果的に機能してきたので適切なものと評価され，その結果新しいメンバーに対し，これらの問題に接して，認識し，思考し，感じ取る際の適切な方法として教えられる」（シャイン 2012: 21）とシャインが定義しているように，新たなメンバーに適切なものとして伝えられ，組織文化は強化されてゆく。組織文化として根づいたものが組織にとっての強みとなる場合もある。

　たとえば，野中郁次郎らによる「知識創造論」（野中・竹内 1996）がそれにあ
たる。組織は多様な情報を処理するだけでなく，組織独自の知識を蓄積する。
この組織の知識が，その組織固有の「強み」となりえるのである。ほかにも，
G・ハメルとC・K・プラハラード（ハメル／プラハラード 2001）は，「コア・コン
ピタンス」という他の組織には真似できない価値を競争力の源泉と位置づけて
いる。組織の知識であれ，コア・コンピタンスであれ，その組織に特有の文化
として根ざしていることにかわりはない。その意味においては，組織文化はメ
ンバーに共有されることによって秩序を生み出し，同時に，その組織固有のア
イデンティティを形成し，結果として他の組織と競争を行ううえで非常に強固
な武器となりえるのである。

3 │ 束縛を生み出す組織文化

･･･
自己に「浸透」する組織文化

　前節では，組織文化の「正」の側面，すなわち秩序を生み出すものとしての
側面について述べてきた。本節では，逆にその「負」の側面について言及する。
　確かに，組織文化を共有することによって，他者とのコミュニケーションは
予想可能なものとなり，組織内に秩序をもたらすことは間違いない。しかし，
そこでの個人は，いわば組織文化を過剰に内面化した——その意味ではもはや
個性を有する個人とは呼びづらい——存在に変えられてしまう可能性がある。
　徹底的な社内研修や，受験に向けた熱血指導などを思い浮かべてみよう。そ
こでは個性を有する個人であることは求められない。単なるサービス提供者，
もしくは受験戦争の戦士，という役割のみが課せられるのである。そしてその
役割をうまく果たすことこそが崇高な使命として自己に浸透させられるのであ
る。

･･･
精神的監獄としての組織文化

　先に述べたアルベッソンは，組織文化の「羅針盤」としての機能を示しつつ
も，それが有する「精神的監獄（mental prison）」という機能があることを指摘
する。組織メンバーは，自己の行為選択や組織の意志決定などにおいて，多様

な選択肢があるにもかかわらず，ほかの選択肢を見失い，視野狭窄に陥ってしまうことがあるという。しかも，それが権力者にとって都合のよいような組織文化であれば，あたかも洗脳されたかのように行為選択や意志決定が導かれてしまう危険性があるとする。

　G・クンダのフィールドワークによって明らかとなったハイテク企業における従業員の「燃え尽き（burn out）」などは典型的である（クンダ 2005）。自由な社風を「楽しむ」ことを無意識的に強制された個人は，それを楽しめないときに燃え尽きることがあるという。「楽しんで仕事をしよう」という組織文化は，ときに「仕事を楽しめない自分は未熟だ」との思考に陥らせることもある。まさに精神的監獄である。

　組織文化は確かに他者との協働を可能にする秩序を生み出すが，自己が自己として成立しえないまでに自己を束縛しながら，自己に深く浸透し，果てには自己を消去することさえある。会議に遅れてはいけないという気持ちから，事故で停車中の電車から降りて線路を歩き出した乗客がいる。また，ダイヤを乱してはいけないという気持ちから，列車の安全な走行よりも速度を重視し，尊い人命を奪うことになった事故もある。これらの事例からは，個性を有する個人という像は見えない。そこには組織文化に染め上げられた単なる肉体しか見受けられないのである。

• • •

束縛からの脱却──文化中毒からの解放

　前項のように組織文化を過剰に内面化したために個性を見失った人々を，アルベッソンは「文化中毒者（cultural dopes）」と呼ぶ（Alvesson 2013：153）。自らの組織文化を当然視し，神格化し，果てにはその組織文化に強く依存するメンバーのことだ（竹中 2017：115）。彼らは自らの個性を組織文化によって消去させ，その文化にすがること（文化のドーピング）によって何とか生きながらえている。しかしながら，その組織文化の過剰摂取により，過労死や過労自殺といった悲劇が生まれる可能性がある。また，現代社会では組織ぐるみの不祥事の報道に事欠かないが，これらの遠因に組織文化があることは否定できない。顧客をはじめとしたステイクホルダー（利害関係者）を裏切る，すなわち社会の倫理から外れた行為を行いながらも，いわゆる組織の論理が正しいと信じ込んでい

る文化中毒者は，自らの反社会性に気づくことができないのである。

　このような悲劇の加害者にも被害者にもならないためには，どうすればよい
だろうか。一つの解答としては，次のようなものがある。まず，組織という枠
組みのなかの判断基準だけでなく，自律した個人としての判断基準を持つこと，
そして同時に社会の構成員としての判断基準を持つこと，である。個人・組織・
社会という複数の判断基準を有することこそが文化中毒者からの脱却の一歩と
なろう。

参考文献

大橋昭一・竹林浩志　2008『ホーソン実験の研究――人間尊重的経営の源流を探る』同
　　文館出版。
クンダ，G　2005『洗脳するマネジメント――企業文化を操作せよ』金井壽宏解説・監
　　修，樫村志保訳，日経BP社。
シャイン，E・H　2012『組織文化とリーダーシップ』梅津祐良・横山哲夫訳，白桃書房。
竹中克久　2007「組織秩序の形成と解体を説明するオルタナティブ――組織目的，組織
　　文化，そして組織美学」『組織科学』41(2)：95-105。
――　2017「組織文化研究における批判的経営研究（CMS）の可能性――組織文化の
　　『負』の側面の分析に向けて」『現代社会学理論研究』11：107-119。
野中郁次郎・竹内弘高　1996『知識創造企業』梅本勝博訳，東洋経済新報社。
ハッチ，M・J　2016『Hatch組織論――三つのパースペクティブ』大月博司・山口善昭・
　　日野健太訳，同文館出版。
ハメル，G／C・K・プラハラード　2001『コア・コンピタンス経営――未来への競争戦
　　略』一條和生訳，日本経済新聞社。
Alvesson, M. 2013. *Understanding Organizational Culture*, second edition. London: Sage Pub-
　　lications.

Case Study ｜ ケーススタディ 16

組織文化が人を殺す?
過労死・過労自殺

　日本では長時間労働を強いられた結果，過労のあまり死に至る「過労死」が長年の社会問題となっている。また日本における自殺者数は年間2万人を超える。1998年から2011年までは3万人を超えていた。先進国においてこれだけの自殺者を生み出している日本は，まさに自殺大国といえる。その自殺者のなかには，多くの「過労自殺」も含まれている。

　なぜ，これほどの尊い人命が失われなければならないのだろうか。本章で取り扱ったテーマである組織文化から読み解いてみよう。大企業であるがゆえに注目されたことも否めないが，電通とJR西日本の例を取り上げてみたい。

　1991年，カウントできるだけでも月に147時間もの勤務を強いられた電通社員が命を絶った。その裁判において，安全配慮義務として仕事量のしかるべき調整義務が含まれることが明言された。しかし2016年，同社で新入社員が再び命を絶つこととなる。一日20時間もの勤務や上司によるパワハラなどさまざまな要因が考えられるが，組織文化の影響も無視することができない。電通の社員手帳には第四代社長の遺訓の一つとして「取り組んだら『放すな』，殺されても放すな，目的完遂までは」という文章がある。これはまさに組織文化を構成するシンボルになりえるのである。

　本章でも触れたが，2005年4月25日，JR福知山線で脱線事故が起こった。この事故で明らかになったのは，運転士の抱えていた日勤教育という名のペナルティへの恐怖である。ダイヤ乱れに対しては，列車の運行業務とは直接関係のない草むしりなどの作業を強制されたり，電車の遅れの原因をひたすら考えさせる自己否定の反省文を書かせたりといったペナルティが課せられていた。組織文化がもたらす恐怖によって組織成員の感情をコントロールしていた組織は，事故によって乗客・乗務員の尊い人命を奪うこととなった。

　上記の例に見られるように，組織文化は人を殺すこともあるのである。

Active Learning | アクティブラーニング 16

Q.1

正門・学食・トイレ──見える組織文化を集めてみよう

あなたの大学に正門はあるだろうか？　それは誰でも通ることができるのか，あるいは学外者は通れないものか，どちらだろうか。そういうところにアーティファクトとしての組織文化を見ることができる。学食やトイレなどについても同じことがいえる。複数の大学を巡って考えてみよう。

Q.2

組織文化の比較──身近な組織の文化を項目ごとに比べてみよう

アルバイト先でもサークルでも構わない。ハッチが提示したシンボル，アーティファクト，支持的価値，基本的仮定にあたるものを集めて比較してみよう。あなたの組織文化が「当たり前」でないことに気づくかもしれない。

Q.3

リーダーシップ──今までの組織のリーダーを振り返ってみよう

シャインは組織文化の創造・管理・破壊を行うのがリーダーだと考えていた。今まで所属したり関与したりした組織のリーダーはどのような存在だっただろうか。

Q.4

組織文化の相対化──自分の所属する組織の文化を疑ってみよう

組織文化は言葉にして表すことが難しいものだ。自分の組織が持っている組織文化を言語化して他者に紹介できるだろうか。あまりにも組織文化が内面化・身体化していて言語化できないのではないだろうか。自分の所属する組織を客観的に見つめてみよう。

第17章

働くことの多層性・多相性
産業・労働の社会学

大久保元正

働くことの常識を相対化する

　一口に働くといっても，たとえばこの本を読んでいる大学生のみなさんと，ある程度年配の人々とでは，その言葉から受ける印象はだいぶ異なるだろう。それはつまり，仕事や職種の違いだけではなく，年齢や性別などの個人的属性から時代や文化などの大状況に至るまで，多くの要素の掛け合わせによって，働くという行為がさまざまな相貌を持って私たちの前に現れることを意味している。それはいいかえれば，働くことには一言ではとても表現できない多相性があるということである。また，その多相性を構成する要素のなかには働く際の立場も含まれるが，それによって労働者の待遇や，労働者が自分自身に対して抱く意識などに差がつくことが多い。つまり，働くことの世界は持ち込む基準によって何層にも分けることができ，それらが入り組んだ形で成り立っているということである。この章では，そのような働くことの多相性・多層性について，特に日本の現況と結びつけながら学びつつ，そのなかに投げ込まれている私たちが働くこととどう向き合うのかを考えることを目的としている。

KEYWORDS #日本的雇用システム #サービス経済化 #ポスト近代型能力

1 │ 働くとはどういうことか

・

社会学から見た働くこと

　働くという営みを研究対象とする社会学分野は、「労働社会学」や「産業社会学」と呼ばれる。日本でのこれらの分野の祖ともいえる尾高邦雄は、かつて「職業とは個性の発揮、連帯の実現及び生計の維持を目指す、人間の継続的なる行為様式」（尾高 1941: 23）と位置づけた。つまり、職業≒働くこととは、個人が持っている人格や技能を表現することを媒介する営みであり、分業体制が必要な近代的労働における他者との協力関係を重視する営みであり、自分自身や家族の生活を維持するための金銭を稼ぐ営みでもあるというわけだ。しかし、たとえば単純労働のように、個性の発揮や連帯の実現が主眼とは言い難い類のものも仕事のなかにはある。これは、どのように理解すれば良いのだろうか？

　ここで、働くことを社会との結びつきという側面から捉えてみよう。佐藤斉華は、働くとは社会を維持し作っていくことに何らかの形で貢献する行為であって、「誰かがやるべきこと」だという（佐藤 2016: 234）。つまり、人間関係の集積によって何らかの社会を（再）生産するという任務のようなものが先にあって、本人の自覚の有無は別として誰かがそれを請け負い、それに励んだ結果として、個性の発揮や連帯の実現や生計の維持が伴ってくることもある、それが働くということなのだ。そう考えればすっきりする。例にあげた単純労働も、それを包含した社会を（再）生産するために必要なものならば、誰かがやるべきことには違いないからである。

　では、その「誰か」とは誰なのか。また、貢献の仕方にはどのようなタイプがあるのか。働くことをある程度定義づけても、現実の働くこと、およびそれを取り巻く環境はつねに変化している。そのため、固定したイメージで働くことを捉えるのは難しい。

・

産業構造と働くことの関係

　とはいえ、かつての日本には、働くことに関する固定したイメージを定着させることに大いに資した、日本的雇用システムと呼ばれる仕組みがあった。日

本的雇用システムとは，新卒一括採用，長期雇用，年功的賃金などに特徴づけられた雇用の仕組みである。そしてこの仕組みは，日本の経済成長をけん引した業種の大企業群，特に製造業とともにあったといっても過言ではない。しかし，現在の日本ではすでに，第二次産業から第三次産業に軸足が移っている。なぜなら，人件費の安い新興国の製造業が発展を遂げたことで，日本の製造業がかつての国際競争力を失ったからである。河野俊明がいうには，いま日本の製造業は，いかに付加価値の高い商品を提供し続けられるようになるかという，ビジネスのモデルチェンジを迫られている（河野 2016）。

　さて，伸長した第三次産業のなかで大勢を占めているのは，各種のサービス業である。飯盛信男によれば，このサービス業の成長を支えたのは，家計におけるサービス消費と，産業活動における外部サービス利用の増加である。具体的には，前者は娯楽や外食などへの支出が，後者は労働者派遣や業務請負などの利用が増加してきたということである。しかし，これらはいずれもコスト削減・業務代行・単純労働型の性格が強く，高度な専門技術サービスとは異なって生産性が低いという弱みがある（飯盛 2018）。日本ではこのような特徴を抱えたうえでモノからサービスへというサービス経済化が進行しているが，それによって私たちの働き方を支えていた仕組みも大きく揺らぐこととなった。

・
社会状況と働くことの関係

　製造業を含む日本の第二次産業には往時の力がなく，生産性が低いがゆえにサービス業には経済成長をけん引する力がないということは，企業が成長・拡大することを前提としていた長期雇用や年功的賃金が成り立たなくなり，新卒で採用した学生をじっくり育てる余裕も企業内から失われていったことを意味する。こうして，日本的雇用システムは大きな転換点を迎えることになった。

　大きく転換したのは労働の領域だけではない。むしろ，より広汎な社会の変化のなかに労働も投げ込まれていたという方が正しい。よくいわれるように，家族にせよ地域にせよ各種の組織にせよ，それらの領域を支えていた常識や慣習が流動化し，そこでの人間関係も変質して個人化していった。それに伴い，私たちの生活に降りかかる諸問題の要因を個人に還元し，自己責任を強調する社会意識も強まった。そうして「自分の人生とその他大勢の人の人生はぷつり

と切り離され，交わりもつながりもしない」（貴戸 2011: 6）という感覚が私たちのなかで強まれば強まるほど，こと労働の領域に限っても，社会を（再）生産することに貢献する「働く」という行為が，実際には他者とのさまざまな関係性をもとにして成り立っているということに，気づきにくくなってしまう。

　そのような状況のなか，これを拠り所にせよと謳われ出したのが，私たち自身の「能力」である。本田由紀がいうには，これまで私たちを支えていた仕組みがあてにならなくなると，自らの力で自らのあり方を決定していくべきだという考え方が強くなり，人々が発揮した能力に応じて地位を獲得する体制が望まれるようになった（本田 2014）。こうして日本に，個人の「能力」の有無に責任を帰する社会が登場した。この「能力」については後節で触れよう。

2 ｜ 働くことのいま

多様な就業形態

　経営環境が厳しさを増すと，日本の企業は必要な正社員を確保しつつ，各企業にとって常時必要なわけではない技能については外部の力を活用し，景気変動の影響については非正規雇用者の雇用/解雇によって対処しようとした。

　ここで「必要な正社員」とは，基本的には日本的雇用システムに近い形で育成される幹部候補のことを指す。ただ，正社員という立場も多様化しつつある。従来の正社員には職務や勤務地に制限がなく，そのため異動命令などに従うことが当然視されてきたが，近年は転勤のない限定正社員というカテゴリーも労働市場に登場している。

　次に「外部の力」とは，仕事の外部委託のことを指す。ただ，これも一括りにできるわけではなく，先に触れた業務代行・単純労働型の単価が安い仕事を委託することもあれば，専門的に高度な技術を要する仕事を，独立した自営業者に委託するということも見られるようになった。

　最後に「非正規雇用者」であるが，現在，日本の労働者のうち約4割がこの層にあたる。この層が景気による雇用の調整弁としての役割を背負わされていることは否定できない。ほかにも，賃金の継続的な上昇を望みにくいことや，異なる企業へ移動するため技能を蓄積することも難しいことなどが指摘されてい

る（大槻 2018）。ただ，非正規雇用者の処遇についての見直しも進んではいる。2012年の労働契約法の改正によって，非正規雇用者の無期雇用化も進められるようになったし，2020年には同一労働同一賃金を含む法改正が施行される。

　以上のように，現在の日本の労働市場は多層構成でありつつも，各層間の処遇差を埋めようとする動きも出てきている。しかし，たとえば有期雇用から無期雇用への転換前に雇い止めされる問題などが頻繁に起こっており，楽観的な予断はまったく許されていない。

多様な就業者

　産業構造が変化しただけではなく，少子高齢化の進行により労働人口が減少している日本では，女性や高齢者や外国人労働者を活用することで，その減少を補おうとしている。

　まず女性について見ると，近年では2013年以降，女性の就業率は著しく上昇してきている。しかし2018年時点の女性就業者の56.1％は非正規雇用（男性の場合は22.2％）であり，給与水準も男性の73.3％にとどまっている。また管理職に就いている女性の割合（14.9％）も，諸外国と比較するとかなり低い（内閣府2019）。これらの格差は長期的に見ると縮小してはいるが，依然として性別役割分業観の影響が根強いといえよう。

　次に高齢者であるが，2013年に高年齢者雇用安定法が改正され，希望者は全員，65歳まで雇用が継続されるようになった。河野によると，知識や経験が豊かな高齢者を活用することは，企業にとってもプラスとなると見られているが，これは厚生年金の受給開始年齢が65歳に引き上げられることに呼応したものであり，企業にとっては人件費増大の要因ともなる（河野 2016）。そのため，雇用はするが待遇を低く抑えるという誘因が企業側にはたらくことは十分ありうる。

　最後に外国人労働者について見ると，若年労働力が減少して従来の生産活動の維持が困難になった農業や漁業，中小製造業，建設業，造船業，介護サービス業などで外国人労働者が増加している（上林 2019）。これらの業種は，肉体的に厳しい仕事が多いこともあって，女性パートタイマーや高齢者を活用しづらいという側面があることは否めない。日本政府は2018年12月公布，2019年4月施行の新入管法により，単純労働に外国人労働者を受け入れることを表明した

ため，今後もその人口は増加すると見込まれるが，過酷な労働を押しつける使い捨てのような扱い方を続けるのであれば，日本に対する世界からの批判も同時に増していくだろう。

3 │ 働くことのこれから

…

技術革新の影響

働くことに関する領域はこれまでも，ME化やIT化などのように，技術革新が進展することによる影響を経験してきた。近年ならAIの進歩やIoT化がそれにあたるだろう。日本の労働人口の約49％が就いている職業は，10〜20年後にはAIやロボットによって技術的には代替できるという調査結果もある（野村総合研究所 2015）。もし本当にそうなるとしたら，人間の手もとに残るのは，知識や技術のみならず時に感性も必要とする，定型化できない類の仕事だろう。

そのような仕事も含めて，阿部正浩は業務を，①業務遂行に高い技能が必要な「抽象業務」，②低い技能でも業務遂行が可能な「マニュアル業務」，③両者の中間的な「ルーティン業務」に区分している（阿部 2018）。このうち，①が定型化できない類いの仕事であり，②が単純労働，③がこれまでなら外部委託していたような事務作業に相当するといえる。岩本晃一によれば，日本の場合，安い賃金で済む大量の非正規雇用者に任せられるため，欧米なら機械化を進めてリストラしてしまう③の事務的な仕事がまだ多く残っているそうだが（岩本 2018），そのような特徴はあれども一般的傾向としては，日本も今後いっそう技術革新が進むことによって，①に正社員，③に非正規雇用者として就く労働者が増加し，②に就く労働者は減少して，雇用の二極化が進むことが大いに考えられる。それは女性や外国人に限らず，日本の労働者全体が③に就く可能性が増すということである。

…

求められる働き手と能力

そのような状況が昂進していけば，ますます本田（2014）のいうポスト近代型能力が必要とされる時代となりそうである。ポスト近代型能力とは，数値や点数などの客観的指標では測定しづらい能力のことである。これには二種類あっ

て，一つは，専門性を持つ人たちを結び合わせつつコーディネイトする力のような，高水準の労働で求められる力である。もう一つは，接客や販売のような，それほど技能水準の高くない対面サービスにおける，気配りや人当たりのよさのような対人能力である（本田 2014）。これら二つは，前節の抽象業務とマニュアル業務の区分に重なる部分が大きいだろうが，後者にすら定型化できない能力が要求されることがポイントである。

　ここで注意すべきことは，この能力が，「これさえ身につければ相手は予定調和的な反応を示すようになってくれる」というものではないということである。現代は，「相手がこういう振る舞いを見せたら，自分もこう振る舞うべき」のような，強固な基準のもとに皆がまとまることを期待できない時代である。したがって私たちがいま問われているのは，この能力そのものの有無ではなく，こうした期待ができない時代だという認識の有無ではないだろうか。この認識に拠って立つことで初めて，「自分－他者」という関係性に臨む心構えができるだろう。それはつまり，仕事をしていくなかで分かり合えない人に出会うことは十分ありうることなのだから，そのときに自分にのみ過重な責任を帰すという自虐的な自己満足で終わらせるのではなく，すぐに切り替えるマインドを持つということである。

• • •

生涯のなかで働くことと向き合う

　私たちは，上記のような社会・経済状況のなかで働くことになる。そこで重要なのは，どのようなワーク・キャリアを積んでいくにせよ，みな「誰かがやらねばならないこと」に携わっていることを忘れないことではないだろうか。もしそれを忘れてしまったら，仕事に取り組む動機が根本的に失われてしまう。

　もちろんキャリアの途中には，思い通りにいかないことがあったり，キャリアを中断させる出来事が降りかかってきたりすることもあるだろう。だから法的・制度的に自分の身を守るという意識も必要である。また，情緒的な人間関係も本当にすべて失われたわけではない。木戸口（2017）が明らかにしているように，保有している人脈が若い時分のキャリアの中断を救ってくれることもある。したがって，仕事場のみならず仕事の外部でも，何らかの価値観を共有しあえる関係性を持ち，それを更新していくことが重要である。そのうえで，

自分が請け負える「やらねばならないこと」がどこにあるのかを考え，ひとたびその仕事に携わったなら，やらねばならないことに関わっている者同士で，互いに敬意を払うことが大事だと思われる。

　さらには，より俯瞰的な視点を持つことも必要であろう。働くことが社会を（再）生産することに何らかの形で貢献する行為であるのなら，私たちは，自分と他者との関係性が，どのような社会のなかで活かされたいと望むのかをつねに意識し，それを働き方のなかに表現していくことで，社会を更新していくことが求められているといえよう。

参考文献
—

阿部正浩　2018「日本の労働市場はどう変わってきたか」阿部正浩・山本勲編『多様化する日本人の働き方』慶應義塾大学出版会，1-15頁。

飯盛信男　2018『サービス経済の拡大と未来社会』桜井書店。

岩本晃一　2018『AIと日本の雇用』日本経済新聞出版。

大槻奈巳　2018「事務派遣労働者の働き方と自律性」『日本労働社会学会年報』29: 62-85頁。

尾高邦雄　1941『職業社会学』岩波書店。

河野俊明　2016『現代日本の産業社会』かんぽう。

上林千恵子　2019「人口減少社会における移民政策と日本の将来」白波瀬佐和子編『東大塾これからの日本の人口と社会』東京大学出版会，185-213頁。

貴戸理恵　2011『「コミュニケーション能力がない」と悩むまえに』岩波ブックレット。

木戸口正宏　2017「若者は『働くこと』をどのように経験しているのか」乾彰夫・本田由紀・中村高康編『危機のなかの若者たち』東京大学出版会，83-104頁。

佐藤斉華　2016「労働を問い直す」田所承己・菅野博史編『つながりをリノベーションする時代』弘文堂，226-248頁。

内閣府　2019「令和元年版男女共同参画白書」http://www.gender.go.jp/about_danjo/whitepaper/r01/zentai/pdf/r01_genjo.pdf（最終閲覧2020年4月23日）。

野村総合研究所　2015「日本の労働人口の49%が人工知能やロボット等で代替可能に」https://www.nri.com/-/media/Corporate/jp/Files/PDF/news/newsrelease/cc/2015/151202_1.pdf（最終閲覧2019年3月30日）。

本田由紀　2014『もじれる社会』ちくま新書。

「コミュニケーション能力」のあいまいさ

　本文中でも少し触れたが，ポスト近代型能力には確たる測定基準があるわけではない。その能力の一種である「コミュニケーション能力」も同様で，そのうえどのような結果をもたらすことを期待された力なのかも分かりづらい。筆者がいくつかの企業の人事担当者や育成担当者に聴いたところでも，たとえば「報・連・相がきちんとできるか」という基本的なものから，「お客様がご夫婦で来店された場合，会話のなかでどちらが購入を決定する主導権を握っているかを見抜けるか」という高度なものまで，あるいは「自分の予想とは異なる反応をお客様が示したとき，狼狽や嫌悪の表情をお客様に見せない」といういわば当たり前のものも含めて，すべてコミュニケーション能力だといえてしまう。

　その一方で，コミュニケーションという営みの本質に立ち返っても，やはりその曖昧さが際立つ結果となる。なぜなら，コミュニケーションとは相手を必要とするものであり，自分の能力や意思だけでは操作不能・予測不能な部分を多分に含むからである。

　本文でも参照した貴戸（2011）は，他者や場との関係によって変わってくるものを，個人のなかに固定的に措定することを「関係性の個人化」と呼んでいるが，上で見たように，いくら能力と銘打って個人に帰属させ物事を単純化しようとしても，コミュニケーションという概念が内包する意味の広大さと，コミュニケーションという行為の本質とが，それを許さない。にもかかわらず「関係性の個人化」が推し進められるようなら，私たちは関係性のなかで育まれる他者への敬意も，ひいては社会更新への意識も，いつのまにか失ってしまいかねない。だからこそ，曖昧なものや複雑なものをそのままで引き受ける寛容さが必要とされているのである。

Active Learning ｜ アクティブラーニング 17

Q.1

仕事への理想や不安など自分の想いを書き出してみよう

現時点で自分が持っている，仕事や，働くこと自体に対する率直な想いを書き出してみよう。そのうえで，そのような想いを持つに至った理由（他者や読んだ本や見聞きしたニュースなどの影響）を考えてみよう。

Q.2

大学卒業から65歳までのワーク・キャリアを三パターン考えてみよう

自分が望むキャリアが一つだけとは限らない。また，自分の思い通りにキャリアを歩めるとも限らない。そこで，将来獲得したいスキルや，ありうる失敗・困難などを想定して，自分にとって現実的なキャリアを複数考えてみよう。

Q.3

ワーク・キャリアと自分の価値観との関係を考えてみよう

Q.2でのキャリアの想定が，自分が持っているどのような価値観から生まれているのか，書き出してみよう。そのうえで，自分にとっては本当にその価値観しかありえないのか，他の学生の価値観と比較して，相対化してみよう。

Q.4

自分が持っている仕事以外の人脈を考えてみよう

自分が仕事を辞したり失ったりしたときに，頼ることができる人脈があるかどうか考えてみよう。頼るとまではいかなくとも，仕事について話を交わしたり，情報のやりとりをしたりできる相手がいるかどうかも考えてみよう。

終　章

大学で学ぶということ
「社会学」をこえて

白鳥義彦

答えがいまだ明らかでない問いを開く

　本書を手にしてくれた人のなかには，大学生も少なくないのではと思う。小学校・中学校・高校ではクラスがあったが，大学には高校までのようなクラスはない場合が多いだろう。また高校までは時間割が決まっていたのに対して，大学では履修する授業を自分で選んで，各自がそれぞれの時間割で学ぶということも多いだろう。高校までは「生徒」だが，大学に入ると「学生」と呼ばれるようになる。大学では，下宿をする人も少なからずいて，地理的な出身の範囲もそうとう広くなる。このように，大学と高校までとの間には，いろいろな面で違いが見出されるが，一番大きな違いは，大学では教育だけではなく研究も行われ，答えがいまだ明らかでない問いが開かれるというところにある。

　そもそも大学とはいったい，どういうものなのだろうか。高校までとは異なって大学が大学であるということは，どのような点によるのだろうか。世界のそれぞれの国に大学はあるが，日本の大学には何か特徴的な事柄が見出されるのだろうか。この終章では，社会学の枠をこえて，歴史的・社会的に見て大学とはどういう存在なのか，また大学で学ぶとはどういうことか，といったことを考えてみたい。

KEYWORDS　#大学生　#教育と研究　#自発的な学び

1 │ 歴史的・社会的な存在としての大学

大学の誕生

今日につながる「大学」という組織は，12世紀末にヨーロッパで生まれた。イタリアのボローニャ大学，フランスのパリ大学，イギリスのオックスフォード大学やケンブリッジ大学などが，最も古い大学としてその名を現在にも伝えている。大学には学生と教員が不可欠だが，ボローニャ大学は学生が主体，一方パリ大学は教員が主体となって生まれたとされる。また前者は法学，後者は神学が中心の大学だった（児玉 2018）。なお，中世以来の伝統的な大学の学部は，神学，法学，医学，文学，理学から成っている。

「大学」を表すユニバーシティという語は，ラテン語のウニヴェルシタスに由来する。中世ヨーロッパでは，ウニヴェルシタスという語がコレギウム，コングレガチオなどとともに，組合などの団体組織を表す語として使用されていた。それらは単にさまざまな団体を意味する一般的な法概念に過ぎなかったともされるが，この概念が12世紀から13世紀にかけて教師や学生の団体にも使用され始めた。この団体を他の職業組合（ギルド）と同等に捉えることもあるが，職業組合が都市などの地方権力下に置かれていたのに対して，「大学」は普遍権力である教皇庁や神聖ローマ帝国を背景として，都市などの地方権力とも時に対立し，時に密接な関係を持つという，普遍性，独立性を有していた（児玉 2018: 2）。

フンボルト理念——教育と研究の連接

中世以来の大学の主要な役割は，聖職者（神学部），法曹（法学部），医者（医学部）を育てる場として捉えることができるが，ナポレオン戦争での敗北後，1810年にフンボルト理念に基づいて創設されたベルリン大学において，これとは大きく異なる新たな大学像が生まれる。その創設は近代的な大学の出発点をなすとされるが，では，今日につながる近代的な大学とはどのような場なのだろうか。

政治家，官僚，外交官であるとともに言語学者としても活躍したヴィルヘルム・フォン・フンボルトは，1809年にプロイセンの内務省文教局長に任じら

れ，ベルリン大学の創設に尽力した。彼は，大学では学問をつねにいまだに解決されていない問題として扱い，たえず研究されつつあるものとして扱うところに特徴がある，と述べている。また，大学では教師と学生との関係は，それ以前の学校での関係とは違っており，大学では，教師は学生のためにいるのではなく，教師も学生もともに学問のためにいる，とも述べている。学生は学ぶためだけでなく，研究をするためにも大学にいるという考えが示される。大学は教師と学生とがともに研究する場，学ぶ者と教える者との共同体として捉えられるのである（潮木 2008：18）。新たな大学は，このように研究と教育とが接合される場所，単に既成の知識を教えるだけでなく，その知識がいかにして生み出されたか，いかにして新しい知識を発見するかということを教える場所として構想され（潮木 2008：20），これは今日においても大学の理念として参照されている。

・

社会のなかの大学——エリート・マス・ユニバーサル

　大学は社会との関わりのなかに存在する。近年の大学のあり方を特徴づけるものとして，マーチン・トロウによるエリート段階・マス段階・ユニバーサル段階の議論がある。

　トロウは，進学率という量的な要因が，教育の内容という質的な側面に大きな影響を及ぼすことを指摘した。彼は，該当年齢人口に占める大学在学率が15％までをエリート段階，15％から50％をマス段階，50％以上をユニバーサル段階と定義づける。それぞれの段階の特徴のいくつかを見るならば，まず高等教育の機会は，エリート段階では少数者の特権であったものが，マス段階になると相対的多数者の権利となり，さらにユニバーサル段階では万人の義務へと変容する。また高等教育の主要機能も，エリート段階ではエリートや支配階級の精神や性格の育成であったものが，マス段階では専門分化したエリート養成と社会の指導者層の育成に，さらにユニバーサル段階では産業社会に適応しうる全国民の育成へと変わっていく（トロウ 1976）。

　社会と大学との境界を見れば，エリート段階では明確な区分があって，社会に対して大学が閉じられていたのに対して，マス段階では両者の間の境界が相対的に希薄化し，開かれた大学となっていき，さらにユニバーサル段階では境

界区分が消滅して，大学と社会とが一体化していくとされる（トロウ1976）。この図式に当てはめて日本の大学進学率を考えてみると，日本の大学は1965年頃にエリート段階からマス段階に，2005年頃にマス段階からユニバーサル段階に移行したことになる。そしてこの段階の移行に応じて，社会のなかでの大学や大学生の位置づけや，大学教育のあり方なども変化してきた。

2 │ 日本の大学

近代大学の成立と日本的特徴

　次に，日本の大学はどのような歴史を有していて，そこにはどのような特徴が見出されるのかを見ていこう。

　日本において近代的な大学の制度は，明治維新後の，開国，文明開化の流れのなかで成立する。1877（明治10）年に，蕃書調所の流れを汲む東京開成学校，西洋医学所の流れを汲む東京医学校をあわせて東京大学が設立されるが，この段階では学位を出す機関として司法省法学校，工部省工部大学校といった，各官庁がそれぞれの職務に必要な人材を養成する学校を設けており，有力な複数の進学コースが並立していた（中山1978：4-19）。

　その後，明治政府の機構の再編成が行われる過程で，すべての教育は体系的に文部省の下に集約されることとなり，司法省法学校（1885（明治18）年に東京大学法学部に合併，合併時の名称は東京法学校）や工部大学校を統合し，1886（明治19）年に，法・医・工・文・理の五分科大学からなる「帝国大学」が設立された（中山1978：20）。この帝国大学は，1897（明治30）年の京都帝国大学の設立によって東京帝国大学と名前を変え，戦後は東京大学となって現在に至るが，その創設は今日においても日本の大学制度の特徴に影響を与えている。

　第一に，「帝国大学」の成立を根拠づける「帝国大学令」が1886（明治19）年3月1日に定められているが，その第1条には，「帝国大学ハ国家ノ須要ニ応スル学術技芸ヲ教授シ及其蘊奥ヲ攷究スルヲ以テ目的トス」と述べられている。すなわち，「国家ノ須要ニ応スル」という文言に明らかなように，日本の大学はその出発点から「国家のための大学」という規定がなされているのである。中世以来の大学の歴史を考えると，大学というものは，聖なる権力としての教会と，

俗なる権力としての王権や国家との関係のなかで，時にそうした権力に近づき，また時にそうした権力との距離を保ちながら，自らの存在を探ってきた（白鳥2018：63）。そもそも，たとえばハーバード大学の創設が1636年，イェール大学の創設が1701年，プリンストン大学の創設が1746年，コロンビア大学の創設が1754年であるのに対して，アメリカ合衆国の独立宣言が1776年というように，アメリカには国家よりも長い歴史を有している大学が少なからず存在している（cf. 中山 1978：34-35, 176-176）。ヨーロッパの国々でも，王朝や政体が代わってきていることを考慮に入れれば，国家よりも長い歴史を有する大学が数多くある。そうした文脈で国家と大学との関係を考えるならば，欧米では日本のように，国家が一方的に大学を自らの道具と考えるようなことは難しくなるのである。

　第二に，帝国大学は当初日本で唯一の大学となったわけであるが，それに象徴されるように，東大を頂点とする「富士山型」（中山 1978：20）あるいはピラミッド型の大学制度の構造が成立した。たとえばアメリカでは，大学群としての諸研究大学を頂点とする階層的な構造が見出されるにしても，日本のようにトップの大学がどこかということは言い難いだろう。あるいはドイツの諸大学は，領邦国家以来の伝統で並立的な存在であると考えられているので，いずれかの大学がトップであるというようなことはない。

　第三に，工学部が大学という制度のなかに入ったのは，日本の「帝国大学」が世界で最初ともいわれている。「工科大学」と日本語に訳されるものは，英語名では「Institute of Technology」であり，「大学 = University」ではない。フランスには「鉱山学校」（1747年設立），「土木学校」（1783年設立），「理工科学校」（1794年設立）などのグランド・ゼコールと呼ばれる，もともと専門職と結びついていた高等教育機関があり，歴史的な経緯のなかで，大学より高い威信を誇っているが，制度的には大学外に置かれてきている。このように，中世以来の神・法・医・文・理の各学部によるという大学の構成は，歴史的に確固たるものがあり，それ以外の分野が大学という制度のなかに入ってくることはなかった。そうしたなかで工学部が「帝国大学」の発足と同時に大学内に組み入れられたことは，大学の歴史における大きな転機であり，ここには日本における大学と実用性との結びつきの強さを読み取ることもできる。

　第四に，帝国大学は官僚養成機関としての性格が強く，その中心は法科にあったともいわれ（中山 1978: 103），法科大学卒業生には高等文官試験の予備試験が免除されるなどの優遇もなされていたが（中山 1978: 111-112），その一方で下級官吏の供給源として私立法律学校（早稲田大学，明治大学，法政大学，関西大学などは法律学校を起源としている）を利用し，体制内に吸収しようとする構造が見られる（中山 1978: 125）。上記の第一の点とも関連するが，帝国大学が「国家のための大学」として厚遇される一方，帝国大学だけでは補いきれない部分は私立大学が担うという構造が日本の大学制度の当初から見出され，この構造は今日においても私立大学が占める高い比重（2019年度の数字を見ると，大学数は総数786校のうち，国立大学86校，公立大学93校，私立大学607校で，私立大学の比率は77.2%，学部学生数は総数260万9148人のうち，国立大学43万7401人，公立大学13万8653人，私立大学203万3094人で，私立大学の比率は77.9%）（文部科学省 2019）に示されるように，日本の高等教育を特徴づける点となっている。

戦後の改革

　1940（昭和15）年の高等教育機関入学者数を見ると，全体では8万4052人，うち帝国大学7062人，大学（官立12校，公立2校，私立26校）1万3317人，専門学校4万4784人，実業専門学校1万7927人，高等師範学校962人となっている（天野 2017: 13）。

　戦前にはこのように複数の種類の高等教育機関が存在し，種別化されていた。第二次世界大戦の敗戦後，1947（昭和22）年に公布，施行された「学校教育法」は，「六・三・三・四制」の単線型の学校体系への改革を定め，高等教育についても，これら旧制の高等教育諸機関をすべて単一な四年制の新制大学に再編して，学校体系の民主化，一元化の原則を貫いたとされる。新制大学の目的は，「大学は，学術の中心として，広く知識を授けるとともに，深く専門の学芸を教授研究し，知的，道徳的及び応用的能力を展開させることを目的とする」と規定されているように，「旧大学令」や「専門学校令」とはその趣きを異にしている。旧大学令では，先に見た帝国大学令と同様に「国家ニ須要ナル」という文言が見られ，また専門学校令では「高等ノ学術技芸ヲ教授スル学校ハ専門学校トス」といった規定がなされていた。新制大学の特色は，①一般教育を重視し

て，人文・社会・自然の諸科学にわたり豊かな教養と広い識見を備えた人材を養成することを眼目としていること，および②学問的研究とともに専門的，職業的訓練を重視して，しかも両者を一体化しようとしていることにあるとされる。新制大学はこのように，一般的，人間的教養の基盤の上に，学問研究と職業人養成を一体化しようとする理念を掲げて誕生したわけである（文部省 1972）。

　しかし，その後の展開を見ると，この理念が順調に具体化していったとは必ずしもいえない。明治初年と第二次世界大戦後に行われた教育改革に次ぐ「第三の教育改革」と位置づけてなされ，学校教育全般にわたる包括的な改革整備の施策を提言した1971（昭和46）年の中央教育審議会のいわゆる「四六答申」では，(1)高等教育の多様化のための高等教育機関の種別化と類型化，(2)教育目的・教育機能の重視，(3)学内の中枢的管理体制・機能の強化と，国公立大学の設置形態の改革，(4)高等教育の計画的整備，(5)適当な私立の高等教育機関に対する標準教育費の一定割合の助成，といったことが示され，(1)にあるように高等教育の種別化・類型化が提起された。

　高等教育の種別化については，この「四六答申」の前史としての，1963（昭和38）年の中央教育審議会「三八答申」における，①高等の学術研究と高い専門職業教育を行う大学院大学，②主として高い専門職業教育を行う大学，③専門職業教育・実際生活に必要な知識技能教育・教養教育などを行う短期大学・高等専門学校・芸術大学，という構想や，さらに遡ればすでに1951（昭和26）年の段階で，占領終結に伴う措置の検討のために政令改正諮問委員会が政府に提出した「教育制度の改革に対する答申」における，(1)修業年限4年以上の普通大学，(2)修業年限2〜3年の専修大学，(3)高等学校とあわせて5〜6年制の「専修大学」，からなる種別化構想も見出される。すなわち，高等教育の一元化という戦後の改革の当初の理念は十分に根づかないまま，いわば戦前型の種別化された高等教育制度へと回帰するような方向性が早くから示されてきたのである。

近年の改革動向

　近年の大学をめぐる改革の動向として，1991年に行われた大学設置基準の大綱化がまずあげられる。高等教育の規模が拡大し，広く普及した状況では，そのなかから，研究指向のもの，教育に力点を置くものなど，さまざまなタイプ

の高等教育機関が育っていくことが考えられ，また，各高等教育機関が，それぞれの理念・目標に基づき，個性を発揮し，自由で多様な発展を遂げることにより，高等教育全体として社会や国民の多様な要請に適切に対応しうるものと考えられるとされた。そして，このように高等教育の個性化・多様化を促進するためには，高等教育の枠組みを規定している大学設置基準などの諸基準は可能なかぎり緩やかな方が望ましいと考えられた。具体的には，各大学・短期大学に開設を義務づけていた授業科目の科目区分（一般教育科目，専門教育科目，外国語科目及び保健体育科目）が廃止され，また卒業要件として定められていた各科目区分ごとの最低修得単位数（大学の場合，一般教育科目36単位以上，専門教育科目76単位以上，外国語科目8単位以上，保健体育科目4単位以上）が廃止され，総単位数（大学の場合，124単位以上）のみの規定にとどめられることになった（文部省 1991）。この大綱化によって，多くの大学で教養部が廃止され，外国語を含む教養教育と専門教育との関係が流動化していくことになった。

　また，2004年の国立大学法人化も大きな転換として位置づけられる。従来は文部科学省の機関であった国立大学が法人格を有する国立大学法人に移行し，予算・組織面での規制が緩和され，各大学は自主的・自律的に大学運営を行うということになった。また各大学は，文部科学省へ6年ごとに中期目標と中期計画を提出し，それに基づいて運営が行われることになった。ただし，国立大学の基盤的な予算にあたる運営費交付金は，毎年の「効率化係数」による減額によって，2004年の1兆2415億円から2013年の1兆792億円へと10年間で13%以上減少した。さらに，さまざまなプロジェクト予算などを通じて文部科学省による政策的な方向づけが行われる様相も見られるなど，自主的・自律的な運営は実際には実現が難しいという側面も見出される。

3 ｜ 大学での学び
...

大学教育は「役に立つ」か？

　大学を卒業（あるいは理系では修士修了の場合も少なからずあるかもしれない）すると，就職して社会に出ていくことになるので，大学は完成教育の場と位置づけることができる。職業との関連に注目すれば，医学部や薬学部など，大学

卒業が資格試験の受験要件となっているいくつかの分野もあるが，すべての場合に大学での教育が仕事と直結しているわけではない。ユニバーサル段階にある今日の大学教育は，もはや「権利」ではなく「万人の義務」として捉えられうるので，大学教育を受けたから良い就職ができるということも必ずしもないだろう。知識や技術が日進月歩で進んでいくならば，それらはすぐに陳腐化していくので，大学で最先端の知識や技術を修得したとしても，それらはすぐに最先端のものとしては役に立たなくなってしまう。では大学教育はどのように「役に立つ」ものなのだろうか。

・・・

一般教育と専門教育

　1991年の大学設置基準の大綱化以前には，一般教育あるいは教養教育と専門教育とは，制度的にはっきりと区分されていた。一般教育の導入は，第二次世界大戦後における高等教育に関する諸改革のうち最も大きな変革の一つであり，新制大学を象徴する位置づけを有している。第二次世界大戦以前の日本の大学は，専門教育を教える専門学部が並立し，学生も教員も専門学部に分化する構造を持っていた。戦後の改革においては，そうした学部構造をそのままにして，新たに全学生が多様な学問分野を共通に学習するというアメリカ型の一般教育を必修として導入した（吉田 2013：1）。これにより，先に見たように，一般教育を重視して，人文・社会・自然の諸科学にわたり豊かな教養と広い識見を備えた人材を養成することが目指されたのである。

　1991年の大綱化以降，一般教育が義務的ではなくなったために，専門教育にシフトしていく傾向が全般的に見られる。しかし，大学で教育を受けるということの意義を考えると，専門教育を深く掘り下げるだけでなく，幅広い視野をもって物事を捉えることを学ぶということもまた重要である。異なる専門に進むとしても，社会学を学ぶことには，そうした意味も認められるだろう。

・・・

自発的な学び

　大学は教育の場であるとともに研究の場でもあるが，研究とは，これまで知られていなかった問いを新たに見つけ出し，その本質を深く考究し明らかにするという行いである。高校まではすでに知られていることを学ぶということが

中心で，いわば予め定まっているゴールを目指して進んでいくが，大学では，ゴール自体を自らが見つけ出して，自ら定めるということになる。大学では，受け身でいるだけでなく，能動的で自発的な学びが求められていく。

　本書がそうした大学での学びのきっかけとなるとともに，皆さんが有意義な大学生活を送られることを願いながら本書を閉じることとしたいと思う。

────────────

参考文献
‒

天野郁夫　2017『帝国大学──近代日本のエリート育成装置』中央公論新社。

潮木守一　2008『フンボルト理念の終焉？──現代大学の新次元』東信堂。

児玉善仁　2018「大学の概念」児玉善仁（代表）・赤羽良一・岡山茂・川島啓二・木戸裕・斉藤泰雄・舘昭・立川明編『大学事典』平凡社，2-5頁。

白鳥義彦　2018「知識人と大学」児玉善仁他編，前掲書，63-66頁。

トロウ，M　1976『高学歴社会の大学──エリートからマスへ』天野郁夫・喜多村和之訳，東京大学出版会。

中山茂　1978『帝国大学の誕生──国際比較の中での東大』中央公論社。

文部科学省　2019『学校基本調査』。

文部省　1972『学制百年史』。

　──　1991『我が国の文教施策』平成3年度。

吉田文　2013『大学と教養教育──戦後日本における模索』岩波書店。

Case Study ｜ ケーススタディ 18

高等教育
日本とフランスの比較

　日本における高等教育の研究では，比較・参照の対象としてはアメリカやイギリスといった英語圏の国々が取り上げられることが多いが，筆者はフランスとの比較に関心を持って研究を進めている。

　比較研究を行うためには，土台となる共通点と，それぞれの特徴を明らかにする相違点とが重要だが，日本とフランスの高等教育の間には，次のような共通点をまず指摘することができる。

　第一に，日仏両国は，世界の高等教育および研究において一定の重要性を有している。日本にいると，自国の言語で高等教育を行うのは当たり前のことのように思うが，世界的に見ればこれは自明のことではない。かつて植民地であった国々では，旧宗主国の言語で高等教育が行われることも少なくなかったし，日本も明治初期の近代的な高等教育制度の導入当初には「お雇い外国人」によって外国語で高等教育が行われていた。また，日仏両国が世界のなかで一定の重要性を有しているということは，留学生の受け入れや，学術論文の発表などからも，そのようにいえるだろう。

　第二に，近年の高等教育の「グローバル化」すなわち英米系モデルが中心となっていくなかで，日本もフランスも相対的に周縁的な位置に置かれるようになってきているということがある。一つの例として，国際的な大学ランキング（その意味自体が問われるべき側面はあるが）において，両国の大学は上位にはなかなか入ってきていないということも考えられるだろう。

　第三に，少なくともアメリカやドイツといった連邦制の国と比べて，日本もフランスも中央集権的であり，そうしたなかで国の方針が直接的に反映される形で高等教育政策が進められる傾向がある。

　第四に，日本では2004年の国立大学法人化，フランスでは2007年のLRU（大学の自由と責任に関わる法律）に見られるように，近年における大学の「自由化

政策」の進行がある。

　一方，本文で論じてきたことと重なる部分もあるが，両国の間には次のような相違点も見出される。

　第一に，ソルボンヌ（パリ大学）の創設は中世の12世紀末にまで遡るので，とりわけ政体の転変を考慮に入れるとフランスでは国家よりも大学の方が長い歴史を有している。「国家ノ須要ニ応スル」ために創られた日本の大学とは根本のところで異なっている。

　第二に，フランスには大学とは別にグランド・ゼコールという高等教育機関があり，大きな役割を占めている。フランスでは大学で教育を受けることは国民の権利とされ，中等教育修了および高等教育進学資格を証するバカロレア試験に合格すれば制度的には誰でも大学で学ぶことができるが，グランド・ゼコールには限られた定員が設けられていて，入学のためにはバカロレア試験とは別に厳しい選抜を経てそれぞれの学校に合格しなければならない。このグランド・ゼコールの存在は，他の国には見られない独特のものである。

　第三に，歴史的に見ると，日本の明治初期にあたる19世紀末にはフランスでも高等教育改革が行われた。この改革の背景には1870〜71年の普仏戦争の敗北があるが，そこでは「ある国の国力は単に軍隊にのみ存するのではなく，学問にもまた存するものであることが説かれた。したがって，財源もないままずっと放置されてきたフランスの高等教育の再建が，要塞や軍需品の修復と同様に，フランス再建の一要素とみなされたのである。愛国的な感情によって，こうして，高等教育改革という観念がもたらされ，行政当局や教授団にとって避けて通ることのできないものとなったのである」と述べられている（Liard 1894: 337）。またこうした文脈のなかで，「科学」に大きな価値を置きながら，これをシンボルとして社会統合を進めていくことが考えられ，またグランド・ゼコールとの

対比で，科学が結束して活動を行う場，「何よりもまず，思索的生活の中心」
（Durkheim 1918: 469）として大学が考えられており，また「実践的な結果の探求
よりも，科学の非実利的な育成」（Durkheim 1918: 469）に大学の根本的な役目が
求められた。これは，実用性や有用性から出発した日本の大学とは大きく異な
る点である。

　第四に，日本でもフランスでも1960年代末に大学闘争があったが，その後フ
ランスでは学生や職員も大学運営に関わる制度が導入されたのに対して，日本
では学長を中心とする集権的な運営の方向が進められてきている。

　フランスとのこうした比較研究を通じて，日本の大学の特性をいっそう明ら
かにすることができる。

参考文献

Durkheim, M. 1918. Contribution à *La vie universitaire à Paris*, dans *Textes* 1（1975）Paris:
　　Éditions de minuit, pp.453-483.
Liard, L. 1894. *L'enseignement supérieur en France*（1789-1893），tome II, Paris: Armand Colin.

Active Learning | アクティブラーニング 18

Q.1

大学で何を学ぶか――なぜこの大学・学部・学科を選んだのか書いてみよう

大学は，中学校までのような義務教育ではなく，自分で大学・学部・学科を選んで入学する。どのようなことを考えて進路を選択し，どのようなことを学びたいと思っているか，現時点での自分の気持ちや考えを書いてみよう。

Q.2

自分の大学はどんな大学?――自分の大学の歴史について調べてみよう

日本の大学は，国立・公立・私立に分けられ，また規模や学部数なども多様である。その多様性には各大学の歴史が反映しているが，自分の学ぶ大学がどんな大学なのか，その歴史を調べて，より深く知ってみよう。

Q.3

高校と大学との違い――どのようなところがどう異なるか書いてみよう

大学には高校までのようなクラスは多くの場合ないだろうし，履修科目を自分で選んで自分で時間割を作ることも多いだろう。そうした違いを踏まえて，大学での学びとはどのようなものなのか考えてみよう。

Q.4

文献を探す――関心のあるテーマについての文献を10冊以上あげてみよう

あるテーマについて，これまでの研究でどのような議論がなされ明らかにされているかを知るために，文献を探し，それを踏まえて自分の研究を行うということは，大学での学びの一番基本的なことの一つである。社会学でも自分の専門分野でもいいので，関心のあるテーマについて文献を10冊以上あげてみよう。

索　引

■編者・執筆者紹介（執筆順。＊印編者）

＊油井清光（ゆい きよみつ）
　神戸大学名誉教授。博士（文学）。専門は社会学理論。おもな著作に『身体の社会学——フ
　ロンティアと応用』（共編，世界思想社，2005年），『パーソンズと社会学理論の現在——
　TPと呼ばれた知の領域について』（世界思想社，2002年）など。

＊白鳥義彦（しらとり よしひこ）
　神戸大学大学院人文学研究科教授。学術修士，DEA（パリ第Ⅰ大学）。専門は社会学。おも
　な著作に『資本主義の新たな精神』（共訳，ナカニシヤ出版，2013年），『共生の人文学——
　グローバル時代と多様な文化』（分担執筆，昭和堂，2008年），『「知識人」の誕生　1880〜
　1900』（訳，藤原書店，2006年）など。

　小島奈名子（こじま ななこ）
　大和大学社会学部准教授。博士（学術）。専門は理論社会学，文化社会学。おもな著作に
　『行為論再考』（分担執筆，晃洋書房，2020年），『触発するゴフマン——やりとりの秩序の
　社会学』（分担執筆，新曜社，2015年）など。

＊梅村麦生（うめむら むぎお）
　日本大学文理学部社会学科助手。博士（文学）。専門は理論社会学，社会学説史。おもな著
　作に「F・ハイダーの帰属概念」（『社会学史研究』40号，2018年），「A・シュッツの同時性
　論」（『社会学評論』67巻2号，2016年）など。

　林　大造（はやし たいぞう）
　追手門学院大学社会学部教授。博士（学術）。専門は理論社会学，アドボカシーの社会学。
　おもな著作に『震災復興学——阪神・淡路20年の歩みと東日本大震災の教訓』（分担執筆，
　ミネルヴァ書房，2015年），「東日本大震災における分断と支援への一視点——モース贈与
　論を手がかりとして」（『社会学史研究』34号，2012年）など。

　酒井朋子（さかい ともこ）
　京都大学人文科学研究所准教授。Ph.D.（Sociology）。専門は社会人類学，戦争・政治暴力・
　震災の記憶，質的調査。おもな著作に『記憶風景を縫う——チリのアルピジェラと災禍の
　表現』（共編，「記憶風景を縫う」実行委員会，2017年），『紛争という日常——北アイルラ
　ンドにおける記憶と語りの民族誌』（人文書院，2015年）など。

　後藤吉彦（ごとう よしひこ）
　専修大学人間科学部准教授。博士（学術）。専門は文化社会学，現代文化論。おもな著作に
　「ファッションと『フレフレわたし！』の美学——生権力と抵抗について」（『福音と世界』
　74巻2号，2019年），「夢みる女子の障害学」（『解放社会学研究』30号，2017年）など。

　徳田　剛（とくだ つよし）
　大谷大学社会学部准教授。博士（学術）。専門は地域社会学，理論社会学，宗教社会学。お
　もな著作に『よそ者/ストレンジャーの社会学』（晃洋書房，2020年），『地方発　外国人住
　民との地域づくり——多文化共生の現場から』（共編，晃洋書房，2019年）など。

東　園子（あずま そのこ）
　　京都産業大学現代社会学部准教授。博士（人間科学）。専門は文化社会学，ジェンダー論。おもな著作に『多元化するゲーム文化と社会』（分担執筆，ニューゲームズオーダー，2019年），『宝塚・やおい，愛の読み替え――女性とポピュラーカルチャーの社会学』（新曜社，2015年）など。

田村周一（たむら しゅういち）
　　聖カタリナ大学人間健康福祉学部教授。博士（学術）。専門は理論社会学，医療社会学，アメリカ社会学。おもな著作に『地方発　外国人住民との地域づくり――多文化共生の現場から』（分担執筆，晃洋書房，2019年），『東アジア「地方的世界」の社会学』（分担執筆，晃洋書房，2013年）など。

平井太規（ひらい たいき）
　　愛知大学地域政策学部准教授。博士（文学）。専門は社会学。おもな著作に「未婚者の交際状況――若年パネル調査（JLPS-Y）データを用いた二項ロジット分析」（『統計学』117号，2019年），「親の社会経済的資源が結婚に与える影響：「相対所得仮説」の検討――JGSS-2012のデータ分析から」（『JGSS研究論文集』18号，2018年）など。

雑賀忠宏（さいか ただひろ）
　　開志専門職大学アニメ・マンガ学部講師。博士（学術）。専門は社会学。おもな著作に『マンガジャンル・スタディーズ』（分担執筆，臨川書店，2013年），『世界のコミックスとコミックスの世界』（分担執筆，京都精華大学国際マンガ研究センター，2011年）など。

エルナンデス エルナンデス アルバロ ダビド（Hernández Hernández Álvaro David）
　　国際日本文化研究センタープロジェクト研究員。博士（学術）。専門は文化社会学。おもな著作に『動員のメディアミックス――「創作する大衆」の戦時下・戦後』（分担執筆，思文閣出版，2017年），『コンテンツ化する東アジア――大衆文化/メディア/アイデンティティ』（分担執筆，青弓社，2012年）など。

今井信雄（いまい のぶお）
　　関西学院大学社会学部教授。博士（学術）。専門は文化社会学。おもな著作に『震災復興と展望――持続可能な地域社会をめざして』（分担執筆，有斐閣，2019年），『3.11以前の社会学――阪神淡路大震災から東日本大震災へ』（分担執筆，生活書院，2014年）など。

藤岡達磨（ふじおか たつま）
　　神戸女学院大学文学部専任講師。博士（学術）。専門は社会学。おもな著作に「『想像の共同体』論の再構成――【知識－制度－実践】による架橋の試みに注目して」（『社会学雑誌』35・36号，2019年），「文化商品の国境を越えた移動によるハイブリッドな文化価値の構成について――台湾への日本ラーメン屋台の移動・適応・受容の過程から」（『21世紀倫理創成研究』10号，2017年）など。

佐々木祐（ささき たすく）
　　神戸大学大学院人文学研究科准教授。博士（文学）。専門は地域社会学，ラテンアメリカ社会研究。おもな著作に『ニカラグアを知るための55章』（分担執筆，明石書店，2016年），『ポスト・ユートピアの人類学』（分担執筆，人文書院，2008年）など。

平井晶子（ひらい しょうこ）

　神戸大学大学院人文学研究科教授。博士（学術）。専門は家族社会学，歴史人口学。おもな
著作に『外国人移住者と「地方的世界」——東アジアにみる国際結婚の構造と機能』（共編，
昭和堂，2019年），『出会いと結婚』（共編，日本経済評論社，2017年）など。

竹中克久（たけなか かつひさ）

　明治大学情報コミュニケーション学部専任教授。博士（学術）。専門は組織研究。おもな著
作に『組織の理論社会学——コミュニケーション・社会・人間』（文眞堂，2013年），『身体
の社会学——フロンティアと応用』（共編，世界思想社，2005年）など。

大久保元正（おおくぼ もとまさ）

　聖カタリナ大学人間健康福祉学部教授。博士（学術）。専門は労働社会学，現代社会論。お
もな著作に「日系ブラジル人労働者の現状について——島根県出雲市の事例より」（『聖カ
タリナ大学・聖カタリナ大学短期大学部研究紀要』31号，2019年），「外国人技能実習制度
の現状と研究の方向性について」（『人間文化研究所紀要』23号，2018年）など。

3STEP シリーズ 1　社会学

2020 年 8 月 15 日　初版第 1 刷発行
2024 年 10 月 15 日　初版第 2 刷発行

編　者　油　井　清　光
　　　　白　鳥　義　彦
　　　　梅　村　麦　生

発行者　杉　田　啓　三

〒 607-8494　京都市山科区日ノ岡堤谷町 3-1
発行所　株式会社　昭和堂
TEL（075）502-7500／FAX（075）502-7501
ホームページ　http://www.showado-kyoto.jp

印刷　モリモト印刷

ISBN978-4-8122-1933-1

3 STEP シリーズ

（表示価格は税込）